시원스쿨

중국어 말하기 핵심패턴 301

윤주희, 시원스쿨어학연구소 지음

S 시원스쿨닷컴

시원스쿨 중국어 말하기 핵심패턴 301

초판 1쇄 발행 2016년 7월 25일
개정 2쇄 발행 2024년 2월 1일

지은이 윤주희 · 시원스쿨어학연구소
펴낸곳 (주)에스제이더블유인터내셔널
펴낸이 양홍걸 이시원

홈페이지 china.siwonschool.com
주소 서울시 영등포구 영신로 166 시원스쿨
교재 구입 문의 02)2014-8151
고객센터 02)6409-0878

ISBN 979-11-6150-776-7 13720
Number 1-410301-18181800-02

머리말

본 도서는 **초보자부터 중급자**까지 아우르는, **중국어 말하기 실력 향상**을 위한 회화 훈련 도서입니다.

초급부터 중급까지 중국어 학습자의 고민을 한 번에 해결하고자 원어민이 매일 쓰는 기초 패턴부터 HSK 빈출 패턴까지 301개의 핵심 패턴을 한 권으로 마스터할 수 있게 정리했습니다.

패턴은 곧 말하기의 기본이라고 할 수 있습니다. 패턴 하나만 정확히 알고, 그 패턴에 여러 단어만 적용하면, 우리는 그때그때 상황에 맞게 여러 가지 이야기를 할 수 있습니다.
『중국어 말하기 핵심패턴 301』은 일상에서 쉽게 사용할 수 있는 가장 기본적인 단문부터 접속사를 활용한 복문까지 301개의 패턴이 체계적으로 구성되어 있기 때문에 순서대로 충실하게 익힌다면 말하기에 자신감을 불어넣어 줄 것입니다.

기초 단계에서 가장 중요한 문장 성분의 위치를 '반복'을 통해서 자연스럽게 이해할 수 있습니다. 나아가 중급 단계에서는 습득한 어휘로 다양한 문장을 활용하는 응용력을 기릅니다. 본 도서에는 반복과 응용을 통해 중국어를 제대로 말할 수 있게 돕기 위한 노력이 담겨 있습니다.

단언하건대 본 도서를 통해 중국어의 문장 구조를 익히고, 다양한 문장을 자유자재로 말할 수 있게 될 것입니다. 이 책 한 권으로 여러분은 원어민과의 의사소통에 불편함을 느끼지 못할 정도의 실력을 기를 수 있을 겁니다.

그럼 이 책과 함께 중국어의 첫걸음을 힘차게 내디뎌 봅시다.

윤주희 · 시원스쿨어학연구소 드림

이 책의 활용법

Step 1 패턴 집중 훈련

해당 패턴의 대표적인 예문을 4문장씩 집중적으로 훈련합니다. 먼저 한글을 보고 중국어로 어떻게 말할지 생각해 봅니다. 그 다음에 중국어 문장을 보며 확인합니다. 바로 작문이 될 때까지 반복 훈련해 보세요.

QR 코드

내가 듣고 싶은 패턴만 QR코드로 스캔하여 언제 어디서든 들어 볼 수 있습니다. 녹음을 듣고 성조를 확인하면서 원어민처럼 말해 봅시다.

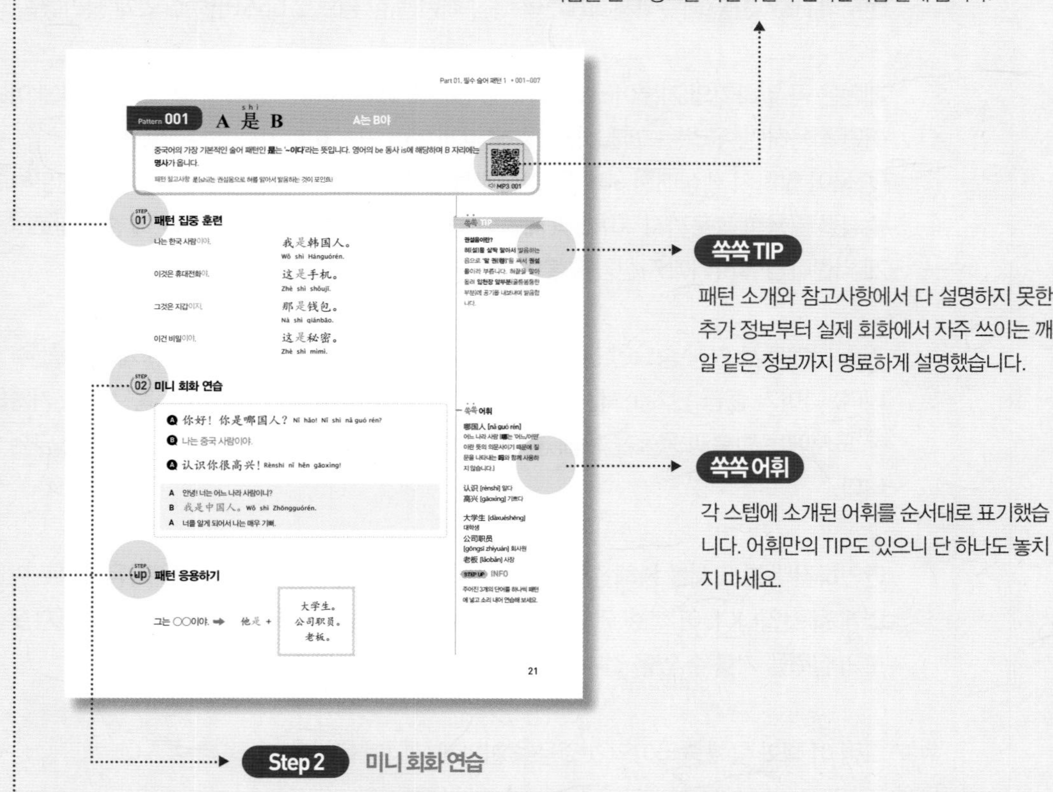
Part 01. 필수 술어 패턴 1 • 001~007

Pattern 001 A 是(shì) B A는 B야

중국어의 가장 기본적인 술어 패턴인 **是**는 **'~이다'**라는 뜻입니다. 영어의 be 동사 is에 해당하며 B 자리에는 **명사**가 옵니다.

패턴 참고사항 是[shì]는 권설음으로 혀를 말아서 발음하는 것이 포인트!

MP3 001

STEP 01 패턴 집중 훈련

나는 한국 사람이야.	我是韩国人。 Wǒ shì Hánguórén.
이것은 휴대전화야.	这是手机。 Zhè shì shǒujī.
그것은 지갑이지.	那是钱包。 Nà shì qiánbāo.
이건 비밀이야.	这是秘密。 Zhè shì mìmì.

STEP 02 미니 회화 연습

A 你好！你是哪国人？ Nǐ hǎo! Nǐ shì nǎ guó rén?
B 나는 중국 사람이야.
A 认识你很高兴！ Rènshi nǐ hěn gāoxìng!

A 안녕! 너는 어느 나라 사람이니?
B 我是中国人。 Wǒ shì Zhōngguórén.
A 너를 알게 되어서 나는 매우 기뻐.

STEP up 패턴 응용하기

그는 ○○이야. ➡ 他是 + 大学生。 / 公司职员。 / 老板。

쏙쏙 TIP
권설음이란?
혀(설)를 살짝 말아서 발음하는 음으로 '말 권(卷)'을 써서 권설음이라 부릅니다. 혀끝을 말아 올려 입천장 앞부분(울퉁불퉁한 부분)에 공기를 내보내어 발음합니다.

쏙쏙 어휘
哪国人 [nǎ guó rén] 어느 나라 사람 (哪는 '어느/어떤'이란 뜻의 의문사이기 때문에 질문을 나타내는 吗와 함께 사용하지 않습니다.)
认识 [rènshi] 알다
高兴 [gāoxìng] 기쁘다
大学生 [dàxuéshēng] 대학생
公司职员 [gōngsī zhíyuán] 회사원
老板 [lǎobǎn] 사장

STEP UP INFO
주어진 3개의 단어를 하나씩 패턴에 넣고 소리 내어 연습해 보세요.

21

쏙쏙 TIP

패턴 소개와 참고사항에서 다 설명하지 못한 추가 정보부터 실제 회화에서 자주 쓰이는 깨알 같은 정보까지 명료하게 설명했습니다.

쏙쏙 어휘

각 스텝에 소개된 어휘를 순서대로 표기했습니다. 어휘만의 TIP도 있으니 단 하나도 놓치지 마세요.

Step 2 미니 회화 연습

짧은 대화문을 통해 회화에서 패턴을 어떤 느낌으로 활용하는지 알아 봅시다. 첫 번째 문단에서 우리말로 된 빨간색 문장을 중국어로 생각하고 말해 보세요. 정답은 그 다음 문단에서 확인합니다.

Step up 패턴 응용하기

마지막 단어 활용 훈련! 패턴을 어느 정도 익혔으면 이제 단어만 바꿔 말하면서 패턴을 완전히 내 것으로 만들어 봅시다.

Chapter 7

Chapter 7은 접속사부터 실제 중국인들이 쓰는 관용어까지 가장 자주 쓰이는 것만 엄선하여 총 41개의 패턴을 소개합니다. 완벽하게 외워서 원어민처럼 유창하게 말해 봅시다.

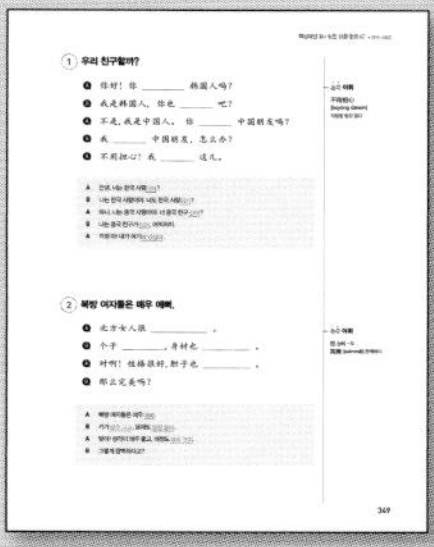

실전 상황 훈련

301개의 패턴을 정복했다면 이제 원어민처럼 말해야겠죠? 42개의 상황극은 실제 원어민이 쓰는 자연스러운 대화문입니다. 박스 안의 밑줄 친 한글을 보면서 문장을 완성해 보세요. 특정 상황을 통해 앞에서 배운 패턴을 곱씹으며 확실히 입력시켜 봅시다.

미니북(핵심 문장 301 및 필수 단어 900)

미니북을 통해 본문에서 배운 핵심 문장 301개와 필수 단어 900개의 단어를 총정리합니다. 무거운 책 대신 PDF 파일로 제공되어 언제 어디서나 예습과 복습을 할 수 있습니다.

MP3 파일

패턴 하나당 스텝별로 MP3 파일을 제공합니다. 듣고 싶은 부분만 골라서 듣고 연습할 수 있어 더욱 편리합니다. 미니북 MP3도 제공하니 문장과 단어 모두 실제 원어민처럼 익혀 봅시다. MP3 파일은 시원스쿨 공식 홈페이지(china.siwonschool.com) 공부 자료실에서 무료로 제공됩니다.

목차

Chapter 1 중국어 회화의 시작 기본 패턴

Part 1 꼭 알고 가야 하는 필수 동사 **필수 술어 패턴**

Part 2 상태를 묘사하는 핵심 표현 **필수 형용사 패턴 1**

Part 3 감정을 묘사하는 핵심 표현 **필수 형용사 패턴 2**

Part 4 필수 부사 표현 정복하기 **부정부사 및 정도부사 패턴**

Part 5 회화의 기초를 다지다! **핵심 동사 패턴 1**

Part 6 회화의 기초를 다지다! **핵심 동사 패턴 2**

Part 7 생각 · 의견을 더 자세하게 표현할 때 **Plus 동사 패턴**

Part 8 직접적으로 질문하기 **의문문 패턴**

Part 9 9개 필수 의문사 활용해서 질문하기 **의문사 패턴**

Part 10 소망과 의무를 나타내는 **조동사 패턴 1**

Part 11 능력과 허가를 나타내는 **조동사 패턴 2**

Chapter 2 시제를 잡으면 회화도 잡힌다! 시제 패턴

Part 12 동작이 진행 중일 때 **진행형 패턴**

Part 13 지속/완료/경험을 나타내는 핵심 시제 표현! **동태조사 패턴**

Chapter 4 의미를 더욱 분명하게 부사 및 반어문 패턴

Part 22 문장을 더욱 다채롭게 일반부사 패턴

Part 23 자주 쓰는 시제 표현 시간부사 패턴

Part 24 빈도 표현 완전 정복! 빈도부사 패턴

Part 25 의견이나 감정을 더 강하게 표현할 때 어기부사 패턴 1

Part 26 의견이나 감정을 더 강하게 표현할 때 **어기부사 패턴 2**

Part 27 알고 있는 것이 맞는지 확인할 때 **반어문 패턴**

Chapter 5 문장 구조가 잘 보인다! 개사 패턴

Part 28 개사를 알면 더 정확하게 말할 수 있다 **대상 개사 패턴**

Part 29 개사를 알면 더 정확하게 말할 수 있다 **장소·시간 개사 패턴**

Chapter 7 마지막은 원어민처럼 유창하게 회화 패턴

Part 37 회화 실력 향상에 필수! 접속사 패턴

PATTERN ⟶

心情真好。

기분이 진짜 좋아.

PART

중국어 회화의 시작

기본 패턴

1

PART

01 필수 술어 패턴 1

우리나라 사람들이 중국어를 배울 때 가장 힘들어 하는 부분이 바로 **우리말과 다른 어순**입니다. 우리말은 '**나는 / 한국 사람 / 이다**' 순이지만 중국어는 '**나는 / 이다 / 한국 사람**'의 순으로 **동사 '이다'**를 **목적어**보다 먼저 말하는 특징을 가지고 있습니다. '**이다**'는 중국어에서 술어의 역할을 하며 이러한 형태의 문장을 **동사 술어문**이라고 합니다. 중국어와 친해지기 위해서 문장의 뼈대의 역할을 하는 술어 중 **기본동사 是(~이다)/有(~가 있다)/在(~에 있다)**부터 알아야 합니다.

Part 1에서는 가장 기본적인 필수 술어만을 모아 놓았습니다. 이번 파트를 통해 여러분들의 기초 실력을 튼튼하게 다져 봅시다!

필수 술어 패턴 미리보기

주어	술어	목적어
나는	이다 아니다 是 · 不是	**중국 사람**이
	있다 없다 有 · 没有	**돈**이
	(~에) 있다 (~에) 없다 在 · 不在	**사무실**에

Pattern 001 A 是 B A는 B야

shì

중국어의 가장 기본적인 술어 패턴인 **是**는 '**~이다**'라는 뜻입니다. 영어의 be 동사 is에 해당하며 B 자리에는 **명사**가 옵니다.

패턴 참고사항 是(shì)는 권설음으로 혀를 말아서 발음하는 것이 포인트!

MP3 001

STEP 01 패턴 집중 훈련

나는 한국 사람이야. 我是韩国人。 Wǒ shì Hánguórén.

이것은 휴대전화야. 这是手机。 Zhè shì shǒujī.

그것은 지갑이지. 那是钱包。 Nà shì qiánbāo.

이건 비밀이야. 这是秘密。 Zhè shì mìmì.

STEP 02 미니 회화 연습

A 你好！你是哪国人？ Nǐ hǎo! Nǐ shì nǎ guó rén?

B 나는 중국 사람이야.

A 认识你很高兴！ Rènshi nǐ hěn gāoxìng!

A 안녕! 너는 어느 나라 사람이니?
B 我是中国人。 Wǒ shì Zhōngguórén.
A 너를 알게 되어서 나는 매우 기뻐.

STEP up 패턴 응용하기

그는 ○○이야. ➡ 他是 + 大学生。/ 公司职员。/ 老板。

쏙쏙 TIP

권설음이란?
혀(설)를 살짝 말아서 발음하는 음으로 **'말 권(卷)'**을 써서 **권설음**이라 부릅니다. 혀끝을 말아 올려 **입천장 앞부분**(울퉁불퉁한 부분)에 공기를 내보내며 발음합니다.

쏙쏙 어휘

哪国人 [nǎ guó rén]
어느 나라 사람 (**哪**는 '어느/어떤'이란 뜻의 의문사이기 때문에 질문을 나타내는 **吗**와 함께 사용하지 않습니다.)

认识 [rènshi] 알다
高兴 [gāoxìng] 기쁘다

大学生 [dàxuéshēng] 대학생
公司职员 [gōngsī zhíyuán] 회사원
老板 [lǎobǎn] 사장

STEP UP INFO
주어진 3개의 단어를 하나씩 패턴에 넣고 소리 내어 연습해 보세요.

Pattern 002 A 不是 B A는 B가 아니야

búshì

'~아니다'라는 뜻의 不를 是 앞에 붙여 **不是**라고 하면 **'~가 아니다'**라고 부정의 의미를 표현할 수 있습니다.

패턴 참고사항 不(bù)는 원래 4성이지만 뒤에 똑같은 4성이 오면 2성으로 발음합니다.

MP3 002

STEP 01 패턴 집중 훈련

나는 중국 사람이 아니야.
我不是中国人。
Wǒ búshì Zhōngguórén.

그는 바보가 아니야.
他不是笨蛋。
Tā búshì bèndàn.

이것은 컴퓨터가 아니야.
这不是电脑。
Zhè búshì diànnǎo.

그건 손목시계가 아니야.
那不是手表。
Nà búshì shǒubiǎo.

STEP 02 미니 회화 연습

A 这是你的电脑吗? Zhè shì nǐ de diànnǎo ma?
B 이것은 내 컴퓨터가 아니야.
A 我以为是你的。 Wǒ yǐwéi shì nǐ de.

A 이것은 너의 컴퓨터니?
B 这不是我的电脑。 Zhè búshì wǒ de diànnǎo.
A 나는 네 것인 줄 알았어.

STEP up 패턴 응용하기

이것은 ○○이(가) 아니야. ➡ 这不是 + 奔驰。/ 开玩笑。/ 洗手间。

쏙쏙 TIP

중국어의 성조
중국어의 모든 **음절**에는 음을 **올리고 내리는 억양**을 가지고 있고, 이를 **성조**라고 합니다. 중국어에는 총 **4개의 성조**가 있으며, 성조가 달라지면 그 의미가 완전히 달라집니다.

쏙쏙 어휘

以为 [yǐwéi] ~인 줄 알았다 (주로 잘못된 사실을 알고 있을 때 사용합니다.)

TIP 的(de)의 첫 번째 용법
的는 **'~의'**라는 뜻으로 명사 뒤에서 소유를 나타냅니다.
예: 我**的**车 [Wǒ de chē] 나**의** 차

奔驰 [bēnchí] 벤츠
开玩笑 [kāi wánxiào] 농담
洗手间 [xǐshǒujiān] 화장실

TIP 의문을 나타내는 '吗'
'~吗?'는 '~이야?'라는 뜻으로 문장 끝에서 질문을 나타냅니다.
패턴 007 참고

Pattern 003 A 有 B (yǒu) A는 B가 있어

有는 '**~이 있다**'라는 뜻으로 소유뿐만 아니라 존재를 의미하기도 합니다.

MP3 003

패턴 참고사항 有는 원래 3성이지만 뒤에 중복해서 3성이 오면 2성으로 발음합니다.

STEP 01 패턴 집중 훈련

나는 돈이 있어.
我有钱。
Wǒ yǒu qián.

그는 차가 있어.
他有车。
Tā yǒu chē.

그녀는 화장품이 있어.
她有化妆品。
Tā yǒu huàzhuāngpǐn.

책상 위에 두 개의 컵이 있어.
桌子上有两个杯子。
Zhuōzi shang yǒu liǎng ge bēizi.

STEP 02 미니 회화 연습

A 你有男朋友吗？ Nǐ yǒu nán péngyou ma?
B 나 남자친구 있어.
A 随便问你。 Suíbiàn wèn nǐ.

A 너 남자친구 있어?
B 我有男朋友。 Wǒ yǒu nán péngyou.
A 그냥 물어본 거야.

STEP up 패턴 응용하기

나는 ○○이(가) 있어. ➡ 我有 + 一本汉语书。 / 房子。 / 信心。

쏙쏙 어휘

上 [shang] ~위에, ~에
[**명사 뒤**에 쓰여 **사람**이나 **물건의 위치**를 나타냅니다.]

个 [ge] 개, 사람, 명
[**사람** 혹은 **사물**을 세는 단위]
예: **一个** [yíge] 한 **개**

杯子 [bēizi] 컵, 잔

随便 [suíbiàn] 그냥 편한 대로, 마음대로

本 [běn] 권(책을 세는 단위)
예: **一本** [yì běn] 한 **권**

汉语书 [Hànyǔ shū] 중국어 책

房子 [fángzi] 집, 건물

信心 [xìnxīn] 자신(감), 신념

Pattern 004

A 没有 B

méiyǒu

A는 B가 없어

'있다'의 부정 표현인 '없다'를 말할 땐 有 앞에 没를 붙여 **没有**라고 합니다.
'~없다'의 의미로 소유를 나타냅니다.

패턴 참고사항 有는 동사 중 유일하게 不가 아닌 没(有)로만 부정합니다.

MP3 004

STEP 01 패턴 집중 훈련

그녀는 집이 없어.
她没有家。
Tā méiyǒu jiā.

그 남자는 집이 없어.
他没有房子。
Tā méiyǒu fángzi.

나는 신용 카드가 없어.
我没有信用卡。
Wǒ méiyǒu xìnyòngkǎ.

방 안에 사람이 없어.
房间里没有人。
Fángjiān li méiyǒu rén.

쏙쏙 TIP

没有는 회화에서 **有**를 **생략**하고 **没**로만 사용하기도 합니다.

STEP 02 미니 회화 연습

A 今天晚上你有时间吗？ Jīntiān wǎnshang nǐ yǒu shíjiān ma?

B 오늘 저녁엔 시간이 없어.

A 那明晚我请客！ Nà míngwǎn wǒ qǐngkè!

A 너 오늘 저녁에 시간 있어?
B 今天晚上没有时间。 Jīntiān wǎnshang méiyǒu shíjiān.
A 그럼 내일 저녁에 내가 한턱 낼게!

쏙쏙 어휘

里 [li] ~안(에)
(**명사 뒤**에 쓰여 **사람·사물의 위치**를 나타냅니다.)

今天 [jīntiān] 오늘
明天 [míngtiān] 내일
晚上 [wǎnshang] 저녁
时间 [shíjiān] 시간
请客 [qǐngkè] 한턱 내다, 접대하다

宝马 [bǎomǎ] BMW(독일의 자동차 브랜드)
秘密 [mìmì] 비밀
爱人 [àiren] 배우자

STEP up 패턴 응용하기

나는 ○○이(가) 없어. ➡ 我没有 + 宝马。 / 秘密。 / 爱人。

Pattern 005 A 在 B A가 B에 있어

zài

在는 '**~에 있다**'라는 뜻으로, 사람이나 사물이 어느 곳에 있는지를 나타냅니다.

패턴 참고사항 在 뒤에는 장소나 위치를 나타내는 단어가 옵니다.

MP3 005

STEP 01 패턴 집중 훈련

그는 여기에 있어. 他在这儿。
Tā zài zhèr.

그녀는 거기에 있어. 她在那儿。
Tā zài nàr.

아버지께서는 회사에 계세요. 爸爸在公司。
Bàba zài gōngsī.

너 어디에 있니? 你在哪儿?
Nǐ zài nǎr?

STEP 02 미니 회화 연습

A 你在哪儿? Nǐ zài nǎr?

B 나는 사무실에 있어.

A 我在家你快回来吧! Wǒ zài jiā nǐ kuài huílái ba!

A 너 어디에 있어?
B 我在办公室。 Wǒ zài bàngōngshì.
A 난 집에 있어. 너 빨리 와봐!

STEP up 패턴 응용하기

엄마는 ○○에 계셔. ➡ 妈妈在 + 厨房。/ 外边。/ 市场。

쏙쏙 어휘

哪儿 [nǎr] 어디, 어느 곳
(**哪儿**은 의문사라서 질문을 나타내는 **吗**가 생략됩니다.)

快 [kuài] 빨리, 급히
回来 [huílái] 되돌아오다, 돌아오다
吧 [ba] ~하자/해라
(문장 끝에서 제의·청유·기대·명령 등의 어기를 나타냅니다.)

妈妈 [māma] 엄마, 어머니

厨房 [chúfáng] 주방
外边 [wàibian] 밖, 바깥
市场 [shìchǎng] 시장

Pattern 006 A 不在(búzài) B — A는 B에 있지 않아

不在는 '**~에 있지 않다**'라는 뜻으로, 在의 부정형이며 사람이나 사물이 특정한 곳에 있지 않음을 나타냅니다.

패턴 참고사항 不는 현재 혹은 미래, 아직 발생하지 않은 일을 부정합니다.

MP3 006

STEP 01 패턴 집중 훈련

나는 사무실에 있지 않아.
我不在办公室。
Wǒ búzài bàngōngshì.

그녀는 공원에 있지 않아.
她不在公园。
Tā búzài gōngyuán.

그는 중국에 있지 않아.
他不在中国。
Tā búzài Zhōngguó.

너 지금 집에 없어?
你不在家吗？
Nǐ búzài jiā ma?

쏙쏙 TIP

인칭대명사 + 这儿/那儿
사람 뒤에 **这儿**나 **那儿**을 붙여 명사를 장소화할 수 있습니다.
예: 我去你**那儿**。
내가 **그쪽**으로 갈게.
你来我**这儿**。
네가 **이쪽**으로 와.

STEP 02 미니 회화 연습

A 你不在家吗？ Nǐ búzài jiā ma?
B 나는 집에 있지 않아. 밖에 있어.
A 我去你那儿。 Wǒ qù nǐ nàr.

A 너 집에 없어?
B 我不在家，在外边。 Wǒ búzài jiā, zài wàibian.
A 내가 네가 있는 쪽으로 갈게.

쏙쏙 어휘

外边 [wàibian] 바깥(쪽)

厕所 [cèsuǒ] 화장실
会议室 [huìyìshì] 회의실

STEP up 패턴 응용하기

그는 ○○에 있지 않아. ➡ 他不在 + 厕所。/ 我这儿。/ 会议室。

Pattern 007 ~吗? (ma) ~야?

吗는 **'~야?/~입니까?'**라는 뜻으로, 문장(술어문) 끝에 쓰면 의문문이 됩니다.

패턴 참고사항 **吗**는 경성이기 때문에 약하게 발음해야 합니다.

MP3 007

STEP 01 패턴 집중 훈련

너는 한국 사람이야?	你是韩国人吗？ Nǐ shì Hánguórén ma?
너 돈 가지고 있어?	你有钱吗？ Nǐ yǒu qián ma?
그는 아내가 없습니까?	他没有老婆吗？ Tā méiyǒu lǎopó ma?
너 집에 있니?	你在家吗？ Nǐ zài jiā ma?

STEP 02 미니 회화 연습

A 너 자신 있어?

B 我没有自信。 Wǒ méiyǒu zìxìn.

A 加油！我们都支持你。 Jiāyóu! Wǒmen dōu zhīchí nǐ.

A 你有自信吗？ Nǐ yǒu zìxìn ma?
B 나는 자신이 없어.
A 파이팅! 우리는 모두 너를 응원해!

STEP up 패턴 응용하기

너는 ○○야? ➡ 你是 + 歌手 / 单身 / 老师 + 吗？

쏙쏙 어휘

自信 [zìxìn] 자신감
都 [dōu] 모두, 전부
支持 [zhīchí] 지지하다

歌手 [gēshǒu] 가수
单身 [dānshēn] 싱글
老师 [lǎoshī] 선생님

PART

02 필수 형용사 패턴 1

Part 2에서는 **'기분이 좋다'**, **'그녀는 예쁘다'**와 같이 **사람**의 **감정**이나 **상태**를 표현하거나 **사물**의 **상태·성질** 등을 **묘사**하는 **형용사**에 대해 배우려고 합니다. 형용사는 우리말과 똑같이 술어의 역할을 합니다. **<주어+형용사>** 구조로 자주 사용되며, 이러한 형태로 된 문장을 **형용사 술어문**이라고 합니다. 형용사를 익힐 때 **많다/적다**, **크다/작다** 등과 같이 뜻이 **서로 반대인 어휘를 묶어 함께** 익히면 훨씬 더 효과적입니다. 그럼 이번 파트에서 다양한 형용사를 같이 만나 볼까요?

필수 형용사 패턴 미리보기

주어	술어
날씨가	좋다 好
그녀는	예쁘다 漂亮
그 남자는	잘생겼다 帅

Pattern 008 A 好 (hǎo) A가 좋아

好는 '**좋다**'라는 뜻입니다. 보통 중국인들은 好 앞에 '매우(很)'를 붙여 '매우 좋다'라고 표현합니다. '좋지 않다'라고 말할 땐 好 앞에 不를 붙여 不好라고 합니다.

패턴 참고사항 형용사는 주로 현재형에서 사용하기 때문에 不를 사용해서 부정합니다.

MP3 008

STEP 01 패턴 집중 훈련

날씨가 매우 좋아. 天气很好。 Tiānqì hěn hǎo.

맛이 매우 좋아. 味道很好。 Wèidao hěn hǎo.

질이 매우 좋아. 质量很好。 Zhìliàng hěn hǎo.

기분이 좋지 않아. 心情不好。 Xīnqíng bù hǎo.

STEP 02 미니 회화 연습

A 今天天气怎么样? Jīntiān tiānqì zěnmeyàng?

B 오늘 날씨가 매우 좋아.

A 天气好，心情也好啊。 Tiānqì hǎo, xīnqíng yě hǎo.

A 오늘 날씨가 어때?
B 今天天气很好。 Jīntiān tiānqì hěn hǎo.
A 날씨가 좋으니 기분도 좋아.

STEP up 패턴 응용하기

○○이(가) 매우 좋아. ➡ 北京 / 性格 / 内容 + 很好。

쏙쏙 TIP

很이 생략되면 다른 뜻?
형용사를 표현할 때 **很**이 생략되어 단순히 '**날씨가 좋아**'라고 말하면 어제는 '**날씨가 안 좋았는데 오늘은 날씨가 좋네**'와 같이 비교의 의미를 나타냅니다.

쏙쏙 어휘

天气 [tiānqì] 날씨
心情 [xīnqíng] 기분
也 [yě] ~도, 역시

北京 [Běijīng] 베이징

性格 [xìnggé] 성격
内容 [nèiróng] 내용

STEP UP INFO

주어진 3개의 단어를 하나씩 패턴에 넣고 소리 내어 연습해 보세요.

Pattern 009 A 漂亮 piàoliang A가 예뻐

漂亮는 '**예쁘다**'라는 뜻입니다. 이번에도 역시 漂亮 앞에 很을 붙여 很漂亮, '매우 예쁘다'라고 합니다. '예쁘지 않다'라고 할 땐 不를 漂亮 앞에 붙여 不漂亮이라고 합니다.

패턴 참고사항 不는 원래 4성인데, 漂가 4성이기 때문에 2성으로 바뀌어 발음합니다.

MP3 009

STEP 01 패턴 집중 훈련

그녀는 매우 예뻐. 她很漂亮。 Tā hěn piàoliang.

선생님은 매우 예뻐. 老师很漂亮。 Lǎoshī hěn piàoliang.

그 옷은 매우 예뻐. 那件衣服很漂亮。 Nà jiàn yīfu hěn piàoliang.

나는 예쁘지 않아. 我不漂亮。 Wǒ bú piàoliang.

STEP 02 미니 회화 연습

A 你的女朋友漂亮吗？ Nǐ de nǚpéngyou piàoliang ma?

B 내 여자친구는 매우 예뻐.

A 真羡慕你。 Zhēn xiànmù nǐ.

A 네 여자친구는 예뻐?
B 我的女朋友很漂亮。 Wǒ de nǚpéngyou hěn piàoliang.
A 네가 진짜 부러워.

STEP up 패턴 응용하기

○○이(가) 정말 예쁘다. ➡ 妹妹 / 妈妈 / 老师 + 很漂亮。

쏙쏙 어휘

명+的 [de] ~의(명사 뒤에 쓰여서 소유를 나타냅니다.)
예: **我的** 나의
你的 너의

妹妹 [mèimei] 여동생
妈妈 [māma] 어머니
老师 [lǎoshī] 선생님

Pattern 010 A 帅 (shuài) A가 잘생겼어

帅는 **'잘생겼다/멋있다'**라는 뜻입니다. 很을 붙여 '매우 잘생겼다'라고 표현할 수도 있지만, 이번에는 '진짜(**真**)'을 사용해서 '진짜 잘생겼다(**真帅**)'라고 표현해 봅시다.

패턴 참고사항 帅는 여성한테도 '멋지다'라는 의미로 사용될 수 있습니다.
예: 她**很帅**。 그녀는 **매우 멋져.**

MP3 010

STEP 01 패턴 집중 훈련

그는 매우 잘생겼어. 他很帅。 Tā hěn shuài.

오빠(형)는 진짜 잘생겼어. 哥哥真帅。 Gēge zhēn shuài.

그녀는 진짜 멋져. 她真帅。 Tā zhēn shuài.

그는 멋있지 않아. 他不帅。 Tā bú shuài.

STEP 02 미니 회화 연습

A 你喜欢什么样的人? Nǐ xǐhuan shénmeyàng de rén?

B 나는 잘생긴 사람을 좋아해.

A 我也是。 Wǒ yě shì.

A 너는 어떤 사람을 좋아해?
B 我喜欢帅哥。 Wǒ xǐhuan shuàigē.
A 나도 그래.

STEP up 패턴 응용하기

○○이(가) 진짜 잘생겼어. ➡ 老师 / 服务员 / 弟弟 + 真帅。

쏙쏙 어휘

真 [zhēn] 확실히, 참으로, 진짜
喜欢 [xǐhuan] 좋아하다
什么样的 [shénmeyàngde] 어떠한
帅哥 [shuàigē] 미남, 잘생긴 남자

服务员 [fúwùyuán] 종업원
弟弟 [dìdi] 남동생

Pattern 011 A 高 (gāo) A가 높아

高는 '**높다**'라는 뜻입니다. 역시 '높지 않다'라고 하면 **不高**라고 표현할 수 있겠죠?
'키가 크다'라는 의미로도 사용할 수 있습니다.

패턴 참고사항 高 [gāo]는 1성으로 발음할 때 길게 발음해 주세요.

MP3 011

STEP 01 패턴 집중 훈련

눈이 매우 높아. 眼光很高。 Yǎnguāng hěn gāo.

가격이 매우 높아. 价格很高。 Jiàgé hěn gāo.

그는 (키가) 매우 커. 他(个子)很高。 Tā (gèzi) hěn gāo.

온도가 높지 않네. 温度不高。 Wēndù bù gāo.

STEP 02 미니 회화 연습

A 最近汽油的价格怎么样？ Zuìjìn qìyóu de jiàgé zěnmeyàng?

B 휘발유 가격이 매우 높아.

A 物价高，压力也高。 Wùjià gāo, yālì yě gāo.

A 요즘 휘발유의 가격이 어때?

B 汽油的价格很高。 Qìyóu de jiàgé hěn gāo.

A 물가가 높으면, 부담도 크지.

STEP up 패턴 응용하기

○○이(가) 높지 않아. ➡ 水平 / 山 / 工资 + 不高。

쏙쏙 어휘

眼光 [yǎnguāng] 안목, 식견

最近 [zuìjìn] 최근, 요즈음
汽油 [qìyóu] 휘발유
压力 [yālì] 스트레스, 과중한 부담
怎么样 [zěnmeyàng] 어떻다, 어떠하다 [주로 의문문으로 사용됩니다.]

水平 [shuǐpíng] 수준
山 [shān] 산
工资 [gōngzī] 월급

Pattern 012 A 多 (duō) A가 많아

多는 **'많다'**라는 뜻입니다. 이번에는 很과 真 외에 '대단히'란 뜻의 非常을 사용해서 표현해 봅시다. '많지 않다'라고 말할 땐 不多라고 합니다.

패턴 참고사항 多[duō]는 1성으로 길게 발음해 주세요.

MP3 012

STEP 01 패턴 집중 훈련

돈이 매우 많아.
钱很多。
Qián hěn duō.

요구가 대단히 많아.
要求非常多。
Yāoqiú fēicháng duō.

시간이 매우 많아.
时间很多。
Shíjiān hěn duō.

학생이 많지 않아.
学生不多。
Xuésheng bù duō.

STEP 02 미니 회화 연습

A 你们班学生多吗？ Nǐmen bān xuésheng duō ma?

B 우리 반 학생들은 매우 많아.

A 我们班也多。 Wǒmen bān yě duō.

A 너희 반 학생들은 많아?
B 我们班学生很多。 Wǒmen bān xuésheng hěn duō.
A 우리 반도 많아.

STEP up 패턴 응용하기

○○이(가) 대단히 많아. ➡ 知识 / 朋友 / 作业 + 非常多。

쏙쏙 어휘

非常 [fēicháng] 대단히, 아주

班 [bān] 반, 조, 그룹

知识 [zhīshi] 지식
朋友 [péngyou] 친구
作业 [zuòyè] 숙제, 과제

Pattern 013 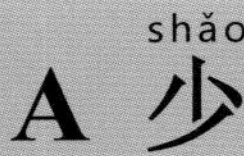 A가 적어

少는 '**적다**'라는 뜻입니다. '적다'의 의미를 강조할 때 앞에서 배운 很/真/非常을 넣어 표현해 보세요. '적지 않다'라고 말할 땐 不少라고 합니다.

패턴 참고사항 형용사 패턴은 '많다(多)/적다(少)' 와 같이 반대되는 어휘끼리 묶어서 함께 암기해 보세요.

MP3 013

STEP 01 패턴 집중 훈련

돈이 매우 적어.
钱很少。
Qián hěn shǎo.

책이 매우 적어.
书很少。
Shū hěn shǎo.

머리카락이 진짜 적어.
头发真少。
Tóufa zhēn shǎo.

시간이 적지 않아.
时间不少。
Shíjiān bù shǎo.

STEP 02 미니 회화 연습

A 今天客人多吗？ Jīntiān kèrén duō ma?
B 오늘 손님이 매우 적어요.
A 那怎么办！ Nà zěnmebàn!

A 오늘 손님이 많아?
B 今天客人很少。 Jīntiān kèrén hěn shǎo.
A 그럼 어떡해!

STEP up 패턴 응용하기

○○이(가) 매우 적어. ➡ 收入 / 数量 / 客人 + 很少。

쏙쏙 어휘

今天 [jīntiān] 오늘
客人 [kèrén] 손님

收入 [shōurù] 수입, 소득
数量 [shùliàng] 수량, 양

Pattern 014 A 大 (dà) A가 커

大는 **'크다'**라는 뜻입니다. 이외에 '(힘·강도 등이) 세다/심하다' 또는 '나이가 많다'라는 뜻으로도 사용됩니다. '크지 않다'라고 말할 땐 **不大**라고 합니다.

패턴 참고사항 大에는 여러 의미가 있으니 상황에 맞게 잘 사용해 주세요.

MP3 014

STEP 01 패턴 집중 훈련

머리가 매우 커.
头很大。
Tóu hěn dà.

주량이 매우 세.
酒量很大。
Jiǔliàng hěn dà.

스트레스가 매우 커(심해).
压力很大。
Yālì hěn dà.

나이가 많지 않아.
年龄不大。
Niánlíng bú dà.

쏙쏙 TIP

'스트레스가 적다'라고 할 때 '적다'라는 뜻의 **少**를 사용합니다.

STEP 02 미니 회화 연습

A 你最近过得好吗？ Nǐ zuìjìn guòde hǎo ma?

B 업무 스트레스가 매우 커.

A 哎呀！ 你真辛苦。 Āiya! Nǐ zhēn xīnkǔ.

A 너 요즘 잘 지내?
B 工作压力很大。 Gōngzuò yālì hěn dà.
A 아이고! 너 정말 고생하는구나.

쏙쏙 어휘

过得 [guòde] ~하게 지내다
工作 [gōngzuò] 직업, 근무, 일

房间 [fángjiān] 방
声音 [shēngyīn] 소리

STEP up 패턴 응용하기

○○이(가) 매우 커. ➡ 压力 / 房间 / 声音 + 很大。

Pattern 015 A 小 (xiǎo) A가 작아

小는 '**작다**'라는 뜻입니다. '(힘·강도 등이) 약하다', '(나이가) 어리다'의 의미로도 사용됩니다.
'작지 않다'라고 말할 땐 不小라고 합니다.

패턴 참고사항 小와 少는 획 하나로 의미가 달라지니 주의하세요.

MP3 015

STEP 01 패턴 집중 훈련

크기가 매우 작아. 大小很小。 Dàxiǎo hěn xiǎo.

주량이 약하지 않아. 酒量不小。 Jiǔliàng bù xiǎo.

나이가 어려. 年龄很小。 Niánlíng hěn xiǎo.

스트레스가 적지 않아. 压力不小。 Yālì bù xiǎo.

STEP 02 미니 회화 연습

A 你喜欢这双鞋子吗? Nǐ xǐhuan zhè shuāng xiézi ma?

B 아니, 이 신발은 너무 작아.

A 那么这双鞋子怎么样? Nàme zhè shuāng xiézi zěnmeyàng?

A 너 이 신발을 좋아하니?
B 没有, 这双鞋子太小了。 Méiyǒu, zhè shuāng xiézi tài xiǎo le.
A 그럼 이 신발은 어때?

STEP up 패턴 응용하기

○○이(가) 아주 작아. ➡ 胆子 / 脚 / 脸 + 很小。

쏙쏙 TIP

没有는 회화에서 '없다'라는 뜻으로 사용되지만 대답할 때 '**아니야!**'란 의미로도 사용됩니다.

쏙쏙 어휘

双 [shuāng] 짝, 켤레(쌍을 세는 단위)
鞋子 [xiézi] 신발
适合 [shìhé] 어울리다, 적합하다

胆子 [dǎnzi] 담력, 용기
脚 [jiǎo] 발
脸 [liǎn] 얼굴

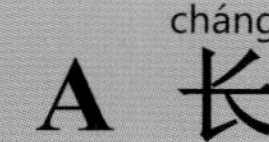

Pattern 016 A 长 (cháng) A가 길어

长는 '**길다**'라는 뜻입니다. 만약 부정의 의미를 조금 더 완곡하게 표현하고 싶다면 '그다지 ~하지 않다'란 뜻의 不太을 사용하여 不太长이라고 합니다.

패턴 참고사항 **长**은 '생기다/자라다'라는 뜻으로 동사로 사용할 때는 [zhǎng]으로 발음해야 합니다.
예: **长肉** [zhǎngròu] 살이 찌다.

MP3 016

STEP 01 패턴 집중 훈련

다리가 매우 길어.
腿很长。
Tuǐ hěn cháng.

머리카락이 진짜 길어.
头发真长。
Tóufa zhēn cháng.

바지가 진짜 길어.
裤子真长。
Kùzi zhēn cháng.

치마가 그다지 길지 않아.
裙子不太长。
Qúnzi bútài cháng.

STEP 02 미니 회화 연습

A 裤子太长了。 Kùzi tài cháng le.
B 그다지 길지 않아.
A 没有，很长。 Méiyǒu, hěn cháng.

A 바지가 너무 길어.
B 不太长。 Bútài cháng.
A 아니야, 매우 길어.

STEP up 패턴 응용하기

○○이[가] 매우 길어. ➡ 夏天 / 胡子 / 历史 + 很长。

쏙쏙 어휘

不太 [bútài] 그다지 ~하지 않다
太~了[tài~le] 너무 ~하다 [정도를 나타냄]

夏天 [xiàtiān] 여름
胡子 [húzi] 수염
历史 [lìshǐ] 역사

Pattern 017

A 短 (duǎn)

A가 짧아

短는 '**짧다**'의 의미입니다. '짧지 않다'라고 말할 땐 不短 또는 不太短이라고 합니다.

패턴 참고사항 短을 4성으로 잘못 발음하면 '단락/토막(段)'이 되므로 주의하세요.

MP3 017

STEP 01 패턴 집중 훈련

치마가 매우 짧아.
裙子很短。
Qúnzi hěn duǎn.

목이 매우 짧아.
脖子很短。
Bózi hěn duǎn.

팔이 짧지 않아.
胳膊不短。
Gēbo bù duǎn.

겨울 방학이 그다지 짧지 않아.
寒假不太短。
Hánjià bútài duǎn.

STEP 02 미니 회화 연습

A 치마가 짧지 않니?

B 裙子不太短。 Qúnzi bú tài duǎn.

A 真的不短吗？ Zhēnde bù duǎn ma?

A 裙子不短吗？ Qúnzi bù duǎn ma?
B 치마가 그다지 짧지 않아.
A 진짜 짧지 않다고?

STEP up 패턴 응용하기

○○이(가) 그다지 짧지 않아. ➡ 头发 / 距离 / 冬天 + 不太短。

쏙쏙 어휘

寒假 [hánjià] 겨울 방학

头发 [tóufa] 머리카락
距离 [jùlí] 거리, 간격
冬天 [dōngtiān] 겨울

PART 03 필수 형용사 패턴 2

앞에서 '**그녀는 예쁘다**'와 같이 **<주어+형용사>** 패턴에 대해 배울 때 특징이 있었죠? 중국어에서 대부분의 형용사는 '**매우(很)**'과 같이 정도를 나타내는 **단어**와 함께 자주 사용됩니다.
이번 파트에서도 다양한 형용사를 익혀 나의 느낌과 감정을 자유롭게 표현해 봅시다.

필수 형용사 패턴 미리보기

주어	술어
날씨가	춥다 · 안 춥다 冷 · 不冷
일이	어렵다 · 안 어렵다 难 · 不难
물건이	비싸다 · 안 비싸다 贵 · 不贵

Pattern 018  A冷 lěng — A가 추워

冷는 '**춥다**'라는 뜻입니다. 이번에는 '너무 ~하다(太~了)'를 사용해서 '너무 춥다'라고도 정도가 지나치거나 과함을 표현해 봅시다. '춥지 않다'라고 말할 땐 不冷이라고 합니다.

패턴 참고사항 冷은 우리말로 '렁' 발음이 납니다.

MP3 018

STEP 01 패턴 집중 훈련

날씨가 매우 추워. — 天气很冷。 Tiānqì hěn lěng.

상하이는 너무 추워. — 上海太冷了。 Shànghǎi tài lěng le.

방 안이 너무 추워. — 房间里太冷了。 Fángjiān li tài lěng le.

한국의 겨울은 그다지 춥지 않아. — 韩国的冬天不太冷。 Hánguó de dōngtiān bútài lěng.

STEP 02 미니 회화 연습

A 今天天气怎么样? Jīntiān tiānqì zěnmeyàng?

B 오늘 날씨가 너무 추워.

A 注意身体。 Zhùyì shēntǐ.

A 오늘 날씨가 어때?

B 今天天气很冷。 Jīntiān tiānqì hěn lěng.

A 몸 조심해.

STEP up 패턴 응용하기

○○이(가) 너무 추워. ➡ 北极 / 冬天 / 晚上 + 很冷。

쏙쏙 어휘

太~了 [tài~le] (정도가) 너무 ~하다

怎么样 [zěnmeyàng] 어떻다/어떠하다 (주로 의문문으로 사용됩니다.)

北极 [běijí] 북극

晚上 [wǎnshang] 저녁, 밤

Pattern 019 A 热 (rè) A가 더워

热는 '**덥다**'라는 뜻입니다. '덥지 않다'라고 말할 땐 不热라고 합니다.

패턴 참고사항 热는 권설음으로 혀를 말아서 발음해 주세요.

MP3 019

STEP 01 패턴 집중 훈련

베이징은 매우 더워.
北京很热。
Běijīng hěn rè.

날씨가 너무 더워.
天气太热了。
Tiānqì tài rè le.

사무실이 너무 더워.
办公室太热了。
Bàngōngshì tài rè le.

오늘 날씨는 그다지 덥지 않아.
今天的天气不太热。
Jīntiān de tiānqì bútài rè.

쏙쏙 어휘

办公室 [bàngōngshì] 사무실

夏天 [xiàtiān] 여름
教室 [jiàoshì] 교실

STEP 02 미니 회화 연습

A 办公室热吗? Bàngōngshì rè ma?

B 사무실은 그다지 덥지 않아.

A 不热吗? 我热死了。 Bú rè ma? Wǒ rè sǐ le.

A 사무실이 더워?
B 办公室不太热。 Bàngōngshì bútài rè.
A 안 덥다고? 나는 더워 죽겠어.

STEP up 패턴 응용하기

○○이(가) 너무 더워. ➡ 夏天 / 教室 / 天气 + 太热了。

Pattern 020 A 快 kuài A가 빨라

快는 **'빠르다'**라는 뜻입니다. '빠르지 않다'라고 말할 땐 **不快**라고 합니다.

패턴 참고사항 快는 동사 앞에서 '빨리/급히'라는 의미로 부사로도 사용됩니다.
예: **快**来! **빨리** 와!

MP3 020

STEP 01 패턴 집중 훈련

시간이 매우 빨라.
时间很快。
Shíjiān hěn kuài.

속도가 매우 빠르네.
速度很快。
Sùdù hěn kuài.

그는 동작이 진짜 빨라.
他动作真快。
Tā dòngzuò zhēn kuài.

선생님 말씀이 너무 빨라요.
老师说话太快了。
Lǎoshī shuōhuà tài kuài le.

쏙쏙 어휘

动作 [dòngzuò] 동작
说话 [shuōhuà] 말을 하다, 말

自行车 [zìxíngchē] 자전거
地铁 [dìtiě] 지하철
成长 [chéngzhǎng] 성장하다, 자라다

STEP 02 미니 회화 연습

A 你说得太快了。Nǐ shuō de tài kuài le.
B 내 말은 그다지 빠르지 않아.
A 知道了，你说得不快。Zhīdao le, nǐ shuō de bú kuài.

A 너 말이 너무 빨라.
B 我说得不太快。Wǒ shuō de bútài kuài.
A 알았어, 네 말은 빠르지 않아.

STEP up 패턴 응용하기

○○이(가) 그다지 빠르지 않아. ➡ 自行车 / 地铁 / 成长 + 不太快。

Pattern 021 A 慢 (màn) A가 느려

慢는 **'느리다'**라는 뜻입니다. '느리지 않다'라고 말할 땐 不慢이라고 합니다.

패턴 참고사항 **慢**은 '예의 없다/태도가 거만하다'라는 의미로도 사용됩니다.
예: 傲**慢** [àomàn] 거만하다

MP3 021

STEP 01 패턴 집중 훈련

시간이 매우 느려. 时间很慢。 Shíjiān hěn màn.

속도가 매우 느려. 速度很慢。 Sùdù hěn màn.

인터넷 속도가 너무 느려. 网速太慢了。 Wǎngsù tài màn le.

동작이 그다지 느리지 않아. 动作不太慢。 Dòngzuò bútài màn.

STEP 02 미니 회화 연습

A 网速怎么样？ Wǎngsù zěnmeyàng?

B 여기의 인터넷 속도는 너무 느려요.

A 那怎么办！ Nà zěnmebàn!

A 인터넷 속도가 어떤가요?
B 这里的网速太慢了。 Zhèli de wǎngsù tài màn le.
A 그럼 어쩌지!

STEP up 패턴 응용하기

○○이(가) 너무 느려. ➡ 电脑 / 行动 / 乌龟 + 太慢了。

쏙쏙 어휘

网速 [wǎngsù] 인터넷 속도

电脑 [diànnǎo] 컴퓨터
行动 [xíngdòng] 행동
乌龟 [wūguī] 거북이

Pattern 022

A 难 (nán)

A가 어려워

难는 **'어렵다'**라는 뜻입니다. 이번에는 '어렵다' 앞에 '제일(最)'를 붙여 '제일 어렵다'라고 표현해 봅시다. '어렵지 않다'라고 말할 땐 不难이라고 합니다.

패턴 참고사항 难은 '좋지 않다/나쁘다'란 뜻으로도 사용됩니다.
예: 她的话太**难**听了。 그녀의 말은 너무 듣기 **나빠**.

MP3 022

STEP 01 패턴 집중 훈련

일이 매우 어려워. 工作很难。 Gōngzuò hěn nán.

공부가 진짜 어려워. 学习真难。 Xuéxí zhēn nán.

결혼이 제일 어려워. 结婚最难。 Jiéhūn zuì nán.

중국어는 그다지 어렵지 않아. 汉语不太难。 Hànyǔ bútài nán.

쏙쏙 어휘

结婚 [jiéhūn] 결혼하다

开车 [kāichē] 운전, 운전하다
考试 [kǎoshì] 시험, 시험을 치다
英语 [yīngyǔ] 영어

STEP 02 미니 회화 연습

A 汉语难吗？ Hànyǔ nán ma?
B 중국어는 그다지 어렵지 않아.
A 你真棒！ Nǐ zhēn bàng!

A 중국어는 어려워?
B 汉语不太难。 Hànyǔ bútài nán.
A 너 정말 대단하다!

STEP up 패턴 응용하기

○○은(는) 그다지 어렵지 않아. ➡ 开车 / 考试 / 英语 + 不太难。

Pattern 023 A 容易 (róngyì) A가 쉬워

容易는 '**쉽다**'라는 뜻입니다. '쉽지 않다'라고 말할 땐 **不容易**라고 합니다.

패턴 참고사항 容易 [róngyì]에서 容 [róng]은 권설음으로 혀를 말아서 발음해요.

MP3 023

STEP 01 패턴 집중 훈련

다이어트가 매우 쉬워. 减肥很容易。 Jiǎnféi hěn róngyì.

중국어가 너무 쉬워. 汉语太容易了。 Hànyǔ tài róngyì le.

금연은 그다지 쉽지 않아. 戒烟不太容易。 Jièyān bútài róngyì.

돈 벌기가 쉽지 않아. 赚钱不容易。 Zhuànqián bù róngyì.

쏙쏙 어휘

减肥 [jiǎnféi] 살을 빼다, 다이어트 하다
戒烟 [jièyān] 담배를 끊다
赚钱 [zhuànqián] 돈을 벌다

方法[fāngfǎ] 방법
问题 [wèntí] 문제

STEP 02 미니 회화 연습

A 戒烟难吗？ Jièyān nán ma?
B 금연은 쉽지가 않아.
A 对啊，真难。 Duì a, zhēn nán.

A 금연은 어려워?
B 戒烟不容易。 Jièyān bù róngyì.
A 맞아, 진짜 어렵지.

STEP up 패턴 응용하기

○○이(가) 매우 쉬워. ➡ 方法 / 问题 / 内容 + 很容易。

Pattern 024

A 贵 (guì)

A가 비싸

贵는 '**비싸다**'라는 뜻입니다. '비싸지 않다'라고 말할 땐 **不贵**라고 합니다.

패턴 참고사항 '가격이 비싸다(높다)'라는 의미로 贵 대신에 高를 사용해도 됩니다.
예: 价格很**高**。 가격이 매우 **비싸**.

MP3 024

STEP 01 패턴 집중 훈련

물건이 너무 비싸. 东西太贵了。 Dōngxi tài guì le.

가격이 너무 비싸. 价格太贵了。 Jiàgé tài guì le.

학비가 매우 비싸. 学费很贵。 Xuéfèi hěn guì.

중국의 학비는 그다지 비싸지 않아. 中国的学费不太贵。 Zhōngguó de xuéfèi bútài guì.

쏙쏙 어휘

东西 [dōngxi] 물건
学费 [xuéfèi] 학비

房价 [fángjià] 집값
车票 [chēpiào] 차표
物价 [wùjià] 물가

STEP 02 미니 회화 연습

A 英国的学费贵吗？ Yīngguó de xuéfèi guì ma?

B 영국의 학비는 너무 비싸.

A 那样啊！ Nàyàng a!

A 영국의 학비는 비싸니?
B 英国的学费太贵了。 Yīngguó de xuéfèi tài guì le.
A 그렇구나!

STEP up 패턴 응용하기

○○이(가) 너무 비싸. ➡ 房价 / 车票 / 物价 + 太贵了。

Pattern 025 A 便宜 piányi A가 싸

便宜는 **'(값이) 싸다'**라는 뜻입니다. '싸지 않다'라고 말할 땐 不便宜라고 합니다.

패턴 참고사항 便宜의 **便**은 '훨씬/더'의 의미인 更과 획 하나의 차이이니 주의해 주세요.

MP3 025

STEP 01 패턴 집중 훈련

옷이 매우 싸.
衣服很便宜。
Yīfu hěn piányi.

물건이 진짜 싸네.
东西真便宜。
Dōngxi zhēn piányi.

가격이 너무 싸다.
价格太便宜了。
Jiàgé tài piányi le.

중국의 물가는 싸지 않아.
中国的物价不便宜。
Zhōngguó de wùjià bù piányi.

쏙쏙 어휘

衣服 [yīfu] 옷
鞋子 [xiézi] 신발, 구두

蔬菜 [shūcài] 채소
猪肉 [zhūròu] 돼지고기
飞机票 [fēijīpiào] 비행기표

STEP 02 미니 회화 연습

A 这双鞋子贵吗？ Zhè shuāng xiézi guì ma?
B 가격이 너무 싸.
A 这价格不便宜。 Zhè jiàgé bù piányi.

A 이 신발은 비싼가요?
B 价格太便宜了。 Jiàgé tài piányi le.
A 이 가격은 싸진 않아.

STEP up 패턴 응용하기

○○이(가) 진짜 싸네. ➡ 蔬菜 / 猪肉 / 飞机票 + 真便宜。

PART 04 부정부사 및 정도부사 패턴

Part 4에서는 부사에 대해 다뤄 보려고 합니다. 앞에 Part 3에서 살짝 언급했던 **不**와 **不太** 바로 이 두 단어가 **부정**의 **의미**를 나타내는 **부정부사**이며, **매우(很)/진짜(真)/상당히(相当)**와 같이 **정도**를 나타내는 **부사**를 **정도부사**라고 합니다. 중국어에서 부사는 술어 앞에서 문장을 다채롭게 만들어 주고 의미도 더 정확하게 전달하며, 그 종류도 굉장히 다양합니다. 이번 파트에서 부사로 보다 더 구체적이고 정확하게 표현해 봅시다.

부정부사 및 정도부사 패턴 미리보기

주어	부정부사	술어
나는	안 不	기쁘다

주어	정도부사	술어
그녀는	너무 太	예쁘다
	진짜 真	
	대단히 非常	
	꽤/비교적 挺	

Pattern 026 不~ (bù) ~하지 않아

不는 '**~하지 않다**'라는 뜻으로 술어(동사·형용사) 앞에서 주로 현재와 미래, 아직 발생되지 않은 일에 대해서 부정하는 부정부사입니다.

패턴 참고사항 不는 본래 4성인데 뒤에 같은 4성이 오면 2성으로 발음하는 거 이제 아시죠?

MP3 026

STEP 01 패턴 집중 훈련

나는 기쁘지 않아.
我不高兴。
Wǒ bù gāoxìng.

그 남자는 똑똑하지 않아.
他不聪明。
Tā bù cōngming.

그 방법은 좋지 않아.
那个方法不好。
Nà ge fāngfǎ bù hǎo.

나는 중국에 가지 않을 거야.
我不去中国。
Wǒ bú qù Zhōngguó.

쏙쏙 어휘

聪明 [cōngming] 똑똑하다, 총명하다
方法 [fāngfǎ] 방법, 수단, 방식

件 [jiàn] 벌, 건 (옷이나 일·사건 등을 세는 양사)
好看 [hǎokàn] 예쁘다, 보기 좋다

方便 [fāngbiàn] 편리하다
考虑 [kǎolǜ] 고려하다, 생각하다

STEP 02 미니 회화 연습

A 这件衣服好看吗? Zhè jiàn yīfu hǎokàn ma?
B 이 옷은 예쁘지 않아.
A 真的假的? Zhēnde jiǎde?

A 이 옷 예쁘니?
B 这件衣服不好看。 Zhè jiàn yīfu bù hǎokàn.
A 진짜야? 가짜야?

STEP up 패턴 응용하기

○○하지 않아. ➡ 不 + 方便。/ 考虑。/ 见面。

STEP UP INFO
주어진 3개의 단어를 하나씩 패턴에 넣고 소리 내어 연습해 보세요.

Pattern 027 不太~ (bútài) 그다지 ~하지 않아

不太는 **'그다지/별로 ~하지 않다'**라는 뜻으로 부정의 의미를 조금 더 완곡하게 표현할 때 씁니다.
부정을 표현할 때도 조금 부드럽게 표현하는 게 좋겠죠?

패턴 참고사항 不는 본래 4성인데 뒤에 같은 4성이 오면 2성으로 바뀌어 발음됩니다.

MP3 027

STEP 01 패턴 집중 훈련

하얼빈은 그다지 덥지 않아.
哈尔滨不太热。
Hā'ěrbīn bútài rè.

동작이 그다지 느리지 않아.
动作不太慢。
Dòngzuò bútài màn.

보이차는 별로 비싸지 않아.
普洱茶不太贵。
Pǔ'ěrchá bútài guì.

그녀의 기분은 별로 좋지 않아.
她心情不太好。
Tā xīnqíng bútài hǎo.

STEP 02 미니 회화 연습

A 济州岛的冬天冷吗？ Jìzhōudǎo de dōngtiān lěng ma?
B 제주도의 겨울은 그다지 춥지 않아.
A 那好了。 Nà hǎo le.

A 제주도의 겨울은 춥니?
B 济州岛的冬天不太冷。 Jìzhōudǎo de dōngtiān bútài lěng.
A 잘 됐네.

STEP up 패턴 응용하기

그다지 ○○하지 않아. ➡ 不太 + 明白。/ 相信。/ 重视。

쏙쏙 어휘

哈尔滨 [Hā'ěrbīn] 하얼빈
普洱茶 [pǔ'ěrchá] 보이차
心情 [xīnqíng] 심정, 감정
济州岛 [Jìzhōudǎo] 제주도
冬天 [dōngtiān] 겨울

明白 [míngbai]
알다, 이해하다
相信 [xiāngxìn]
믿다, 신뢰하다
重视 [zhòngshì]
중시하다, 중요하게 여기다

Pattern 028 太~了 (tài le) 너무 ~해

太~了는 '**너무 ~하다**'라는 뜻으로 정도가 과하거나 지나칠 때 사용되는 표현입니다. 부정형으로는 不太를 사용할 수 있습니다.

패턴 참고사항 太만으로도 정도를 나타낼 수 있습니다.
예: 时间**太**快。시간이 **너무** 빠르다.

MP3 028

STEP 01 패턴 집중 훈련

그녀는 너무 예뻐.
她太漂亮了。
Tā tài piàoliang le.

다이어트는 너무 어려워.
减肥太难了。
Jiǎnféi tài nán le.

날씨가 너무 건조해.
天气太干燥了。
Tiānqì tài gānzào le.

KTX는 너무 빨라.
KTX太快了。
KTX tài kuài le.

STEP 02 미니 회화 연습

A 我不胖吗？ Wǒ bú pàng ma?

B 너 너무 말랐어.

A 没有，我真胖。 Méiyǒu, wǒ zhēn pàng.

A 나 뚱뚱하지 않아?
B 你太瘦了。 Nǐ tài shòu le.
A 아니야, 난 진짜 뚱뚱해.

STEP up 패턴 응용하기

너무 ○○해. ➡ 太 + 马虎 / 大 / 过分 + 了。

쏙쏙 어휘

干燥 [gānzào] 건조하다

胖 [pàng] 뚱뚱하다
瘦 [shòu] 마르다, 여위다

马虎 [mǎhu] 건성으로 하다, 소홀하다
过分 [guòfèn] 지나치다, 과분하다

Pattern 029

真~ (zhēn)

진짜 ~해

真는 '**진짜 ~하다**'라는 뜻으로 진심을 담아 표현할 때 사용할 수 있습니다.

패턴 참고사항 같은 의미로 **真的**라고도 말할 수 있습니다.
예: 他的性格**真的**好。 그의 성격은 **진짜** 좋아.

MP3 029

STEP 01 패턴 집중 훈련

기분이 진짜 좋아.
心情真好。
Xīnqíng zhēn hǎo.

날씨가 진짜 후덥지근해.
天气真闷热。
Tiānqì zhēn mēnrè.

그의 성격은 진짜 좋아.
他的性格真好。
Tā de xìnggé zhēn hǎo.

교실이 진짜 조용하네.
教室里真安静。
Jiàoshì li zhēn ānjìng.

STEP 02 미니 회화 연습

A 他的声音怎么样? Tā de shēngyīn zěnmeyàng?

B 그의 목소리는 진짜 좋아.

A 真羡慕他。 Zhēn xiànmù tā.

A 그의 목소리는 어때?
B 他的声音真好听。 Tā de shēngyīn zhēn hǎotīng.
A 그 사람 진짜 부럽네.

STEP up 패턴 응용하기

진짜 ○○해. ➡ 真 + 不错。/ 好喝。/ 美丽。

쏙쏙 어휘

闷热 [mēnrè] 무덥다, 찌는 듯하다
安静 [ānjìng] 조용하다, 잠잠하다
好听 [hǎotīng] 듣기 좋다

不错 [búcuò] 좋다, 괜찮다
好喝 [hǎohē] (음료수 등이) 맛있다
美丽 [měilì] 아름답다

Pattern 030 最~ (zuì) 제일 ~해

最는 '**제일/가장 ~하다**'라는 뜻으로 비교하는 대상 중에서 가장 뛰어난 것, 최고임을 나타내는 표현입니다.

MP3 030

패턴 참고사항 最는 비교하는 경우에 자주 사용합니다.

STEP 01 패턴 집중 훈련

내가 제일 예뻐.
我最漂亮。
Wǒ zuì piàoliang.

이 물건이 제일 비싸.
这个东西最贵。
Zhè ge dōngxi zuì guì.

그의 키가 가장 커.
他的个子最高。
Tā de gèzi zuì gāo.

그가 제일 똑똑해.
他最聪明。
Tā zuì cōngming.

STEP 02 미니 회화 연습

A 谁最漂亮? Shéi zuì piàoliang?
B 그녀가 제일 예뻐.
A 那我呢? Nà wǒ ne?

A 누가 제일 예뻐?
B 她最漂亮。 Tā zuì piàoliang.
A 그럼 나는?

STEP up 패턴 응용하기

그가 가장 ○○하지. ➡ 他最 + 忙。/ 累。/ 轻松。

쏙쏙 어휘

个子 [gèzi] 키

忙 [máng] 바쁘다
累 [lèi] 지치다
轻松 [qīngsōng] 홀가분하다, 수월하다

Pattern 031

fēicháng
非常~ 대단히 ~해

非常는 **'대단히/아주 ~하다'**라는 뜻입니다. 很보다 정도가 과함을 나타냅니다.

패턴 참고사항 非常에서 非 [fēi]는 영어의 f 발음으로 윗니로 아랫입술을 살짝 물 듯이 발음합니다.

MP3 031

STEP 01 패턴 집중 훈련

그는 대단히 똑똑해.
他非常聪明。
Tā fēicháng cōngming.

그의 성격이 아주 좋아.
他的性格非常好。
Tā de xìnggé fēicháng hǎo.

방이 아주 깨끗해.
房间非常干净。
Fángjiān fēicháng gānjìng.

그녀의 목소리는 대단히 커.
她的声音非常大。
Tā de shēngyīn fēicháng dà.

STEP 02 미니 회화 연습

A 最近奶奶的身体怎么样? Zuìjìn nǎinai de shēntǐ zěnmeyàng?

B 요즘 할머니의 몸은 아주 좋으셔.

A 那挺好的。 Nà tǐng hǎo de.

A 요즘 할머니의 몸은 좀 어떠셔?
B 最近她的身体非常好。 Zuìjìn tā de shēntǐ fēicháng hǎo.
A 아주 좋네.

STEP up 패턴 응용하기

대단히 ○○해. ➡ 非常 + 舒服。 / 开心。 / 健康。

쏙쏙 어휘

聪明 [cōngming]
똑똑하다, 총명하다

奶奶 [nǎinai] 할머니
身体 [shēntǐ] 몸, 신체, 건강
挺~的 [tǐng ~de]
아주 ~하다, 꽤 ~하다

舒服 [shūfu]
편안하다, 쾌적하다
开心 [kāixīn] 기쁘다, 즐겁다
健康 [jiànkāng] 건강하다

Pattern 032 挺~的 (tǐng de) 꽤 ~해

挺~的는 '**꽤/비교적 ~하다**'라는 뜻입니다.

패턴 참고사항 的를 생략할 수 있습니다.
예: 他**挺**帅。그는 **꽤** 잘생겼어.

MP3 032

STEP 01 패턴 집중 훈련

그는 꽤 잘생겼어.
他挺帅的。
Tā tǐng shuài de.

날씨가 꽤 추워.
天气挺冷的。
Tiānqì tǐng lěng de.

성격이 꽤 강해.
脾气挺大的。
Píqì tǐng dà de.

중국 사람들은 비교적 대범해.
中国人挺大方的。
Zhōngguórén tǐng dàfang de.

쏙쏙 어휘

大方 [dàfang]
시원시원하다, 대범하다

可爱 [kě'ài]
사랑스럽다, 귀엽다

宽 [kuān] 넓다, 드넓다
认真 [rènzhēn]
진지하다, 착실하다

STEP 02 미니 회화 연습

A 你的狗可爱吗？ Nǐ de gǒu kě'ài ma?

B 내 강아지는 꽤 귀여워.

A 我的狗也很可爱。 Wǒ de gǒu yě hěn kě'ài.

A 너희 강아지는 귀엽니?
B 我的狗挺可爱的。 Wǒ de gǒu tǐng kě'ài de.
A 우리 강아지도 매우 귀여워.

STEP up 패턴 응용하기

꽤 ○○해. ➡ 挺 + 快 / 宽 / 认真 + 的。

Pattern **033**

xiāngdāng
相当~ 상당히 ~해

相当은 **'상당히 ~하다'**라는 뜻입니다. 相当은 '상당히'와 발음이 매우 비슷하므로 쉽게 기억할 수 있습니다.

패턴 참고사항 비슷한 의미로 '대단히/아주'라는 의미의 非常 [fēicháng], 十分 [shífēn] 등이 있습니다.

MP3 033

STEP 01 패턴 집중 훈련

그는 상당히 뚱뚱해.
他相当胖。
Tā xiāngdāng pàng.

나는 주량이 상당히 세.
我酒量相当大。
Wǒ jiǔliàng xiāngdāng dà.

그는 상당히 솔직해.
他相当诚实。
Tā xiāngdāng chéngshí.

손님이 상당히 많아.
客人相当多。
Kèrén xiāngdāng duō.

쏙쏙 어휘

酒量 [jiǔliàng] 주량
诚实 [chéngshí] 진실하다, 참되다, 성실하다
好吃 [hǎochī] 맛있다

可靠 [kěkào] 확실하다, 믿을 만하다
严重 [yánzhòng] 위급하다, 심각하다
严格 [yángé] 엄격하다, 엄하다

STEP 02 미니 회화 연습

A 我做的菜好吃吗? Wǒ zuò de cài hǎochī ma?
B 상당히 맛있어.
A 我真高兴。 Wǒ zhēn gāoxìng.

A 내가 한 요리 맛있어?
B 相当好吃。 Xiāngdāng hǎochī.
A 진짜 기쁘다.

STEP up 패턴 응용하기

상당히 ○○해. ➡ 相当 + 可靠。/ 严重。/ 严格。

Pattern 034 特别~ (tèbié) 특별히 ~해

特别는 **'특별히/특히 ~하다'**란 뜻으로 일반적이지 않은, 특별한 상황에서 사용합니다. 다른 대상과 비교했을 때 뛰어난 것을 의미합니다.

패턴 참고사항 特의 형태로도 사용할 수 있습니다.
예: 韩国**特**好。 한국은 **특히** 좋다.

MP3 034

STEP 01 패턴 집중 훈련

한국은 특히 좋아.
韩国特别好。
Hánguó tèbié hǎo.

나는 특히 기뻐.
我特别高兴。
Wǒ tèbié gāoxìng.

그의 업무 능력은 특별히 뛰어나.
他的工作能力特别强。
Tā de gōngzuò nénglì tèbié qiáng.

이 음식은 특별히 맛있어.
这道菜特别好吃。
Zhè dào cài tèbié hǎochī.

쏙쏙 어휘

道 [dào]
요리를 세는 단위 = 양사
巴黎 [Bālí] (프랑스 수도) 파리

期待 [qīdài]
기대하다, 기다리다
照顾 [zhàogù]
보살피다, 돌보다

STEP 02 미니 회화 연습

A 巴黎好吗? Bālí hǎo ma?
B 파리는 특히 좋아.
A 那么好吗? Nàme hǎo ma?

A 파리는 좋아?
B 巴黎特别好。 Bālí tèbié hǎo.
A 그렇게 좋아?

STEP up 패턴 응용하기

특히 ○○해. ➡ 特别 + 期待。/ 喜欢。/ 照顾。

Pattern 035 有点儿~ (yǒudiǎnr) 조금 ~해

有点儿는 '**조금/약간**'이라는 뜻으로 주로 부정적인 상황에서 사용됩니다.

패턴 참고사항 정도가 비교적 약함을 의미하고 비슷한 의미로 **稍微** [shāowēi]가 있습니다.
예: **稍微**胖。**조금** 뚱뚱해.

MP3 035

STEP 01 패턴 집중 훈련

나는 조금 뚱뚱해.
我有点儿胖。
Wǒ yǒudiǎnr pàng.

그는 조금 취했어.
他有点儿醉。
Tā yǒudiǎnr zuì.

아이가 약간 낯을 가려.
孩子有点儿认生。
Háizi yǒudiǎnr rènshēng.

아버지께서 약간 화가 나셨어.
爸爸有点儿生气。
Bàba yǒudiǎnr shēngqì.

STEP 02 미니 회화 연습

A 怎么了? Zěnmele?

B 나 배가 조금 아파.

A 那怎么办! Nà zěnmebàn!

A 왜 그래?
B 我的肚子有点儿疼。Wǒ de dùzi yǒudiǎnr téng.
A 이런 어쩌지!

STEP up 패턴 응용하기

좀 ○○해. ➡ 有点儿 + 累。/ 不舒服。/ 大。

쏙쏙 어휘

醉 [zuì] 취하다
认生 [rènshēng] 낯가림하다
生气 [shēngqì] 화내다, 성내다

怎么了? [zěnmele] 왜그래?, 무슨 일이야?
肚子 [dùzi] 배, 복부
疼 [téng] 아프다

累 [lèi] 피곤하다
不舒服 [bùshūfu] (기분이) 언짢다, (몸이) 불편하다

Pattern 036 ~ 一点儿 (yìdiǎnr) 조금 ~해

一点儿는 **'조금/약간'**이라는 뜻으로 사용되는데, **有点儿**은 술어(동사/형용사) 앞에서 부정적인 의미로 사용되지만 **一点儿**은 술어 뒤에서 단순히 '조금/약간'의 의미로 사용됩니다.

패턴 참고사항 회화에서는 一点儿에서 一를 자주 생략하고 말합니다.

MP3 036

STEP 01 패턴 집중 훈련

너 빨리 좀 해.
你快(一)点儿。
Nǐ kuài (yì)diǎnr.

좀 조심하세요.
小心(一)点儿。
Xiǎoxīn (yì)diǎnr.

채소를 좀 먹어.
吃(一)点儿蔬菜吧。
Chī (yì)diǎnr shūcài ba.

중국어는 약간 쉬워.
汉语容易(一)点儿。
Hànyǔ róngyì (yì)diǎnr.

쏙쏙 어휘

蔬菜 [shūcài] 채소, 야채
小心 [xiǎoxīn] 조심하다, 주의하다
现在 [xiànzài] 지금, 현재

慢 [màn] 천천히 하다, 느리다
别 [bié] ~하지 마라

买 [mǎi] 사다
说 [shuō] 말하다
开心 [kāixīn] 기쁘다, 즐겁다

STEP 02 미니 회화 연습

A 너 천천히 좀 해.
B 我现在没有时间。 Wǒ xiànzài méiyǒu shíjiān.
A 别担心，有很多时间。 Bié dānxīn, yǒu hěn duō shíjiān.

A 你慢(一)点儿。 Nǐ màn (yì)diǎnr.
B 나 지금 시간이 없어.
A 걱정마, 너 시간 많아.

STEP up 패턴 응용하기

조금 ○○해. ➡ 买 / 说 / 开心 + 一点儿。

PART 05 핵심 동사 패턴 1

Part 5에서는 일상 생활에서 가장 많이 사용하는 **핵심 동사 패턴**에 대해 배웁니다. **중국어**에서 **동사**는 우리말과 똑같이 **술어의 역할**을 하며 **<주어 + 술어 + 목적어>** 구조로 사용됩니다. 이러한 형태로 된 문장을 **동사 술어문**이라고 합니다. 중국어에서 가장 중요한 품사이자 많이 사용하는 패턴이니 이번 파트에서는 반드시 핵심 동사 10개와 꼭 친해져 봅시다.

핵심 동사 패턴 미리보기

주어	술어	목적어
나는	사랑하다 · 안 사랑하다 爱 · 不爱	**너**를
그는	먹다 · 안 먹다 吃 · 不吃	**빵**을
그녀는	오다 · 안 오다 来 · 不来	**회사**에

Pattern 037 A 爱(ài) B　A는 B를 사랑해

爱는 **'~을 사랑하다/~하기를 즐기다'**라는 뜻으로 사람의 심리를 나타내는 심리동사입니다.
'사랑하지 않아'라고 말할 때도 역시 爱 앞에 不를 붙여 不爱라고 합니다.

패턴 참고사항 爱가 동사 앞에 위치하면 '~하기를 즐기다'라는 의미가 됩니다.
예: **我爱喝咖啡。** 나는 커피를 **즐겨** 마셔.

MP3 037

STEP 01 패턴 집중 훈련

나는 너를 사랑해.
我爱你。
Wǒ ài nǐ.

나는 내 자신을 사랑해.
我爱自己。
Wǒ ài zìjǐ.

그는 차를 즐겨 마셔.
他爱喝茶。
Tā ài hē chá.

그녀는 뉴스를 즐겨 보지 않아.
她不爱看新闻。
Tā bú ài kàn xīnwén.

쏙쏙 어휘

新闻 [xīnwén] 뉴스

综艺节目 [zōngyì jiémù] 예능 프로그램

猪肉 [zhūròu] 돼지고기
啤酒 [píjiǔ] 맥주

STEP 02 미니 회화 연습

A 你爱看什么电视节目？ Nǐ ài kàn shénme diànshì jiémù?

B 나는 예능 프로그램을 좋아해.

A 我也爱看。 Wǒ yě ài kàn.

A 너는 어떤 TV 프로그램을 좋아해?
B 我爱看综艺节目。 Wǒ ài kàn zōngyì jiémù.
A 나도 즐겨 봐.

STEP up 패턴 응용하기

○○하는 것을 좋아해. ➡ 爱 + 看电影。/ 吃猪肉。/ 喝啤酒。

STEP UP INFO
주어진 3개의 단어를 하나씩 패턴에 넣고 소리 내어 연습해 보세요.

Pattern 038 A 打(dǎ) B　A가 B를 쳐

打는 '**~를 치다/때리다**'라는 뜻으로 손으로 하는 동작을 나타냅니다.
'치지 않다'라고 말할 땐 不打라고 합니다.

패턴 참고사항 打는 다양한 상황에서 사용되기 때문에 '~을 하다'의 의미로 해석됩니다.
예: **打**游戏。 게임을 **하다**.

MP3 038

STEP 01 패턴 집중 훈련

그는 사람을 때려. — 他打人。 Tā dǎ rén.

그녀는 전화를 걸어. — 她打电话。 Tā dǎ diànhuà.

우리는 게임을 해. — 我们打游戏。 Wǒmen dǎ yóuxì.

중국인은 탁구를 즐겨 치지. — 中国人爱打乒乓球。 Zhōngguórén ài dǎ pīngpāngqiú.

STEP 02 미니 회화 연습

A 你喜欢什么运动？ Nǐ xǐhuan shénme yùndòng?

B 나는 배드민턴 치는 것을 좋아해.

A 我也喜欢。 Wǒ yě xǐhuan.

A 너는 어떤 운동을 좋아해?
B 我喜欢打羽毛球。 Wǒ xǐhuan dǎ yǔmáoqiú.
A 나도 좋아해.

STEP up 패턴 응용하기

○○을(를) 해. ➡ 打 + 棒球。/ 排球。/ 台球。

쏙쏙 어휘

游戏 [yóuxì] 게임
乒乓球 [pīngpāngqiú] 탁구

什么 [shénme] (명사 앞에 쓰여) 무슨, 어떤, 어느의 의미로 의문사로 사용되며 질문을 나타내는 吗는 생략됩니다.

羽毛球 [yǔmáoqiú] 배드민턴

棒球 [bàngqiú] 야구
排球 [páiqiú] 배구
台球 [táiqiú] 당구

Pattern 039 A 做 B A가 B를 해

zuò

做는 '**~을 만들다/하다**'라는 뜻으로 정말 자주 사용되는 동사입니다. '만들지 않다'라고 말할 땐 不做라고 합니다. 동사도 역시 질문할 때는 문장 끝에 吗를 붙입니다.

패턴 참고사항 坐와 做는 발음과 성조가 모두 같기 때문에 뒤에 오는 명사에 따라 의미를 구분할 수 있습니다.

MP3 039

STEP 01 패턴 집중 훈련

엄마는 요리를 하셔.
妈妈做菜。
Māma zuò cài.

나는 일을 해.
我做事。
Wǒ zuò shì.

남동생은 사업을 하니?
弟弟做生意吗?
Dìdi zuò shēngyi ma?

내 아내는 아침밥을 하지 않아.
我老婆不做早餐。
Wǒ lǎopó bú zuò zǎocān.

STEP 02 미니 회화 연습

A 你现在做什么? Nǐ xiànzài zuò shénme?

B 나는 지금 숙제하고 있어.

A 好学生。Hǎo xuésheng.

A 너 지금 뭐하고 있어?
B 我现在做作业。Wǒ xiànzài zuò zuòyè.
A 좋은 학생이네.

STEP up 패턴 응용하기

○○을(를) 해. ➡ 做 + 手术。/ 衣服。/ 泡菜。

쏙쏙 어휘

生意 [shēngyi] 장사, 사업
老婆 [lǎopó] 아내
早餐 [zǎocān] 아침밥

TIP 工作와 事의 차이점
두 단어 모두 '**일**'이라는 의미이지만 **工作**는 업무·직업과 관련된 일을 가리키며, **事**는 업무뿐만 아니라 개인적인 일을 가리키기도 합니다.

作业 [zuòyè] 숙제

手术 [shǒushù] 수술
泡菜 [pàocài] 김치

Pattern 040

A 坐 B

zuò

A가 B를 타

坐는 **'~을 타다'**라는 뜻으로 교통수단을 탈 때 사용됩니다. '타지 않다'라고 말할 땐 不坐라고 하면 됩니다. 물론 본래의 의미인 '앉다'로도 사용할 수 있습니다.

패턴 참고사항 자전거나 오토바이 등 두 다리를 이용해서 탈 때는 坐가 아닌 骑 [qí]를 사용합니다.

MP3 040

STEP 01 패턴 집중 훈련

너 좀 앉아!
你坐一下!
Nǐ zuò yíxià!

그는 차를 타.
他坐车。
Tā zuò chē.

나는 버스를 타.
我坐公交车。
Wǒ zuò gōngjiāochē.

그녀는 지하철을 타지 않아.
她不坐地铁。
Tā bú zuò dìtiě.

쏙쏙 어휘

公交车 [gōngjiāochē] 버스
地铁 [dìtiě] 지하철
出租车 [chūzūchē] 택시

船 [chuán] 배
火车 [huǒchē] 기차
飞机 [fēijī] 비행기

STEP 02 미니 회화 연습

A 你坐出租车吗? Nǐ zuò chūzūchē ma?

B 나는 버스를 타.

A 为什么不坐出租车。 Wèishénme bú zuò chūzūchē?

A 너는 택시를 탈 거야?
B 我坐公交车。 Wǒ zuò gōngjiāochē.
A 왜 택시를 안 타?

STEP up 패턴 응용하기

○○을(를) 타. ➡ 坐 + 船。/ 火车。/ 飞机。

Pattern 041 A 吃 B A가 B를 먹어

chī

吃는 **'~을 먹다'**라는 뜻입니다. '먹지 않는다'라고 말할 땐 **不吃**라고 합니다.

패턴 참고사항 吃는 권설음으로 혀를 말아서 발음해야 합니다.

MP3 041

STEP 01 패턴 집중 훈련

나는 밥을 먹어.
我吃饭。
Wǒ chī fàn.

그는 빵을 먹어.
他吃面包。
Tā chī miànbāo.

그녀는 밀가루 음식을 먹지 않아.
她不吃面食。
Tā bù chī miànshí.

너희는 중국 음식을 먹어?
你们吃中国菜吗?
Nǐmen chī zhōngguócài ma?

STEP 02 미니 회화 연습

A 你吃麻辣烫吗? Nǐ chī málàtàng ma?

B 나 안 먹을 거야.

A 为什么不吃? Wèishénme bù chī?

A 너 마라탕 먹을래?
B 我不吃。 Wǒ bù chī.
A 왜 안 먹어?

STEP up 패턴 응용하기

○○을(를) 먹어. ➡ 吃 +
火锅。
锅包肉。
黄瓜金针菇。

쏙쏙 어휘

面包 [miànbāo] 빵
面食 [miànshí] 밀가루 음식
麻辣烫 [málàtàng] 마라탕(중국 쓰촨 성 유명 요리)

火锅 [huǒguō] 훠궈, 샤부샤부
锅包肉 [guōbāoròu] 꿔바로우, 탕수육
黄瓜金针菇 [huángguājīnzhēngū] 오이팽이버섯무침

Pattern 042

A 喝(hē) B

A가 B를 마셔

喝는 '**~을 마시다**'라는 뜻입니다. '마셨다'라고 말할 땐 문장 끝에 '~했다'라는 의미인 了를 붙여 줍니다.

패턴 참고사항 了는 동작의 완료를 나타내기 때문에 이미 발생된 일에 대해서만 사용됩니다.

MP3 042

STEP 01 패턴 집중 훈련

그는 술을 마셔.
他喝酒。
Tā hē jiǔ.

아이는 우유를 마셔.
孩子喝牛奶。
Háizi hē niúnǎi.

나는 밀크티를 마셨어.
我喝奶茶了。
Wǒ hē nǎichá le.

여동생은 음료수를 마셨어.
妹妹喝饮料了。
Mèimei hē yǐnliào le.

STEP 02 미니 회화 연습

A 你喝咖啡吗? Nǐ hē kāfēi ma?

B 나는 주스 마실게.

A 好啊! Hǎo a!

A 너는 커피 마실래?
B 我喝果汁。 Wǒ hē guǒzhī.
A 좋아!

STEP up 패턴 응용하기

○○을(를) 마셔. ➡ 喝 + 白酒。/ 可乐。/ 红茶。

쏙쏙 어휘

了 [le] 동사 뒤에서 '~했다'라는 의미로 완료를 나타냅니다.
패턴 103 참고

牛奶 [niúnǎi] 우유
奶茶 [nǎichá] 밀크티
饮料 [yǐnliào] 음료

果汁 [guǒzhī] 과일주스

白酒 [báijiǔ] 고량주, 백주
红茶 [hóngchá] 홍차

Pattern 043 A 来 B A가 B에 와

lái

来는 '**~에 오다**'의 의미입니다. '오지 않았다'라고 말할 땐 不 대신에 '~하지 않았다'라는 뜻인 没로 부정합니다. 没로 부정할 때 완료를 나타내는 了는 생략됩니다.

패턴 참고사항 不 [bù]는 '~하지 않아'라는 뜻으로 현재·미래에 사용되며 没 [méi]는 '하지 않았다'로 과거에 사용됩니다.

MP3 043

STEP 01 패턴 집중 훈련

그는 회사에 와. 他来公司。 Tā lái gōngsī.

그는 고향에 왔어. 他来老家了。 Tā lái lǎojiā le.

거래처가 우리 회사로 왔어. 客户来我公司了。 Kèhù lái wǒ gōngsī le.

그들은 여기 안 왔어. 他们没来这儿。 Tāmen méi lái zhèr.

STEP 02 미니 회화 연습

A 明天谁来学校呢? Míngtiān shéi lái xuéxiào ne?

B 내일 엄마가 학교에 오셔.

A 我爸爸要来。 Wǒ bàba yào lái.

A 내일 누가 학교에 오니?
B 明天妈妈来学校。 Míngtiān māma lái xuéxiào.
A 우리 아빠가 오신대.

STEP up 패턴 응용하기

○○이(가) 와. ➡ 来 + 老师。/ 朋友。/ 爷爷。

쏙쏙 어휘

老家 [lǎojiā] 고향
客户 [kèhù] 거래처, 바이어

呢 [ne] ~는요? [의문문 끝에 쓰여 강조를 나타냅니다.]
예: 谁吃饭**呢**?
누가 밥 먹어?

朋友 [péngyou] 친구
爷爷 [yéye] 할아버지

Pattern 044 A 去(qù) B — A가 B에 가

去는 **'~에 가다'**라는 뜻입니다. '가지 않다'는 不去, '가지 않았다'라고 말할 땐 没去라고 합니다.

패턴 참고사항 동사도 역시 来/去와 같이 뜻이 반대인 어휘를 묶어 함께 익히는 것이 효과적입니다.

MP3 044

STEP 01 패턴 집중 훈련

그는 외국에 가.
他去国外。
Tā qù guówài.

나는 병원에 가.
我去医院。
Wǒ qù yīyuàn.

할머니는 공원에 가셨어.
奶奶去公园了。
Nǎinai qù gōngyuán le.

그들은 슈퍼마켓에 가지 않았어.
他们没去超市。
Tāmen méi qù chāoshì.

STEP 02 미니 회화 연습

A 周末你去哪里呢? Zhōumò nǐ qù nǎli ne?
B 주말에 나는 동물원에 가.
A 我也去。Wǒ yě qù.

A 주말에 너는 어디에 가니?
B 周末我去动物园。Zhōumò wǒ qù dòngwùyuán.
A 나도 갈래.

STEP up 패턴 응용하기

○○에 가. ➡ 去 + 游泳池。/ 百货商店。/ 美国。

쏙쏙 어휘

国外 [guówài] 국외, 외국
医院 [yīyuàn] 병원
奶奶 [nǎinai] 할머니
超市 [chāoshì] 슈퍼마켓

周末 [zhōumò] 주말
哪里 [nǎli] 어디, 어느 곳
(의문사에 해당합니다.)

动物园 [dòngwùyuán] 동물원

游泳池 [yóuyǒngchí] 수영장
百货商店 [bǎihuòshāngdiàn] 백화점

Pattern 045 A 买 B A가 B를 사

mǎi

买는 '**~을 사다**'라는 의미입니다. '사지 않다'는 不买, '사지 않았다'라고 말할 땐 没买라고 합니다.

패턴 참고사항 买를 4성으로 발음할 경우 '팔다(卖)'로 완전히 다른 의미가 되니 성조를 주의해서 발음하세요.

MP3 045

STEP 01 패턴 집중 훈련

나는 차를 사.
我买车。
Wǒ mǎi chē.

그는 중고차를 사지 않아.
他不买二手车。
Tā bù mǎi èrshǒuchē.

그들은 손목시계를 샀어.
他们买手表了。
Tāmen mǎi shǒubiǎo le.

우리는 집을 사지 않았어.
我们没买房子。
Wǒmen méimǎi fángzi.

STEP 02 미니 회화 연습

A 他买皮鞋吗？ Tā mǎi píxié ma?

B 그는 가죽 신발은 안 사.

A 那买什么？ Nà mǎi shénme?

A 그는 가죽 신발을 사니?
B 他不买皮鞋。 Tā bù mǎi píxié.
A 그럼 뭘 사?

STEP up 패턴 응용하기

○○을(를) 사. ➡ 买 + 菜。/ 眼镜。/ 衬衫。

쏙쏙 어휘

二手车 [èrshǒuchē] 중고차
手表 [shǒubiǎo] 손목시계

皮鞋 [píxié] 가죽 신발

菜 [cài] 채소, 야채, 요리
眼镜 [yǎnjìng] 안경
衬衫 [chènshān] 셔츠

Pattern 046 A 卖 B

mài

A가 B를 팔아

卖는 **'~을 팔다'**라는 뜻입니다. '팔지 않다'는 **不卖**, '팔지 않았다'라고 말할 땐 **没卖**라고 합니다.

패턴 참고사항 买와 卖가 만나면 买卖 [mǎimai], '무역'이 됩니다.
예: 他做**买卖**。 그는 **무역**을 해.

MP3 046

STEP 01 패턴 집중 훈련

그는 BMW를 판매해.
他卖宝马。
Tā mài bǎomǎ.

그녀는 액세서리를 팔아.
她卖饰品。
Tā mài shìpǐn.

우리는 옷을 팔지 않아.
我们不卖衣服。
Wǒmen bú mài yīfu.

그들은 가죽 신발을 팔지 않았어.
他们没卖皮鞋。
Tāmen méi mài píxié.

쏙쏙 어휘

买卖 [mǎimai] 무역
宝马 [bǎomǎ] BMW (독일의 자동차 브랜드)
饰品 [shìpǐn] 액세서리

电子产品 [diànzǐchǎnpǐn] 전자 제품

杂志 [zázhì] 잡지
手机 [shǒujī] 휴대폰, 휴대전화기
水果 [shuǐguǒ] 과일, 과실

STEP 02 미니 회화 연습

A 这里卖电子产品吗? Zhèli mài diànzǐ chǎnpǐn ma?

B 여기는 휴대폰을 팔아요.

A 哪里卖电子产品? Nǎli mài diànzǐ chǎnpǐn?

A 여기에서 전자 제품을 파나요?
B 这里卖手机。 Zhèli mài shǒujī.
A 어디에서 전자 제품을 팔죠?

STEP up 패턴 응용하기

○○을(를) 팔아. ➡ 卖 + 杂志。 / 手机。 / 水果。

PART

06 핵심 동사 패턴 2

이번 파트에서도 역시 **일상 생활에서 가장 많이 사용하는 핵심 동사 패턴**에 대해 배웁니다. 동사 패턴을 잘 쌓아두면 평소에 자주 하는 동작들에 대해서 자유롭게 중국어로 말할 수 있습니다. 그럼 핵심 동사 9개를 입에 착! 붙을 때까지 연습해 봅시다!

핵심 동사 패턴 미리보기

주어	Plus 동사(술어)
나는	보다 看
	쓰다 写
	듣다 听
	말하다 说

Pattern 047 A 学 B　A가 B를 배워

xué

学는 '**~을 배우다**'라는 의미입니다. '배우지 않다'라고 하면 不学, '배우지 않았다'라고 말할 땐 没学라고 합니다.

패턴 참고사항 学는 '따라하다/모방하다'라는 의미도 있습니다.
예: 我也**学**他。 나도 **그처럼 할래**.

MP3 047

STEP 01 패턴 집중 훈련

나는 중국어를 배워.
我学汉语。
Wǒ xué hànyǔ.

그는 운전을 배워.
他学开车。
Tā xué kāichē.

그들은 탁구를 배워.
他们学乒乓球。
Tāmen xué pīngpāngqiú.

우리는 역사를 배우지 않아.
我们不学历史。
Wǒmen bù xué lìshǐ.

STEP 02 미니 회화 연습

A 你学法语吗？ Nǐ xué fǎyǔ ma?

B 나는 프랑스어를 배우지 않아.

A 为什么不学？ Wèishénme bù xué?

A 너는 프랑스어를 배워?
B 我不学法语。 Wǒ bù xué fǎyǔ.
A 왜 안 배워?

STEP up 패턴 응용하기

○○을(를) 배워. ➡ 学 +
英语。
数学。
语法。

쏙쏙 어휘

开车 [kāichē] 운전하다
乒乓球 [pīngpāngqiú] 탁구

法语 [fǎyǔ] 프랑스어

数学 [shùxué] 수학
语法 [yǔfǎ] 문법, 어법

Pattern 048 A 教 B (jiāo) A가 B를 가르쳐

'**教**'는 '**~를 가르치다**'라는 뜻입니다. '가르치지 않다'라고 하면 不教, '가르치지 않았다'라고 말할 땐 没教라고 합니다.

패턴 참고사항 教 뒤에는 가르침을 받는 대상(사람)이 올 수 있습니다.
예: 我**教**他汉语。 나는 그에게 중국어를 **가르쳐**. 패턴 246 참고

MP3 048

STEP 01 패턴 집중 훈련

나는 중국어를 가르쳐.
我教汉语。
Wǒ jiāo hànyǔ.

그는 운전을 가르치지.
他教开车。
Tā jiāo kāichē.

우리는 기술을 가르치지 않아.
我们不教技术。
Wǒmen bù jiāo jìshù.

그들은 춤을 가르쳤어.
他们教舞蹈了。
Tāmen jiāo wǔdǎo le.

STEP 02 미니 회화 연습

A 请你教我做菜，好吗？ Qǐng nǐ jiāo wǒ zuò cài, hǎo ma?
B 내가 너를 가르쳐 줄게.
A 真谢谢你。 Zhēn xièxie nǐ.

A 나한테 요리를 가르쳐 줄 수 있어?
B 我教你。 Wǒ jiāo nǐ.
A 진짜 고마워.

STEP up 패턴 응용하기

○○을(를) 가르쳐요. ➡ 教 + 科学。/ 唱歌。/ 体育。

쏙쏙 어휘

技术 [jìshù] 기술
舞蹈 [wǔdǎo] 춤

请 [qǐng] 청하다, 부탁하다
好吗? [hǎoma] 괜찮아요? 좋아요?

科学 [kēxué] 과학
体育 [tǐyù] 체육

Pattern 049 A 找 B (zhǎo)

A가 B를 찾아

'**找**'는 '**~을 찾다**'의 의미로 '찾지 않다'는 不找, '찾지 않았다'라고 말할 땐 没找라고 합니다.

패턴 참고사항 3성 뒤에 같은 3성이 오면 앞의 3성은 2성으로 바뀌어 발음됩니다.

MP3 049

STEP 01 패턴 집중 훈련

그가 사람을 찾아. — 他找人。 Tā zhǎo rén.

난 물건을 찾아. — 我找东西。 Wǒ zhǎo dōngxi.

나는 너를 찾지 않아. — 我不找你。 Wǒ bù zhǎo nǐ.

너는 누구를 찾아? — 你找谁？ Nǐ zhǎo shéi.

쏙쏙 어휘

钱包 [qiánbāo] 지갑

对象 [duìxiàng] (연애나 결혼의) 상대

机会 [jīhuì] 기회

STEP 02 미니 회화 연습

A 你找谁？ Nǐ zhǎo shéi?

B 사람을 찾는 게 아니라 지갑을 찾아.

A 钱包是什么颜色？ Qiánbāo shì shénme yánsè?

A 너는 누구를 찾아?

B 不找人，找钱包。 Bù zhǎo rén, zhǎo qiánbāo.

A 지갑은 무슨 색깔이야?

STEP up 패턴 응용하기

○○을(를) 찾아. ➡ 找 + 对象。 / 工作。 / 机会。

Pattern 050 A 忘(wàng) B A가 B를 잊어

忘은 **'~을 잊다'**의 의미로 '잊지 않다'는 不忘, '잊지 않았다'라고 말할 땐 没忘이라고 합니다.

패턴 참고사항 不는 뒤에 같은 4성이 오면 2성으로 바뀌어 발음됩니다.

MP3 050

STEP 01 패턴 집중 훈련

나는 이름을 잊어버렸어.
我忘名字了。
Wǒ wàng míngzi le.

그는 비밀번호를 잊어버렸어.
他忘密码了。
Tā wàng mìmǎ le.

나는 너를 잊지 않아.
我不忘你。
Wǒ bú wàng nǐ.

그는 나를 잊지 않았어.
他没忘我。
Tā méi wàng wǒ.

쏙쏙 어휘

密码 [mìmǎ] 암호

号码 [hàomǎ] 번호
历史 [lìshǐ] 역사
地址 [dìzhǐ] 주소, 소재지

STEP 02 미니 회화 연습

A 你为什么没做作业？ Nǐ wèishénme méi zuò zuòyè?

B 저 잊어버렸어요.

A 你以后别这样做。 Nǐ yǐhòu bié zhèyàng zuò.

A 너 숙제를 왜 안 했어?
B 我忘了。 Wǒ wàng le.
A 너 나중에는 이렇게 하지마.

STEP up 패턴 응용하기

○○을(를) 잊어버렸어. ➡ 忘 + 手机号码 / 地址 / 历史 + 了。

Pattern 051 A 看(kàn) B A가 B를 봐

看는 **'~을 보다'**라는 뜻입니다. '보지 않다'는 不看, '보지 않았다'라고 말할 땐 没看라고 합니다. 看은 동작을 하는 주체가 의지를 갖고 필요에 의해 보는 것을 의미합니다.

패턴 참고사항 의지를 가지고 보는 것이기 때문에 반드시 뒤에 보는 대상인 목적어가 나와야 합니다.
예: 我看书。 나는 책을 **봐**.

MP3 051

STEP 01 패턴 집중 훈련

나는 책을 봐.
我看书。
Wǒ kàn shū.

나는 영화를 봐.
我看电影。
Wǒ kàn diànyǐng.

아이들은 텔레비전을 보지 않아.
孩子们不看电视。
Háizimen bú kàn diànshì.

그들은 2002월드컵을 보지 않았어.
他们没看二零零二年世界杯。
Tāmen méi kàn èrlínglíngèr nián shìjièbēi.

STEP 02 미니 회화 연습

A 这部电影怎么样? Zhè bù diànyǐng zěnmeyàng?
B 모르겠어, 나 안 봤어.
A 你这次看一下。 Nǐ zhè cì kàn yíxià.

A 이 영화는 어때?
B 不知道，我没看。 Bùzhīdao. Wǒ méi kàn.
A 너 이번에 한번 봐봐.

STEP up 패턴 응용하기

○○을(를) 봐. ➡ 看 + 足球比赛。/ 小说。/ 报纸。

쏙쏙 어휘

孩子 [háizi] 어린이, 아이
世界杯 [shìjièbēi] 월드컵

TIP 연도를 말할 땐 숫자를 하나씩 읽습니다.
二零零二年
[èrlínglíngèr nián] 2002년

不知道 [bùzhīdao] 모른다
比赛 [bǐsài] 경기, 시합
小说 [xiǎoshuō] 소설
报纸 [bàozhǐ] 신문

Pattern 052 A 见 B — A가 B를 만나

jiàn

见는 '**~을 만나다**'라는 뜻입니다. '만나지 않다'는 不见, '만나지 않았다'라고 말할 땐 没见이라고 합니다.

패턴 참고사항 不는 본래 4성이지만 뒤에 같은 4성이 오면 2성으로 바뀌어 발음됩니다.

MP3 052

STEP 01 패턴 집중 훈련

나는 친구를 만나.
我见朋友。
Wǒ jiàn péngyou.

그는 외국인을 만나.
他见外国人。
Tā jiàn wàiguórén.

그녀는 스타를 만났어.
她见明星了。
Tā jiàn míngxīng le.

그들은 바이어를 만나지 않았어.
他们没见客户。
Tāmen méi jiàn kèhù.

STEP 02 미니 회화 연습

A 你为什么这么兴奋？ Nǐ wèishénme zhème xīngfèn?

B 나 송중기를 만났어!

A 真的假的？ Zhēnde jiǎde?

A 너 왜 이렇게 들떴어?
B 我见宋仲基了！ Wǒ jiàn Sòngzhòngjī le!
A 진짜야 가짜야?

STEP up 패턴 응용하기

○○을(를) 만나. ➡ 见 + 父母。 / 老板。 / 邻居。

쏙쏙 어휘

明星 [míngxīng] 스타

TIP 완료를 나타내는 了
了는 '~했다'라는 뜻으로 동작의 완료를 나타냅니다.
예: 我见朋友了。
나는 친구를 만났어.
패턴 103번 참고

兴奋 [xīngfèn] 흥분하다, 들뜨다
宋仲基 [Sòngzhòngjī] 송중기

父母 [fùmǔ] 부모
老板 [lǎobǎn] 사장
邻居 [línjū] 이웃

Pattern 053 A 写 B

xiě

A가 B를 써

写는 '**~을 쓰다**'라는 뜻입니다. '쓰지 않다'는 不写, '쓰지 않았다'라고 말할 땐 没写라고 합니다.

패턴 참고사항 写는 어떠한 상황에서는 '하다'라고도 해석됩니다.
예: **写**作业 숙제를 **하다**.

MP3 053

STEP 01 패턴 집중 훈련

아이는 글자를 써.
孩子写字。
Háizi xiě zì.

나는 일기를 써.
我写日记。
Wǒ xiě rìjì.

그는 숙제를 해.
他写作业。
Tā xiě zuòyè.

나는 소설을 쓰지 않아.
我不写小说。
Wǒ bù xiě xiǎoshuō.

STEP 02 미니 회화 연습

A 你写作业了吗？ Nǐ xiě zuòyè le ma?

B 나 숙제 안 했어.

A 不写作业，可以吗？ Bù xiě zuòyè, kěyǐ ma?

A 너 숙제 했어?
B 我没写作业。 Wǒ méi xiě zuòyè.
A 숙제 안 해도 괜찮아?

STEP up 패턴 응용하기

○○을(를) 써. ➡ 写 + 报告。/ 论文。/ 答案。

쏙쏙 어휘

日记 [rìjì] 일기

报告 [bàogào] 보고서
论文 [lùnwén] 논문
答案 [dá'àn] 답

Pattern 054 A 听 B A가 B를 들어

tīng

听은 '**~을 듣다**'의 의미입니다. '듣지 않다'는 不听, '듣지 않았다'라고 말할 땐 没听이라고 합니다.

패턴 참고사항 听[tīng] 1성으로 길게 발음하는 연습이 필요합니다.

MP3 054

STEP 01 패턴 집중 훈련

나는 노래를 들어. 我听歌。 Wǒ tīng gē.

그는 음악을 듣지. 他听音乐。 Tā tīng yīnyuè.

아이가 말을 듣지 않아. 孩子不听话。 Háizi bù tīng huà.

학생들은 선생님의 말씀을 듣지 않았어. 学生们没听老师的话。 Xuéshengmen méi tīng lǎoshī de huà.

STEP 02 미니 회화 연습

A 你听什么歌? Nǐ tīng shénme gē?

B 나는 최신 가요를 들어.

A 我也听一下。 Wǒ yě tīng yíxià.

A 너는 무슨 노래를 듣니?
B 我听流行歌曲。 Wǒ tīng liúxíng gēqǔ.
A 나도 한번 들어 볼게.

STEP up 패턴 응용하기

○○을(를) 듣지. ➡ 听 + 广播。/ 课。/ 演讲。

쏙쏙 TIP

不听话는 회화에서 '말을 듣지 않는다'라는 의미로 부정적인 느낌으로 주로 사용됩니다.

쏙쏙 어휘

歌 [gē] 노래
流行歌曲 [liúxínggēqǔ] 최신가요, 유행가

广播 [guǎngbō] 방송
演讲 [yǎnjiǎng] 강연, 연설

Pattern 055

A 说 B

shuō

A가 B를 말해

说는 '**~을 말하다**'라는 뜻입니다. '말하지 않다'는 不说, '말하지 않았다'라고 말할 땐 没说라고 합니다.

패턴 참고사항 说 [shuō]는 1성으로 길게 발음하는 연습이 필요합니다.

MP3 055

STEP 01 패턴 집중 훈련

나는 중국어를 말해.
我说汉语。
Wǒ shuō hànyǔ.

그녀는 험담을 해.
她说坏话。
Tā shuō huàihuà.

그는 표준어를 구사해.
他说普通话。
Tā shuō pǔtōnghuà.

그들은 말을 하지 않아.
他们不说话。
Tāmen bù shuōhuà.

STEP 02 미니 회화 연습

A 真的假的？我不相信！ Zhēnde jiǎde? Wǒ bù xiāngxìn!

B 나는 쓸데없는 말은 안 해.

A 那么我相信你。 Nàme wǒ xiāngxìn nǐ.

A 진짜니 가짜니? 난 안 믿어!
B 我不说废话。 Wǒ bù shuō fèihuà.
A 그럼 널 믿을게.

STEP up 패턴 응용하기

○○을(를) 말해. ➡ 说 + 方言。 / 俄语。 / 秘密。

쏙쏙 TIP

说와 说话의 차이점
说/说话 두 단어 모두 '말하다'의 의미를 갖고 있지만 说话 뒤에는 목적어를 동반할 수 없습니다.

예: 나는 중국어를 말한다.
我说汉语。(o)
我说话汉语。(x)

普通话 [pǔtōnghuà]
현대 중국 표준어

쏙쏙 어휘

相信 [xiāngxìn] 믿다
假话 [jiǎhuà] 거짓말
废话 [fèihuà] 쓸데없는 말[소리]

方言 [fāngyán] 방언
俄语 [éyǔ] 러시아어
秘密 [mìmì] 비밀

PART

07 Plus 동사 패턴

지난 파트에서 '먹다/마시다/보다/만나다'와 같이 우리가 일상생활에서 기본적으로 사용하는 핵심 동사를 배웠다면 이번 PART 7에서는 한 단계 더 나아가 '**~라고 느끼다/~할 예정이다**'와 같이 본인의 의사를 좀 더 구체적으로 나타낼 수 있는 **Plus 동사**들에 대해서 배워 봅시다.
Plus 동사 패턴을 알면 여러분의 중국어 실력을 보다 더 향상시킬 수 있습니다.

Plus 동사 패턴 미리보기

주어	Plus 동사
나는	~을 듣자 하니 听说
	~하길 바라 希望
	~할 예정이다 打算
	~라고 여기다 认为
	~인 줄 알았다 以为

Pattern 056

tīngshuō 听说～ 듣자 하니 ~한다며

听说는 '**~을 듣자 하니/들은 바로는 ~라고 한다**'라는 뜻입니다. 주로 문장 맨 앞에서 사용됩니다.

패턴 참고사항 听说은 听 A 说로 'A에게 듣자하니'라는 표현으로도 사용됩니다.
예: **听**朋友**说** 친구**에게 듣자 하니**

MP3 056

STEP 01 패턴 집중 훈련

듣자 하니 걔 결혼한다며.
听说，他要结婚。
Tīngshuō, tā yào jiéhūn.

듣자 하니 걔 일이 생겼대.
听说，他有事了。
Tīngshuō, tā yǒu shì le.

듣자 하니 행복은 매우 간단하대.
听说幸福很简单。
Tīngshuō xìngfú hěn jiǎndān.

들은 바로는 어제 그녀는 병이 났대.
听说昨天她生病了。
Tīngshuō zuótiān tā shēngbìng le.

STEP 02 미니 회화 연습

A 듣자 하니 너 남자친구 생겼다며.

B 我没有男朋友。 Wǒ méiyǒu nánpéngyou.

A 我也没有。 Wǒ yě méiyǒu.

A 听说你有男朋友了。 Tīngshuō nǐ yǒu nánpéngyou le.
B 나 남자친구 없어.
A 나도 없어.

STEP up 패턴 응용하기

들은 바로는 ○○한대. ➡ 听说 +

他离开韩国。
下雨。
取消了。

쏙쏙 어휘

朋友 [péngyou] 친구
幸福 [xìngfú] 행복하다
生病 [shēngbìng] 병이 나다

离开 [líkāi] 떠나다
取消 [qǔxiāo] 취소하다

Pattern 057 觉得~ (juéde) ~이라고 느껴

觉得는 '**~라고 느끼다/여기다**'라는 뜻으로 본인의 생각이나 느낌을 말할 때 사용하는 동사입니다.
'~라고 느끼지 않다/여기지 않다'라고 말할 땐 不觉得라고 합니다.

패턴 참고사항 '~라고 느끼다'라는 뜻으로 感觉를 사용할 수 있습니다.
예: 我**感觉**不好。 내가 **느끼기에** 좋지 않아.

MP3 057

STEP 01 패턴 집중 훈련

내가 느끼기에 중국어는 어렵지 않아.
我觉得汉语不难。
Wǒ juéde hànyǔ bù nán.

우리 모두가 생각하기에 그는 좋은 사람인 것 같아.
我们都觉得他是好人。
Wǒmen dōu juéde tā shì hǎorén.

네가 생각하기에 매우 재미없니?
你觉得很无聊吗？
Nǐ juéde hěn wúliáo ma?

나는 즐겁다고 느끼지 않아.
我不觉得快乐。
Wǒ bù juéde kuàilè.

STEP 02 미니 회화 연습

A 你觉得尹老师怎么样？ Nǐ juéde Yǐn lǎoshī zěnmeyàng?

B 내가 느끼기에 윤 선생님은 재미있어.

A 我也觉得。 Wǒ yě juéde.

A 네가 느끼기에 윤 선생님은 어때?
B 我觉得尹老师很有意思。 Wǒ juéde Yǐn lǎoshī hěn yǒuyìsi.
A 나도 그렇게 생각해.

STEP up 패턴 응용하기

○○라고 느껴. ➡ 觉得 + 不错。/ 舒服。/ 可爱。

쏙쏙 어휘

无聊 [wúliáo] 무료하다, 따분하다

尹 [Yǐn] 윤 씨 [우리나라 성(姓)의 하나]
有意思 [yǒuyìsi] 재미있다

舒服 [shūfu] 편안하다
可爱 [kě'ài] 사랑스럽다, 귀엽다

Pattern 058

A 喜欢 B
xǐhuan

A가 B를 좋아해

喜欢는 **'~을 좋아하다/~하는 것을 좋아하다'**라는 의미로 심리상태를 나타내는 심리동사입니다. '좋아하지 않다'라고 말할 땐 不喜欢이라고 합니다.

패턴 참고사항 喜欢/爱 등 심리상태를 부정할 때는 没로 부정할 수 없습니다.
예: **我没喜欢**你。 나는 너를 **좋아하지 않아**.(x)

MP3 058

STEP 01 패턴 집중 훈련

나는 너를 좋아해.
我喜欢你。
Wǒ xǐhuan nǐ.

그는 그녀를 좋아하지 않아.
他不喜欢她。
Tā bù xǐhuan tā.

우리는 영화를 보는 것을 좋아해.
我们喜欢看电影。
Wǒmen xǐhuan kàn diànyǐng.

그들은 아이쇼핑 하는 것을 좋아하지 않아.
他们不喜欢逛街。
Tāmen bù xǐhuan guàngjiē.

쏙쏙 TIP

'~하는 것을 좋아하다'라는 의미로 사용할 때 **喜欢**은 동사 앞에 위치합니다.
예: 我**喜欢**吃东西。
나는 음식 먹**는 것을 좋아해**.

STEP 02 미니 회화 연습

A 你喜欢什么水果? Nǐ xǐhuan shénme shuǐguǒ?
B 나는 바나나를 좋아해.
A 我也喜欢。 Wǒ yě xǐhuan.

A 너는 어떤 과일을 좋아하니?
B 我喜欢香蕉。 Wǒ xǐhuan xiāngjiāo.
A 나도 좋아해.

쏙쏙 어휘

水果 [shuǐguǒ] 과일
香蕉 [xiāngjiāo] 바나나

动物 [dòngwù] 동물
读书 [dúshū] 책을 읽다

STEP up 패턴 응용하기

○○을(를) 좋아해. ➡ 喜欢 + 动物。/ 读书。/ 春天。

Pattern 059 A 希望~ (xīwàng) A가 ~하기를 바라

希望는 '**~을 희망하다/바라다/원하다**'라는 뜻입니다. '바라지 않다'라고 말할 땐 **不希望**이라고 합니다.

패턴 참고사항 '바라다'의 또 다른 표현으로 **愿意**도 사용할 수 있습니다.
예: 我**愿意**去。 나는 가길 **원해**.

MP3 059

STEP 01 패턴 집중 훈련

나는 네가 오길 바라.
我希望你来。
Wǒ xīwàng nǐ lái.

그는 네가 중국에 가길 바라.
他希望你去中国。
Tā xīwàng nǐ qù Zhōngguó.

그는 내가 목적을 실현하길 원해.
他希望我实现目标。
Tā xīwàng wǒ shíxiàn mùbiāo.

부모님은 내가 고향을 떠나는 것을 바라지 않아.
父母不希望我离开老家。
Fùmǔ bù xīwàng wǒ líkāi lǎojiā.

STEP 02 미니 회화 연습

A 希望你来韩国。 Xīwàng nǐ lái Hánguó.
B 나도 한국에 무척 가길 원해.
A 你快来吧。 Nǐ kuài lái ba.

A 네가 한국에 오기를 원해.
B 我也很希望去韩国。 Wǒ yě hěn xīwàng qù Hánguó.
A 너 빨리 와.

STEP up 패턴 응용하기

○○을(를) 바라. ➡ 希望 + 回来。/ 去留学。/ 成功。

쏙쏙 어휘

愿意 [yuànyì] (~하기를) 바라다, 희망하다
实现 [shíxiàn] 실현하다
目标 [mùbiāo] 목표
老家 [lǎojiā] 고향

也 [yě] ~도
예: 我**也** 나도 / 你**也** 너도

留学 [liúxué] 유학하다
成功 [chénggōng] 성공

Pattern 060

A 参加 B

cānjiā

A가 B에 참가해

参加는 **'~에 참가하다/참석하다'**라는 뜻입니다. '참가하지 않다'라고 말할 땐 **不参加**라고 합니다.

패턴 참고사항 '시험을 치다'라는 의미를 **参加**를 사용해서 **参加考试** [cānjiākǎoshì]라고 표현할 수 있습니다.

MP3 060

STEP 01 패턴 집중 훈련

나는 면접에 참가해.

我参加面试。
Wǒ cānjiā miànshì.

그는 말하기 경연대회에 참가해.

他参加演讲比赛。
Tā cānjiā yǎnjiǎng bǐsài.

그들은 이번 시합에는 참가하지 않아.

他们不参加这次比赛。
Tāmen bù cānjiā zhè cì bǐsài.

당신을 나의 생일 파티에 (참석하는 것을) 초대해요.

我邀请你参加我的生日晚会。
Wǒ yāoqǐng nǐ cānjiā wǒ de shēngrì wǎnhuì.

STEP 02 미니 회화 연습

A 你参加他的婚礼吗？ Nǐ cānjiā tā de hūnlǐ ma?

B 나 그의 결혼식에 참석하지 않아.

A 你有别的事吗？ Nǐ yǒu biéde shì ma?

A 너 그의 결혼식에 참석할 거야?
B 我不参加他的婚礼。 Wǒ bù cānjiā tā de hūnlǐ.
A 너 다른 일이 있어?

STEP up 패턴 응용하기

○○에 참석해. ➡ 参加 + 讨论。 / 聚会。 / 运动会。

쏙쏙 어휘

比赛 [bǐsài] 경기, 시합
邀请 [yāoqǐng] 초대하다
晚会 [wǎnhuì] 저녁 파티

婚礼 [hūnlǐ] 결혼식

讨论 [tǎolùn] 토론하다
聚会 [jùhuì] 집회
运动会 [yùndònghuì] 운동회

Pattern 061 A 打算~ (dǎsuan) A가 ~할 예정이야

打算는 '**~할 예정이다**'라는 뜻으로 계획된 일을 말할 때 자주 사용합니다.

MP3 061

패턴 참고사항 비슷한 의미로 '준비하다'라는 뜻의 **准备**도 사용할 수 있습니다.
예: 我**准备**去。 나는 가려고 **준비해**.

STEP 01 패턴 집중 훈련

나는 중국에 갈 예정이야.
我打算去中国。
Wǒ dǎsuan qù Zhōngguó.

그는 면접에 참석할 예정이야.
他打算参加面试。
Tā dǎsuan cānjiā miànshì.

우리는 여행할 예정이야.
我们打算去旅行。
Wǒmen dǎsuan qù lǚxíng.

올해는 고향에 가지 않을 예정이야.
今年不打算去老家。
Jīnnián bù dǎsuan qù lǎojiā.

쏙쏙 어휘

面试 [miànshì] 면접
旅行 [lǚxíng] 여행하다

周末 [zhōumò] 주말

辞职 [cízhí] 사직하다, 직장을 그만두다
搬家 [bānjiā] 이사하다

STEP 02 미니 회화 연습

A 周末你打算做什么？ Zhōumò nǐ dǎsuan zuò shénme?
B 난 영화를 볼 예정이야.
A 看什么电影？ Kàn shénme diànyǐng?

A 넌 주말에 뭐 할 거야?
B 我打算看电影。 Wǒ dǎsuan kàn diànyǐng.
A 무슨 영화를 볼 건데?

STEP up 패턴 응용하기

○○할 예정이야. ➡ 打算 + 辞职。/ 搬家。/ 回家。

Pattern 062

A 认为~ (rènwéi)

A가 ~하다고 생각해

认为는 '**~라고 여기다/생각하다**'라는 뜻입니다. '~라고 여기지 않는다'라고 말할 땐 不认为라고 합니다.

패턴 참고사항 认为는 '~라고 인정하다'라는 의미로도 사용할 수 있습니다.
예: 我**认为**他是好人。나는 그가 좋은 사람**이라고 인정해**.

MP3 062

STEP 01 패턴 집중 훈련

내가 생각하기에 그는 좋은 사람인 것 같아. 我认为他是好人。
Wǒ rènwéi tā shì hǎorén.

우리가 생각하기에 이 일은 매우 중요해. 我们认为这件事很重要。
Wǒmen rènwéi zhè jiàn shì hěn zhòngyào.

그는 진짜라고 여기지 않아. 他不认为是真的。
Tā bú rènwéi shì zhēnde.

나는 옳다고 생각하지 않아. 我不认为是对的。
Wǒ bú rènwéi shì duìde.

쏙쏙 어휘

真的 [zhēnde] 참으로, 정말로
重要 [zhòngyào] 중요하다
对的 [duìde] 옳은, 정확한

不错 [búcuò] 좋다, 괜찮다

有趣 [yǒuqù] 흥미가 있다
聪明 [cōngming] 똑똑하다
倒霉 [dǎoméi] 재수 없다

STEP 02 미니 회화 연습

A 这个人怎么样? Zhè ge rén zěnmeyàng?

B 나는 그 사람이 매우 괜찮다고 생각해.

A 我也这么想。Wǒ yě zhème xiǎng.

A 이 사람은 어때?
B 我认为他很不错。Wǒ rènwéi tā hěn búcuò.
A 나도 그렇게 생각해.

STEP up 패턴 응용하기

○○(이)라고 생각해. ➡ 认为 + 有趣。/ 聪明。/ 倒霉。

Pattern 063 A 以为~ A가 ~인 줄 알았어

yǐwéi

以为은 '**~인 줄 알았다**'라는 뜻입니다. 以为는 '~라고 생각했는데 아니었네'라는 느낌으로 자신의 판단이나 생각이 틀렸을 경우에 사용합니다.

패턴 참고사항 认为와 以为는 완전히 다른 상황에서 사용되니 주의하세요.

MP3 063

STEP 01 패턴 집중 훈련

그는 내가 외국에 가는 줄 알았어.
他以为我去外国。
Tā yǐwéi wǒ qù wàiguó.

나는 그녀가 중국인인 줄 알았어.
我以为她是中国人。
Wǒ yǐwéi tā shì zhōngguórén.

우리는 그가 결혼하는 줄 알았어.
我们以为他结婚。
Wǒmen yǐwéi tā jiéhūn.

그는 내가 그한테 거짓말한 줄 알았어.
他以为我对他说谎话。
Tā yǐwéi wǒ duì tā shuō huǎnghuà.

쏙쏙 어휘

不行 [bùxíng] 안 된다, 허락하지 않다
下雪 [xiàxuě] 눈이 내리다

STEP 02 미니 회화 연습

A 你为什么迟到? Nǐ wèishénme chídào?
B 오늘이 일요일인 줄 알았어요.
A 今天是星期一。Jīntiān shì xīngqīyī.

A 너는 왜 지각했니?
B 我以为今天是星期天。Wǒ yǐwéi jīntiān shì xīngqītiān.
A 오늘은 월요일이야.

STEP up 패턴 응용하기

○○인 줄 알았어. ➡ 以为 + 不行。/ 下雪。/ 没有人。

PART 08 의문문 패턴

중국어에서 질문하는 방법으로 가장 대표적인 것은 Part 1에서 배웠던 것과 같이 '평서문+吗 ? '의 형태입니다. 더 나아가 이번 파트에서는 기본 형태를 벗어나 **'네가 갈래 아니면 내가 갈까?'**, '둘 중의 하나를 선택해!' **선택의문문**, **'그는 중국 사람이야 아니야?'**와 같이 긍정과 부정을 동시에 사용해서 질문하는 정반의문문에 대해 배워 봅시다. 이제 상대방에게 좀 더 정확한 답변을 들을 수 있겠죠?

의문문 패턴(선택·정반) 미리보기

A	선택의문문	B
네가 갈래	~니 아니면 ~이니 ~还是~	내가 갈까?
A	**정반의문문**	**B**
그는	~야 아니야 ~是不是~	중국사람?
A	**정반의문문**	**B**
그녀는	~가 있어 없어 有没有~	돈이?

Pattern 064 A 还是 B? A 아니면 B?

háishi

还是는 '**~니 아니면 ~이니?**'라는 뜻으로 선택의문문입니다. 이 때 질문을 나타내는 '吗?'는 생략됩니다.

MP3 064

패턴 참고사항 **还是**는 의문문에서 '아니면'으로 해석되지만 평서문에서는 '여전히'의 의미로도 사용됩니다.
예: 我**还是**喜欢你。 난 **여전히** 너를 좋아해.

STEP 01 패턴 집중 훈련

네가 갈래 아니면 내가 갈까?
你去还是我去?
Nǐ qù háishi wǒ qù?

그는 이것을 사 아니면 그것을 사?
他买这个还是买那个?
Tā mǎi zhè ge háishi mǎi nà ge?

너 커피 마실래 아니면 밀크티 마실래?
你喝咖啡还是喝奶茶?
Nǐ hē kāfēi háishi hē nǎichá?

그들은 오전에 출발한대 아니면 오후에 출발한대?
他们上午出发还是下午出发?
Tāmen shàngwǔ chūfā háishi xiàwǔ chūfā?

쏙쏙 어휘

上午 [shàngwǔ] 오전
下午 [xiàwǔ] 오후
都 [dōu] 모두, 전부
日本人 [rìběnrén] 일본인

汉堡 [hànbǎo] 햄버거
三明治 [sānmíngzhì] 샌드위치
加拿大 [Jiānádà] 캐나다
上大学 [shàng dàxué] 대학에 입학하다, 대학에 다니다

STEP 02 미니 회화 연습

A 너는 중국인이니 아니면 한국인이니?
B 都不是，我是日本人。 Dōu búshì, wǒ shì rìběnrén.
A 我以为你是中国人。 Wǒ yǐwéi nǐ shì zhōngguórén.

A 你是中国人还是韩国人? Nǐ shì zhōngguórén háishi hánguórén?
B 다 아니야, 난 일본인이야.
A 나는 네가 중국인인 줄 알았어.

STEP up 패턴 응용하기

○○야 아니면△△야? ➡ 吃汉堡 / 去美国 / 上大学 + 还是 + 吃三明治? / 去加拿大? / 找工作?

STEP UP INFO

주어진 3개의 단어를 하나씩 패턴에 넣고 소리 내어 연습해 보세요.

Pattern 065 是不是 A? A야 아니야?

shìbushì

是不是는 **'~야 아니야?/~하지 않아?'**라는 뜻으로 긍정과 부정을 동시에 사용해서 묻는 정반의문문입니다. 상대방에게 정확한 답변을 원할 때 사용하며, 때론 긍정의 의미를 강조할 때 사용할 수도 있습니다.

패턴 참고사항 이번에도 역시 질문을 나타내는 吗가 생략됩니다. 그리고 是不是에서 不 [bu]는 경성으로 약하게 발음됩니다.

MP3 065

STEP 01 패턴 집중 훈련

그는 중국사람이야 아니야?
他是不是中国人?
Tā shì bu shì zhōngguórén?

그녀는 가수야 아니야?
她是不是歌手?
Tā shì bu shì gēshǒu?

너는 나를 사랑하지?
你是不是爱我?
Nǐ shì bu shì ài wǒ?

이거는 신상품이야, 그렇지?
这个是新商品, 是不是?
Zhè ge shì xīnshāngpǐn, shì bu shì?

STEP 02 미니 회화 연습

A 너는 그의 친구니 아니니?
B 我是他的好朋友。Wǒ shì tā de hǎo péngyou.
A 你们关系很好吧。Nǐmen guānxi hěn hǎo ba.

A 你是不是他的朋友? Nǐ shì bu shì tā de péngyou?
B 난 그의 친한 친구야.
A 너희들 사이가 정말 좋구나.

STEP up 패턴 응용하기

○○야 아니야? ➡ 是不是 + 老师? / 大学生? / 老婆?

쏙쏙 어휘

歌手 [gēshǒu] 가수
新商品 [xīnshāngpǐn] 신상품
好朋友 [hǎopéngyou] 좋은 친구
老婆 [lǎopó] 아내

Pattern 066 有没有 A? (yǒuméiyǒu) A가 있어 없어?

有没有는 **'~가 있어 없어?'**라는 뜻으로 '~있어요?'라고도 합니다. '있다(有)'와 '없다(没有)'를 긍정과 부정을 함께 사용해서 묻는 정반의문문입니다.

패턴 참고사항 有는 不로 부정할 수 없고 没로만 부정할 수 있습니다.

MP3 066

STEP 01 패턴 집중 훈련

그는 돈이 있어 없어?
他有没有钱?
Tā yǒu méiyǒu qián?

너는 결혼 할 상대가 있어 없어?
你有没有对象?
Nǐ yǒu méiyǒu duìxiàng?

여기에 아이스티 있어요?
这里有没有冰红茶?
Zhèli yǒu méiyǒu bīnghóngchá?

네게 알려준 사람이 있어 없어?
有没有人告诉你?
Yǒu méiyǒu rén gàosu nǐ?

STEP 02 미니 회화 연습

A 사무실에 에어컨이 있어 없어?
B 没有，夏天非常热。 Méiyǒu, xiàtiān fēicháng rè.
A 夏天真难受。 Xiàtiān zhēn nánshòu.

A 办公室里有没有空调? Bàngōngshì li yǒu méiyǒu kōngtiáo?
B 없어, 여름에 아주 더워.
A 여름은 진짜 괴로워.

STEP up 패턴 응용하기

○○이(가) 있어 없어? ➡ 有没有 + 自行车? / 智能手机? / 笔记本电脑?

쏙쏙 어휘

冰红茶 [bīnghóngchá] 아이스티

TIP 有没有는 문장 맨 앞에 위치할 수도 있습니다.
예: 有没有人告诉你?
너한테 알려준 사람이 **있어 없어**?

里 [li] 안, 속
(명사 또는 这/那/哪 뒤에 쓰여 장소를 나타냅니다.)
예: 这**里** 여기

空调 [kōngtiáo] 에어컨

自行车 [zìxíngchē] 자전거
智能手机 [zhìnéng shǒujī] 스마트폰
笔记本电脑 [bǐjìběn diànnǎo] 노트북 컴퓨터

PART **09**

의문사 패턴

앞에서 선택의문문과 정반의문문에 대해서 배웠는데 이번 파트에서는 '**누가/언제/어디서/무엇을/어떻게/왜?**'와 같이 **우리말의 육하원칙**에 해당되는 **의문사**를 사용하여 질문하는 방법에 대해 알아볼까요? 이번에도 역시 질문을 나타내는 吗는 생략됩니다.

의문사 패턴 미리보기

누가	谁	어떻게	怎么
언제	什么时候	왜	为什么
어디서	在哪儿	얼마/몇	多少/几
무엇	什么	어때?	怎么样?

Pattern 067 谁~? (shéi) 누가 ~?

谁는 '**누가**'라는 뜻입니다. 상황에 따라서 '누구'라고 해석되면 **谁**는 목적어 자리에 위치합니다.

MP3 067

패턴 참고사항 의문사로 질문하는 경우 질문을 나타내는 문장 끝에 吗는 생략되는 거 이제 아시죠?

STEP 01 패턴 집중 훈련

누가 케이크를 먹을래? 谁吃蛋糕? Shéi chī dàngāo?

누가 중국에 가? 谁去中国? Shéi qù Zhōngguó?

그는 누구야? 他是谁? Tā shì shéi?

너는 누구를 좋아하니? 你喜欢谁? Nǐ xǐhuan shéi?

STEP 02 미니 회화 연습

A 누가 내 컴퓨터를 썼어?

B 不知道。Bùzhīdao.

A 我的电脑坏了。Wǒ de diànnǎo huài le.

A 谁用了我的电脑? Shéi yòng le wǒ de diànnǎo?
B 모르겠어.
A 내 컴퓨터가 고장 났어.

STEP up 패턴 응용하기

누가 ○○했어? ➡ 谁 + 逃课? / 迟到? / 做菜?

쏙쏙 어휘

蛋糕 [dàngāo] 케이크

电脑 [diànnǎo] 컴퓨터
不知道 [bùzhīdao] 모른다, 몰라요

逃课 [táokè] 수업을 빼먹다
迟到 [chídào] 지각하다
做菜 [zuòcài] 요리를 하다

STEP UP INFO

주어진 3개의 단어를 하나씩 패턴에 넣고 소리 내어 연습해 보세요.

Pattern 068 什么时候~? 언제 ~?

shénmeshíhou

什么时候는 **'언제 ~해?'**의 의미로 시간을 꼭 짚어 물을 때 사용하는 의문사입니다.

패턴 참고사항 의문사로 질문하는 경우 질문을 나타내는 吗는 생략됩니다.

MP3 068

STEP 01 패턴 집중 훈련

너는 언제 돌아오니? 你什么时候回来?
Nǐ shénme shíhou huílái?

너는 언제 잘 거야? 你什么时候睡觉?
Nǐ shénme shíhou shuìjiào?

그들은 언제 중국에 간대? 他们什么时候去中国?
Tāmen shénme shíhou qù Zhōngguó?

우리는 언제 점심을 먹나요? 我们什么时候吃午饭?
Wǒmen shénme shíhou chī wǔfàn?

STEP 02 미니 회화 연습

A 你饿吗? Nǐ è ma?

B 너무 배고파, 너 언제 퇴근하니?

A 请稍等。 Qǐng shāoděng.

A 너 배고파?
B 太饿了, 你什么时候下班? Tài è le, nǐ shénme shíhou xiàbān?
A 조금만 기다려.

STEP up 패턴 응용하기

언제 ○○하니? ➡ 什么时候 + 毕业? / 下课? / 有空?

쏙쏙 어휘

睡觉 [shuìjiào] 잠을 자다
午饭 [wǔfàn] 점심밥

饿 [è] 배고프다
请稍等 [qǐng shāoděng] 잠깐만 기다려 주세요
下班 [xiàbān] 퇴근하다

毕业 [bìyè] 졸업하다
下课 [xiàkè] 수업이 끝나다
有空 [yǒukòng] 틈이 나다, 한가하다

Pattern 069 在哪儿~? 어디에서 ~?

zàinǎr

在哪儿는 '**어디에서 ~해?**'라는 뜻으로 장소를 꼭 짚어 물을 때 사용하는 의문사입니다.

패턴 참고사항 在는 '~에서'라는 의미로 명사와 함께 사용됩니다.

MP3 069

STEP 01 패턴 집중 훈련

너 어디에서 밥을 먹을 거야? 你在哪儿吃饭? Nǐ zài nǎr chīfàn?

우리 어디에서 만나지? 我们在哪儿见面? Wǒmen zài nǎr jiànmiàn?

어디에서 회의를 진행할까요? 在哪儿进行会议? Zài nǎr jìnxíng huìyì?

너는 어디서 중국어를 배우니? 你在哪儿学汉语? Nǐ zài nǎr xué hànyǔ?

쏙쏙 어휘

进行 [jìnxíng] 진행하다
会议 [huìyì] 회의

住 [zhù] 숙박하다, 묵다
运动 [yùndòng] 운동
工作 [gōngzuò] 일하다, 근무하다

STEP 02 미니 회화 연습

A 你到了吗? Nǐ dào le ma?
B 도착했어, 넌 지금 어디야?
A 我马上到。 Wǒ mǎshàng dào.

A 너 도착했어?
B 到了, 现在在哪儿? Dào le, xiànzài zài nǎr?
A 나 금방 도착해.

STEP up 패턴 응용하기

어디에서 ○○해? ➡ 在哪儿 + 住? / 运动? / 工作?

Pattern 070 什么~? (shénme) 무엇 ~?

什么는 **'무엇'**이라는 뜻으로 주어와 목적어 두 가지 용법으로 사용될 수 있는 의문사입니다.

패턴 참고사항 회화에서 什么는 '뭐야, 뭐?'처럼 부정적인 어감을 표현할 때도 사용합니다.

MP3 070

STEP 01 패턴 집중 훈련

너 뭐 마실래? 你喝什么? Nǐ hē shénme?

너 뭐 먹을래? 你吃什么? Nǐ chī shénme?

너희들은 무엇을 사니? 你们买什么? Nǐmen mǎi shénme?

뭐가 망가졌어? 什么坏了? Shénme huài le?

STEP 02 미니 회화 연습

A 这是我的礼物。 Zhè shì wǒ de lǐwù.

B 고마워, 안에 뭐가 있어?

A 我不告诉你。 Wǒ bú gàosu nǐ.

A 이건 나의 선물이야.
B 谢谢，里面有什么? Xièxie, lǐmiàn yǒu shénme?
A 나는 안 알려 줄 거야.

STEP up 패턴 응용하기

무엇을 ○○? ➡ 做 / 想 / 讨厌 + 什么?

쏙쏙 어휘

礼物 [lǐwù] 선물
里面 [lǐmiàn] 안, 안쪽

讨厌 [tǎoyàn] 싫어하다, 미워하다

Pattern 071 怎么~? (zěnme) 어떻게 ~?

怎么는 **'어떻게'**의 의미로 동작의 방식을 묻거나, '어째서'란 뜻으로 이유를 묻기도 합니다. 단, 怎么를 사용해서 이유를 물을 경우 부정적 혹은 추궁하는 느낌을 나타냅니다.

패턴 참고사항 '어째서'의 의미로 부정의 용법으로 사용할 때는 怎么不의 형식으로 사용됩니다.
예: **怎么不**去? **어째서 안** 가니?

MP3 071

STEP 01 패턴 집중 훈련

너는 어떻게 중국어를 공부해?
你怎么学习汉语?
Nǐ zěnme xuéxí hànyǔ?

이것은 어떻게 팝니까?
这个怎么卖?
Zhè ge zěnme mài?

너는 어째서 혼자 밥을 먹는 거니?
你怎么一个人吃饭?
Nǐ zěnme yí ge rén chīfàn?

그는 왜 학교에 안 오지?
他怎么不来学校?
Tā zěnme bù lái xuéxiào?

STEP 02 미니 회화 연습

A 실례합니다, 이 MP3 어떻게 켜요 ?
B 我帮你吧。 Wǒ bāng nǐ ba.
A 真谢谢你。 Zhēn xièxie nǐ.

A 请问, 这个MP3怎么开? Qǐngwèn, zhè ge MP sān zěnme kāi?
B 제가 도와 드릴게요.
A 정말 고마워요.

STEP up 패턴 응용하기

어떻게 ○○? ➡ 怎么 + 去? / 走? / 用?

쏙쏙 어휘

请问 [qǐngwèn] 실례합니다, 말씀 좀 여쭙겠습니다.
MP3 [mp sān] mp3 플레이어
开 [kāi] 틀다, 켜다

用 [yòng] 쓰다, 사용하다

TIP 경로와 수단
怎么走 [zěnme zǒu]
어떻게 갑니까? (목적지까지 가는 **경로**를 물을 때)
怎么去 [zěnme qù]
어떻게 갑니까?
(목적지까지 무엇을 타고 가야하는지 **수단**을 물을 때)

Pattern 072

wèishénme
为什么~? 왜 ~?

为什么는 '**왜**'라는 뜻으로 원인이나 이유을 물을 때 사용하는 의문사입니다.

패턴 참고사항 为什么는 객관적인 이유를 물을 때 사용합니다.

MP3 072

STEP 01 패턴 집중 훈련

그는 왜 미국에 간대?
他为什么去美国?
Tā wèishénme qù Měiguó?

너는 왜 그를 기다리니?
你为什么等他?
Nǐ wèishénme děng tā?

그는 왜 말을 안 해?
他为什么不说话?
Tā wèishénme bù shuōhuà?

그녀는 왜 이렇게 바쁜 거야?
她为什么这么忙?
Tā wèishénme zhème máng?

STEP 02 미니 회화 연습

A 너는 그를 왜 좋아해?
B 他非常帅。 Tā fēicháng shuài.
A 我呢? 我不帅吗? Wǒ ne? Wǒ bú shuài ma?

A 你为什么喜欢他? Nǐ wèishénme xǐhuan tā?
B 그는 아주 잘 생겼어.
A 나는? 나는 안 잘 생겼어?

STEP up 패턴 응용하기

왜 ○○? → 为什么 + 请假? / 退货? / 回家?

쏙쏙 어휘

忙 [máng] 바쁘다
帅 [shuài] 잘생기다, 멋지다

请假 [qǐngjià] 휴가를 신청하다
退货 [tuìhuò] 반품하다
回家 [huíjiā] 집으로 돌아가다

Pattern 073 duōshao 多少? 얼마 ~?

多少는 **'얼마/몇'**이란 뜻으로 일정하지 않은 수량을 물을 때 사용하는 의문사입니다.

패턴 참고사항 多少는 양사의 유무의 구애받지 않습니다.
예: **多少**块钱? /**多少**钱? (O) **얼마**예요?

MP3 073

STEP 01 패턴 집중 훈련

이것은 얼마예요?
这个多少(块)钱?
Zhè ge duōshao (kuài) qián?

너는 얼마를 원해?
你要多少?
Nǐ yào duōshao?

너는 얼마를 환전하려고 하니?
你要换多少?
Nǐ yào huàn duōshao?

방안에 몇 명의 사람이 있어?
房间里有多少个人?
Fángjiān li yǒu duōshao ge rén?

쏙쏙 어휘

教室 [jiàoshì] 교실
学生 [xuésheng] 학생

孙子 [sūnzi] 손자
信用卡 [xìnyòngkǎ] 신용카드

STEP 02 미니 회화 연습

A 교실에 몇 명의 학생이 있나요?
B 教室里有十个学生。 Jiàoshì li yǒu shí ge xuésheng.
A 那么少? Nàme shǎo?

A 教室里有多少个学生? Jiàoshì li yǒu duōshao ge xuésheng?
B 교실에 10명의 학생이 있어요.
A 그렇게 적어요?

STEP up 패턴 응용하기

○○가 얼마나 있어? ➡ 有多少 + 朋友? / 孙子? / 信用卡?

Pattern 074 几~? 몇 ~?

jǐ

几는 **'몇/얼마'**라는 뜻으로 10 이하의 적은 수를 가늠하고 물을 때 사용하는 의문사입니다.

패턴 참고사항 几는 는 반드시 양사와 함께 사용됩니다.
예: **几**块钱? (O) /几钱? (X) **몇** 원이에요?

MP3 074

STEP 01 패턴 집중 훈련

이것은 몇 원 입니까?
这个几块钱?
Zhè ge jǐ kuài qián?

너는 몇 개를 원하니?
你要几个?
Nǐ yào jǐ ge?

너는 몇 개를 사려고 하니?
你要买几个?
Nǐ yào mǎi jǐ ge?

사무실 안에 몇 명의 사람이 있니?
办公室里有几个人?
Bàngōngshì li yǒu jǐ ge rén?

STEP 02 미니 회화 연습

A 오늘 몇 명이 오나요?

B 今天来五个人。 Jīntiān lái wǔ ge rén.

A 不是来七个人吗? Búshì lái qī ge rén ma?

A 今天来几个人? Jīntiān lái jǐ ge rén?
B 오늘 다섯 명이 와요.
A 일곱 명이 오는 거 아닌가요?

STEP up 패턴 응용하기

몇 ○○? ➡ 几 + 天? / 个小时? / 年?

쏙쏙 어휘

办公室 [bàngōngshì] 사무실
今天 [jīntiān] 오늘

天 [tiān] 하루, 날, 일
小时 [xiǎoshí] 시간
(시간을 말할 땐 반드시 양사 个가 필요합니다.)
예: 两**个**小时 두 시간

年 [nián] 년, 해

Pattern 075 ~怎么样? ~하는 게 어때?

zěnmeyàng

怎么样는 '**어때?**'라는 뜻으로 문장 끝에서 상대방의 의견을 묻는 의문사입니다.

패턴 참고사항 怎么样 앞에 不를 붙여 不怎么样 하면 '그리 좋지않다/별로다'라는 의미입니다.
예: 我觉得他**不怎么样**。 내가 느끼기에 그는 **별로인** 것 같아.

MP3 075

STEP 01 패턴 집중 훈련

우리 너희 집에 가는 게 어때? 我们去你家怎么样? Wǒmen qù nǐ jiā zěnmeyàng?

네가 느끼기에 그는 어때? 你觉得他怎么样? Nǐ juéde tā zěnmeyàng?

중국 음식은 어떠니? 中国菜怎么样? Zhōngguócài zěnmeyàng?

우리 나가서 산책하는 게 어때? 我们出去溜达怎么样? Wǒmen chūqu liūda zěnmeyàng?

쏙쏙 어휘

菜 [cài] 요리
溜达 [liūda] 산보하다, 산책하다
新 [xīn] 새롭다

酒店 [jiǔdiàn] 호텔
服务 [fúwù] 서비스
网速 [wǎngsù] 인터넷 속도

STEP 02 미니 회화 연습

A 네 새 휴대폰은 어때?

B 非常好。 Fēicháng hǎo.

A 哈哈，这个手机挺贵的。 Hāha, zhè ge shǒujī tǐng guì de.

A 你的新手机怎么样? Nǐ de xīn shǒujī zěnmeyàng?
B 아주 좋아.
A 하하, 이 휴대폰은 꽤 비싼 거네.

STEP up 패턴 응용하기

○○이(가) 어때? ➡ 酒店 / 服务 / 网速 + 怎么样?

PART 10 조동사 패턴 1

Part 10에서는 '**~하고 싶어, ~하려고 해**'와 같이 **말하는 사람**의 **소망**과 **의지**를 나타내는 **조동사**에 대해 배우겠습니다. 조동사는 동사 앞에서 **<주어+조동사+동사>**의 구조로 다양한 의미로 회화에서 자주 사용됩니다. 이번 파트에서는 먼저 **소망(想)**·**의지(要)**·**의무(得)**를 딱 이 세 가지만 확실하게 기억합시다.

조동사 패턴(소망·의지·의무) 미리보기

조동사	술어
~하고 싶다 · 안 하고 싶다 想 · 不想	동사
~하려고 한다 · ~하지마 要 · 不要	
~해야만 한다 · 할 필요가 없다 得 · 不用	

Pattern 076 xiǎng 想～ ~하고 싶어

想는 동사 앞에서 '**~하고 싶다**'라는 뜻으로 말하는 사람의 소망과 바람을 나타냅니다.

패턴 참고사항 想은 동사의 용법으로 '보고싶다/그리워 하다'라는 뜻도 있습니다.
예: **我想她。** 나는 그녀가 **보고싶어**.

MP3 076

STEP 01 패턴 집중 훈련

나는 쉬고 싶어. 我想休息。 Wǒ xiǎng xiūxi.

나는 잠을 자고 싶어. 我想睡觉。 Wǒ xiǎng shuìjiào.

나는 자전거를 타고 싶어. 我想骑自行车。 Wǒ xiǎng qí zìxíngchē.

우리는 물이 마시고 싶어. 我们想喝水。 Wǒmen xiǎng hēshuǐ.

STEP 02 미니 회화 연습

A 你想吃什么？ Nǐ xiǎng chī shénme?

B 나는 엄마가 해준 음식이 먹고 싶어.

A 我也想吃。 Wǒ yě xiǎng chī.

A 넌 뭐가 먹고 싶니?
B 我想吃妈妈做的菜。 Wǒ xiǎng chī māma zuò de cài.
A 나도 먹고 싶어.

STEP up 패턴 응용하기

○○하고 싶어. ➡ 想 + 回家。 / 买衣服。 / 去公园。

쏙쏙 어휘

睡觉 [shuìjiào] 잠을 자다
自行车 [zìxíngchē] 자전거
喝水 [hēshuǐ] 물을 마시다

동사 +的 [de] ~하는 (것)
예: 妈妈做**的**菜
엄마가 요리**한 (것)**
公园 [gōngyuán] 공원

STEP UP INFO

주어진 3개의 단어를 하나씩 패턴에 넣고 소리 내어 연습해 보세요.

Pattern 077

不想~

bùxiǎng

~하고 싶지 않아

不想은 동사 앞에서 '**~하고 싶지 않다**'란 의미로 想의 부정형입니다.

패턴 참고사항 조동사는 주로 不를 사용해서 부정합니다.

MP3 077

STEP 01 패턴 집중 훈련

나는 일을 하고 싶지 않아.

我不想工作。
Wǒ bù xiǎng gōngzuò.

나는 일어나고 싶지 않아.

我不想起床。
Wǒ bù xiǎng qǐchuáng.

나는 출근하고 싶지 않아.

我不想上班。
Wǒ bù xiǎng shàngbān.

우리는 등산하고 싶지 않아.

我们不想去爬山。
Wǒmen bù xiǎng qù páshān.

쏙쏙 어휘

起床 [qǐchuáng] (잠자리에서) 일어나다

爬山 [páshān] 산을 오르다, 등산하다

医院 [yīyuàn] 병원

出门 [chūmén] 외출하다, 집을 나서다

加班 [jiābān] 초과 근무를 하다, 야근하다

STEP 02 미니 회화 연습

A 你去医院怎么样? Nǐ qù yīyuàn zěnmeyàng?

B 나는 병원에 가고 싶지 않아.

A 为什么? 害怕吗? Wèishénme? Hàipà ma?

A 너 병원에 가보는 게 어때?

B 我不想去医院。 Wǒ bù xiǎng qù yīyuàn.

A 왜? 무서워?

STEP up 패턴 응용하기

○○하고 싶지 않아. ➡ 不想 + 出门。/ 做作业。/ 加班。

Pattern 078 要~ ~하려고 해

yào

要는 **'하려고 한다/~할 것이다'**라는 뜻으로 말하는 사람의 의지와 바람을 나타냅니다. 만약 '~하지 않을 거야'로 말할 땐 不要가 아닌 不想으로 표현합니다.

패턴 참고사항 不要는 '~하지 마'라는 금지어로 사용되니 주의하세요. **패턴 79 참고**

MP3 078

STEP 01 패턴 집중 훈련

나는 헬스클럽에 가려고 해.
我要去健身房。
Wǒ yào qù jiànshēnfáng.

그는 햄버거를 먹으려고 해.
他要吃汉堡。
Tā yào chī hànbǎo.

우리는 중국어를 공부할 거야.
我们要学习汉语。
Wǒmen yào xuéxí hànyǔ.

우리는 비행기를 타지 않을 거야.
我们不想坐飞机。
Wǒmen bù xiǎng zuò fēijī.

STEP 02 미니 회화 연습

A 나 밥 먹으러 갈 거야.

B 一起去吧。 Yìqǐ qù ba.

A 好，一起去吧。 Hǎo, yìqǐ qù ba.

A 我要去吃饭。 Wǒ yào qù chīfàn.
B 같이 가자.
A 좋아, 같이 가자.

STEP up 패턴 응용하기

○○하려고 해. ➡ 要 + 喝酒。 / 参加。 / 开车。

쏙쏙 어휘

健身房 [jiànshēnfáng] 헬스클럽
汉堡 [hànbǎo] 햄버거
飞机 [fēijī] 비행기

一起 [yìqǐ] 같이, 함께
吧 [ba] ~하자/~해라
(문장 끝에서 제안이나 명령 등의 어감을 나타냅니다.)

参加 [cānjiā] 참가하다, 참여하다
开车 [kāichē] 운전하다

Pattern 079

不要~ (búyào) ~하지 마

不要는 동사 앞에서 '**~하지 마**'라는 뜻으로 금지어로 사용합니다.

패턴 참고사항 不要와 같은 의미로 别를 사용할 수 있습니다.
예: 你**别**喝酒。 너 술 마**시지 마**.

MP3 079

STEP 01 패턴 집중 훈련

너 담배를 피우지 마.
你不要吸烟。
Nǐ bú yào xīyān.

너 지각하지 마.
你不要迟到。
Nǐ bú yào chídào.

너는 나를 떠나지 마.
你不要离开我。
Nǐ bú yào líkāi wǒ.

너희들은 나를 기다리지 마.
你们不要等我。
Nǐmen bú yào děng wǒ.

STEP 02 미니 회화 연습

A 도서관에서는 말하지 마세요.
B 好的。 Hǎode.
A 谢谢你的合作。 Xièxie nǐ de hézuò.

A 在图书馆不要说话。 Zài túshūguǎn bú yào shuōhuà.
B 알겠어요.
A 협조해 주셔서 감사합니다.

STEP up 패턴 응용하기

○○하지 마. ➡ 不要 + 说谎。 / 睡觉。 / 开玩笑。

쏙쏙 어휘

吸烟 [xīyān] 담배를 피다
迟到 [chídào] 지각하다
离开 [líkāi] 떠나다

图书馆 [túshūguǎn] 도서관

说谎 [shuōhuǎng] 거짓말하다
睡觉 [shuìjiào] 잠을 자다
开玩笑 [kāiwánxiào] 농담하다, 웃기다

Pattern 080 得~ (děi) ~해야만 해

得는 동사 앞에서 **'(반드시) ~해야만 한다'**의 의미로 의무적으로 반드시 어떠한 일을 해야할 때 사용합니다.

패턴 참고사항 要도 '~해야만 한다'라는 의미로 사용할 수 있으나, 개인의 필요에 의해서 해야 할 때 사용합니다.
예: 我**要**去。 나는 가**야만 해**.

MP3 080

STEP 01 패턴 집중 훈련

나는 다이어트를 해야만 해.
我得减肥。
Wǒ děi jiǎnféi.

나는 한국에 돌아가야 해.
我得回韩国。
Wǒ děi huí Hánguó.

내 남편은 출근을 해야만 해.
我老公得上班。
Wǒ lǎogōng děi shàngbān.

우리는 회의에 참석해야 해.
我们得参加会议。
Wǒmen děi cānjiā huìyì.

STEP 02 미니 회화 연습

A 你要回家吗? Nǐ yào huíjiā ma?
B 응, 난 숙제를 해야만 해.
A 我不想回家。 Wǒ bù xiǎng huíjiā.

A 너 집에 갈 거니?
B 是，我得写作业。 Shì, wǒ děi xiě zuòyè.
A 나는 집에 가고 싶지 않아.

STEP up 패턴 응용하기

○○해야만 해. ➡ 得 + 交钱。/ 联系。/ 报告。

쏙쏙 어휘

减肥 [jiǎnféi] 살을 빼다
参加 [cānjiā] 참가하다, 가입하다
会议 [huìyì] 회의

回家 [huíjiā] 집으로 돌아가다
写作业 [xiězuòyè] 숙제를 하다

是 [shì] 응, 그래
(是는 회화에서 상대방의 의견을 동의하며 대답할 때 '응/그래'의 미로 자주 사용됩니다.)

交钱 [jiāoqián] 돈을 내다
联系 [liánxì] 연락하다
报告 [bàogào] 보고하다

Pattern 081

不用~ (búyòng) ~할 필요가 없어

不用는 동사 앞에서 '**~할 필요가 없다**'라는 뜻으로 得의 부정 표현입니다.

패턴 참고사항 不得의 표현은 없으니 주의하세요.
예: 我**不得**去。(X) 나는 갈 **필요 없어**.

MP3 081

STEP 01 패턴 집중 훈련

너는 다이어트 할 필요가 없어.
你不用减肥。
Nǐ bú yòng jiǎnféi.

나는 그녀를 기다릴 필요가 없어.
我不用等她。
Wǒ bú yòng děng tā.

나는 숙제를 할 필요가 없어.
我不用写作业。
Wǒ bú yòng xiě zuòyè.

너희는 야근을 할 필요가 없니?
你们不用加班吗?
Nǐmen bú yòng jiābān ma?

쏙쏙 어휘

减肥 [jiǎnféi] 살을 빼다
加班 [jiābān] 초과 근무를 하다, 야근하다

没问题 [méiwèntí] 문제 없다, 확신하다(혹은 답변을 할 때 '괜찮아!'라고도 사용됩니다.)
担心 [dānxīn] 염려하다

着急 [zháojí] 조급해 하다
花钱 [huāqián] 돈을 쓰다
坐 [zuò] 앉다

STEP 02 미니 회화 연습

A 你身体没问题吗? Nǐ shēntǐ méi wèntí ma?

B 괜찮아, 넌 걱정할 필요 없어.

谢谢你的关心。 Xièxie nǐ de guānxīn.

A 너 몸 괜찮니?

B 没问题, 你不用担心。 Méi wèntí, nǐ bú yòng dānxīn.
관심 가져 줘서 고마워.

STEP up 패턴 응용하기

○○할 필요가 없어. ➡ 不用 + 着急。/ 花钱。/ 坐。

PART

11 조동사 **패턴 2**

지난 파트에서 '~하고 싶어/~하려고 해'와 같이 말하는 사람의 소망과 의지·의무를 나타내는 표현에 대해 배웠습니다. 이번 파트에서는 **'~할 수 있어/~해도 돼/~할 줄 알아'**와 같이 말하는 사람의 **능력(能)·허가(可以)·가치(值得)** 등을 나타내는 **조동사** 표현에 대해 배워 봅니다.

조동사 패턴(능력·허가) 미리보기

조동사	술어
~할 수 있다 · 없다 能 · 不能	동사
~해도 된다 · 하면 안 된다 可以 · 不可以	
~할 줄 안다 · 할 줄 모른다 会 · 不会	
과감히 ~하다 · 못하다 敢 · 不敢	
~할 만한 가치가 있다 · 없다 值得 · 不值得	

Pattern 082 能～ ~할 수 있어

néng

能은 동사 앞에서 '**~할 수 있다**'의 의미로 말하는 사람의 능력을 나타내며 '~해도 된다'의 의미로 허가를 나타내기도 합니다.

패턴 참고사항 能은 의미는 능력을 나타내기도 하지만 가능성을 나타내기도 합니다.
예: 我**能**去中国。나는 중국에 갈 **수 있어**.

MP3 082

STEP 01 패턴 집중 훈련

나는 술을 마실 수 있어.
我能喝酒。
Wǒ néng hējiǔ.

나는 매운 것을 먹을 수 있어.
我能吃辣的。
Wǒ néng chī làde.

나는 하루에 두 권의 책을 볼 수 있어.
我一天能看两本书。
Wǒ yìtiān néng kàn liǎng běn shū.

저 내일 회의에 참석해도 되나요?
明天我能参加会议吗？
Míngtiān wǒ néng cānjiā huìyì ma?

쏙쏙 어휘

辣 [là] 맵다
本 [běn] 권 [책을 세는 양사]
예: 两**本** 두 **권**

加班 [jiābān]
초과 근무를 하다, 야근하다
不好意思 [bùhǎoyìsi]
실례합니다, 미안합니다
有事 [yǒushì]
일이 있다, 용무가 있다

洗手 [xǐshǒu] 손을 씻다

STEP 02 미니 회화 연습

A 너 오늘 야근할 수 있니?
B 不好意思，今天我有事。Bùhǎoyìsi, jīntiān wǒ yǒu shì.
A 没关系。Méi guānxi.

A 今天你能加班吗？Jīntiān nǐ néng jiābān ma?
B 죄송합니다. 저 오늘 일이 있어요.
A 괜찮아.

STEP up 패턴 응용하기

○○할 수 있어. ➡ 能 + 回来。/ 做。/ 洗手。

Pattern 083 bùnéng 不能~ ~할 수 없어

不能은 동사 앞에서 '**~할 수 없다**'라는 뜻으로 能의 부정형입니다. '~하면 안 된다'라는 의미의 금지어로도 사용할 수 있습니다.

패턴 참고사항 能은 不와 没 모두 부정할 수 있습니다.
예: 我**不能**去。 나는 갈 수 **없어**. / 我**没能**去。 나는 갈 수 **없었어**.

MP3 083

STEP 01 패턴 집중 훈련

나는 술을 마실 수 없어.
我不能喝酒。
Wǒ bù néng hējiǔ.

나는 참을 수가 없어.
我不能忍受。
Wǒ bù néng rěnshòu.

그는 컴퓨터를 고칠 수 없어.
他不能修电脑。
Tā bù néng xiū diànnǎo.

너는 저녁에 외출을 하면 안 돼.
你晚上不能出门。
Nǐ wǎnshang bù néng chūmén.

STEP 02 미니 회화 연습

A 你为什么回来了? Nǐ wèishénme huílái le?

B 밖에 큰 눈이 내려서, 집에 갈 수가 없어.

A 是这样啊。 Shì zhèyàng a.

A 너 왜 돌아왔어?
B 外边下大雪，不能回家。 Wàibian xià dàxuě, bù néng huíjiā.
A 그렇구나.

STEP up 패턴 응용하기

○○할 수가 없어. ➡ 不能 + 批评。/ 离开。/ 忘记。

쏙쏙 어휘

忍受 [rěnshòu] 이겨 내다, 참다
修 [xiū] 수리하다

出门 [chūmén] 외출하다
外边 [wàibian] 밖, 바깥
下雪 [xiàxuě] 눈이 내리다

批评 [pīpíng] 비판하다, 지적하다
离开 [líkāi] 떠나다, 헤어지다
忘记 [wàngjì] 잊어버리다

Pattern 084

可以~ (kěyǐ) ~해도 돼

可以는 동사 앞에서 '**~해도 된다**'라는 뜻으로 어떠한 상황에서 상대방에게 허락을 구하거나 허락을 할 때 사용합니다.

패턴 참고사항 能은 어떠한 일을 할 수 있는지 능력에 중점을 두지만 可以는 어떤 일을 하기에 상황이나 조건이 허락하는지에 중점을 둡니다.

MP3 084

STEP 01 패턴 집중 훈련

너는 나가도 돼.
你可以出去。
Nǐ kěyǐ chūqu.

너는 오후에 휴가를 내도 돼.
你下午可以请假。
Nǐ xiàwǔ kěyǐ qǐngjià.

여기에서 담배를 피워도 되나요?
这里可以抽烟吗？
Zhè li kěyǐ chōuyān ma?

그곳에서 사진을 찍어도 되나요?
那里可以拍照片吗？
Nà li kěyǐ pāi zhàopiàn ma?

STEP 02 미니 회화 연습

A 먼저 가도 될까요?
B 可以，今天辛苦了。 Kěyǐ, jīntiān xīnkǔle.
A 明天见！ Míngtiān jiàn!

A 我可以先走吗？ Wǒ kěyǐ xiān zǒu ma?
B 네, 오늘 수고하셨어요.
A 내일 뵐게요!

STEP up 패턴 응용하기

○○해도 돼. ➡ 可以+ 进去。/ 发问。/ 放心。

쏙쏙 어휘

请假 [qǐngjià] 휴가를 신청하다
抽烟 [chōuyān] 담배를 피우다
拍 [pāi] 찍다, 촬영하다
照片 [zhàopiàn] 사진

先 [xiān] 먼저
走 [zǒu] 가다, 떠나다, 걷다
辛苦了 [xīnkǔle] 수고하셨습니다

发问 [fāwèn] 질문하다
放心 [fàngxīn] 마음을 놓다, 안심하다

Pattern 085 bù kěyǐ 不可以~ ~하면 안 돼

不可以는 동사 앞에서 '**~하면 안 된다**'의 의미로 허가를 나타내는 可以의 부정형입니다.

패턴 참고사항 '~하면 안 된다'의 의미로 不能을 사용할 수 있습니다.
예: 我**不能**去。 나는 가**면 안 돼**.

MP3 085

STEP 01 패턴 집중 훈련

너는 텔레비전을 보면 안 돼.
你不可以看电视。
Nǐ bù kěyǐ kàn diànshì.

술을 마신 후에 운전하면 안 돼.
喝酒后不可以开车。
Hējiǔ hòu bù kěyǐ kāichē.

여기에서 담배를 피우면 안 돼.
这里不可以抽烟。
Zhè li bù kěyǐ chōuyān.

박물관에서는 사진을 찍으면 안 됩니다.
博物馆里不可以拍照片。
Bówùguǎn li bù kěyǐ pāi zhàopiàn.

쏙쏙 어휘

电视 [diànshì] 텔레비전
开车 [kāichē] 운전하다
博物馆 [bówùguǎn] 박물관

累 [lèi] 지치다, 피곤하다
放弃 [fàngqì] 포기하다

吃肉 [chīròu] 고기를 먹다
音乐 [yīnyuè] 음악

STEP 02 미니 회화 연습

A 我太累了。 Wǒ tài lèi le.
B 너 포기하면 안 돼!
A 好，我继续做。 Hǎo, wǒ jìxù zuò.

A 나 너무 피곤해.
B 你不可以放弃！ Nǐ bù kěyǐ fàngqì!
A 알았어. 계속 할게.

STEP up 패턴 응용하기

○○하면 안 돼. ➡ 不可以 + 吃肉。/ 听音乐。/ 说话。

Pattern 086

会~ (huì) ~할 줄 알아

会는 동사 앞에서 **'(배워서) ~할 줄 안다'**란 뜻으로 말하는 사람이 어떠한 학습을 통해서 할 수 있음을 나타냅니다.

패턴 참고사항 能은 선천적으로 할 수 있는 능력, 会는 배워서 할 수 있는 능력을 나타냅니다.

MP3 086

STEP 01 패턴 집중 훈련

나는 중국어를 말할 줄 알아.
我会说汉语。
Wǒ huì shuō hànyǔ.

그는 수영을 할 줄 알아.
他会游泳。
Tā huì yóuyǒng.

그녀는 운전할 줄 알아.
她会开车。
Tā huì kāichē.

그들은 기타를 칠 줄 알아.
他们会弹吉他。
Tāmen huì tán jítā.

STEP 02 미니 회화 연습

A 你会做什么中国菜？ Nǐ huì zuò shénme zhōngguócài?

B 나 토마토달걀볶음을 만들 줄 알아.

A 你真厉害。 Nǐ zhēn lìhai.

A 너 어떤 중국 요리를 할 수 있니?
B 我会做西红柿炒鸡蛋。 Wǒ huì zuò xīhóngshì chǎo jīdàn.
A 너 정말 대단하다.

STEP up 패턴 응용하기

○○할 줄 알아. ➡ 会 + 写汉字。 / 跳舞。 / 唱歌。

쏙쏙 어휘

游泳 [yóuyǒng] 수영하다
开车 [kāichē] 차를 몰다
弹 [tán] (악기를) 치다, 연주하다

吉他 [jítā] 기타
西红柿炒鸡蛋 [xīhóngshì chǎo jīdàn] 토마토달걀볶음

汉字 [Hànzì] 한자
跳舞 [tiàowǔ] 춤을 추다
唱歌 [chànggē] 노래를 부르다

Pattern 087 不会~ (búhuì) ~할 줄 몰라

不会는 동사 앞에서 '**~할 줄 모른다**'라는 뜻으로 경험이 없거나 배우지 않아 할 줄 모르는 경우에 사용합니다. '会'의 부정형입니다.

패턴 참고사항 不는 4성 뒤에 똑같은 4성이 오면 2성으로 바뀌어 발음됩니다.
예: **不会** [búhuì] 할 줄 **몰라**.

MP3 087

STEP 01 패턴 집중 훈련

나는 중국어를 말할 줄 몰라.
我不会说汉语。
Wǒ bú huì shuō Hànyǔ.

그는 자전거를 탈 줄 몰라.
他不会骑自行车。
Tā bú huì qí zìxíngchē.

그녀는 스키를 탈 줄 몰라.
她不会滑雪。
Tā bú huì huáxuě.

그들은 축구를 할 줄 모르니?
他们不会踢足球吗?
Tāmen bú huì tī zúqiú ma?

쏙쏙 어휘

骑 [qí] 타다
自行车 [zìxíngchē] 자전거
踢 [tī] 차다
骑马 [qímǎ] 말을 타다

做饭 [zuòfàn] 밥을 하다
洗衣服 [xǐ yīfu] 옷을 빨다, 빨래하다
电脑 [diànnǎo] 컴퓨터

STEP 02 미니 회화 연습

A 你会骑马吗? Nǐ huì qímǎ ma?
B 나는 말을 탈줄 몰라.
A 我来教你。 Wǒ lái jiāo nǐ.

A 너는 말을 탈 줄 아니?
B 我不会骑马。 Wǒ bú huì qímǎ.
A 내가 너를 가르쳐 줄게.

STEP up 패턴 응용하기

○○할 줄 몰라. ➡ 不会 + 做饭。 / 洗衣服。 / 用电脑。

Pattern 088

会~的 (huì de) ~일 거야

会는 동사 앞에서 '~할 줄 안다'라는 뜻도 있지만 **会~的**의 형태로 **'~일 것이다'**로 확신의 찬 추측을 나타내기도 합니다. 이때 문장 끝에 的를 붙여야 '할 줄 안다'라는 의미와 구분할 수 있습니다.

패턴 참고사항 '~하지 않을 것이다'의 의미로 부정을 말할 땐 不를 사용해서 不会~的라고 하면 됩니다.

MP3 088

STEP 01 패턴 집중 훈련

내일 비가 내릴 거야. 明天会下雨的。 Míngtiān huì xiàyǔ de.

나는 너를 그리워 할 거야. 我会想你的。 Wǒ huì xiǎng nǐ de.

여러분 모두 성공할 거예요. 你们都会成功的。 Nǐmen dōu huì chénggōng de.

그는 오지 못할 거야. 他不会来的。 Tā bú huì lái de.

쏙쏙 어휘

成功 [chénggōng] 성공하다
今天 [jīntiān] 오늘

生气 [shēngqì] 화내다, 성내다
批评 [pīpíng] 비판하다, 꾸짖다

STEP 02 미니 회화 연습

A 他今天能来吗？ Tā jīntiān néng lái ma?
B 그는 오늘 오지 못할 거야.
A 为什么不能来？ Wèishénme bù néng lái?

A 그는 오늘 올 수 있어?
B 他今天不会来的。 Tā jīntiān bú huì lái de.
A 왜 올 수가 없대?

STEP up 패턴 응용하기

○○할 거야. ➡ 会 + 喜欢 / 生气 / 批评 + 的。

Pattern 089 敢~ (gǎn)

감히 ~해

敢는 동사 앞에서 '**감히 ~하다**'라는 뜻으로 과감히, 자신있게 어떠한 일을 할 때 사용합니다.
'과감히 ~했다'라고 말할 땐 문장 끝에 '~했다'라는 뜻의 了를 붙입니다.

패턴 참고사항 敢은 '용감하다'라는 뜻으로도 사용됩니다.
예: 勇**敢** [yǒnggǎn] 용감하다

MP3 089

STEP 01 패턴 집중 훈련

나는 과감히 말을 하려고 해.
我敢说话。
Wǒ gǎn shuōhuà.

그는 과감히 입을 열려고 해.
他敢开口。
Tā gǎn kāikǒu.

나는 과감히 너를 사랑할 거야.
我敢爱你。
Wǒ gǎn ài nǐ.

나는 자신있게 손을 들었어.
我敢举手了。
Wǒ gǎn jǔshǒu le.

쏙쏙 어휘

开口 [kāikǒu] 입을 열다
举手 [jǔshǒu] 손을 들다

打赌 [dǎdǔ] 내기를 하다
保证 [bǎozhèng] 보증하다, 담보하다
肯定 [kěndìng] 단정하다, 확신하다

STEP 02 미니 회화 연습

A 你喜欢她吗? Nǐ xǐhuan tā ma?
B 누가 감히 그녀를 좋아하겠니?
A 她是一个好女孩儿。 Tā shì yí ge hǎo nǚháir.

A 너는 그녀를 좋아하니?
B 谁敢喜欢她? Shéi gǎn xǐhuan tā?
A 그녀는 좋은 여자야.

STEP up 패턴 응용하기

감히 ○○해. ➡ 敢 + 打赌。/ 保证。/ 肯定。

Pattern 090 不敢~ (bùgǎn)

감히 ~하지 못해

不敢는 동사 앞에서 '**감히 ~하지 못하다/할 수 없다**'란 뜻으로 敢의 부정형입니다.

패턴 참고사항 不敢当 [bùgǎndāng]의 형태로 '천만의 말씀입니다'라는 인사 표현으로 사용됩니다.

MP3 090

STEP 01 패턴 집중 훈련

나는 감히 입을 열 수 없어.
我不敢开口。
Wǒ bù gǎn kāikǒu.

나는 감히 운전을 할 수 없어.
我不敢开车。
Wǒ bù gǎn kāichē.

나는 그를 감히 그리워할 수 없어.
我不敢想他。
Wǒ bù gǎn xiǎng tā.

그는 감히 아내의 요구를 거절하지 못해.
他不敢拒绝妻子的要求。
Tā bù gǎn jùjué qīzi de yāoqiú.

쏙쏙 어휘

开口 [kāikǒu] 입을 열다
开车 [kāichē] 차를 몰다
拒绝 [jùjué] 거절하다
要求 [yāoqiú] 요구하다

恐怖片 [kǒngbùpiàn] 공포영화

回答 [huídá] 대답하다
出来 [chūlai] (안에서 밖으로) 나오다

STEP 02 미니 회화 연습

A 我们看这部电影吧。 Wǒmen kàn zhè bù diànyǐng ba.

B 나는 감히 공포영화를 볼 수 없어.

A 你看一下，真有意思。 Nǐ kàn yíxià, zhēn yǒuyìsi.

A 우리 이 영화 보자.
B 我不敢看恐怖片。 Wǒ bù gǎn kàn kǒngbùpiàn.
A 너 한번 봐봐, 진짜 재미있어.

STEP up 패턴 응용하기

감히 ○○하지 못해. ➡ 不敢 + 吃。/ 回答。/ 出来。

Pattern 091 值得~ (zhídé) ~할 가치가 있어

值得는 동사 앞에서 '**~할 가치가 있다/~할 만하다**'라는 뜻입니다.

패턴 참고사항 一를 넣어 值得一+동사(看/去/试)로 말하면 '한 번 ~해 볼 만한 가치가 있다'라는 뜻이 됩니다.
예: **值得一看。 한 번** 볼 **만한 가치가 있어**.

MP3 091

STEP 01 패턴 집중 훈련

이 내용은 유의할 만한 가치가 있어.
这个内容值得留意。
Zhè ge nèiróng zhídé liúyì.

이 시합은 참여할 만한 가치가 있어.
这个比赛值得参加。
Zhè ge bǐsài zhídé cānjiā.

베이징에서 어디가 가볼 만하니?
在北京哪里值得去?
Zài běijīng nǎli zhídé qù.

이 집은 구입할 만한 가치가 있어.
这个房子值得买。
Zhè ge fángzi zhídé mǎi.

STEP 02 미니 회화 연습

A 이 영화 볼 만한 가치가 있니?
B 你一定要看。 Nǐ yídìng yào kàn.
A 那我看吧。 Nà wǒ kàn ba.

A 这部电影值得看吗? Zhè bù diànyǐng zhídé kàn ma?
B 너 반드시 봐야 해.
A 그럼 내가 한 번 볼게.

STEP up 패턴 응용하기

○○할 가치가 있어. ➡ 值得 + 相信。 / 效法。 / 讨论。

쏙쏙 어휘

留意 [liúyì] 관심을 기울이다, 유의하다
房子 [fángzi] 집
一定 [yídìng] 반드시, 꼭

相信 [xiāngxìn] 믿다, 신뢰하다
效法 [xiàofǎ] 본받다, 모방하다
讨论 [tǎolùn] 토론하다

Pattern 092 不值得~ (bùzhídé) ~할 가치가 없어

不值得는 동사 앞에서 '**~할 가치가 없다**'라는 뜻으로 值得의 부정형입니다.

패턴 참고사항 不值得一는 긍정형과 달리 부정형에서는 자주 사용되지 않습니다.

MP3 092

STEP 01 패턴 집중 훈련

이것은 살 가치가 없어.
这个不值得买。
Zhè ge bùzhídé mǎi.

눈물을 흘릴 가치가 없어.
不值得流眼泪。
Bùzhídé liú yǎnlèi.

그 사람을 존중할 가치가 없어.
不值得尊重他。
Bùzhídé zūnzhòng tā.

너는 나를 사랑할 가치가 없어.
你不值得爱我。
Nǐ bùzhídé ài wǒ.

쏙쏙 어휘

流 [liú] 흐르다
眼泪 [yǎnlèi] 눈물
尊重 [zūnzhòng] 존중하다
生气 [shēngqì] 화내다

费心 [fèixīn] 신경을 쓰다
期待 [qīdài] 기대하다

STEP 02 미니 회화 연습

A 你怎么能这样说？ Nǐ zěnme néng zhèyàng shuō?

B 이건 화낼 가치도 없어.

A 怎么不值得生气？ Zěnme bùzhídé shēngqì?

A 그는 어떻게 그렇게 말할 수 있니?
B 这不值得生气。 Zhè bùzhídé shēngqì.
A 어째서 화낼 가치가 없어?

STEP up 패턴 응용하기

○○할 가치가 없어. ➡ 不值得 + 学习。/ 费心。/ 期待。

PATTERN ⟶

会议正在进行(呢)。

회의가 한창 진행 중이야.

PART

12. 동작이 진행 중일 때 **진행형 패턴**

13. 지속/완료/경험을 나타내는 핵심 시제 표현! **동태조사 패턴**

14. 了로 문장 변화시키기 **어기조사 패턴**

15. 어떤 상황이나 일이 곧 발생할 때 **임박태 패턴**

시제를 잡으면 회화도 잡힌다!

시제 패턴

PART 12 진행형 패턴

이번 파트부터 **본격적**으로 **시제**가 나옵니다. 중국어는 영어처럼 시제에 따라 동사가 변형되지 않는 큰 특징을 가지고 있어, 다른 언어보다 훨씬 더 쉽게 시제를 나타낼 수 있습니다. 그럼 '**~하는 중이야**' 같이 **진행**을 나타내는 **진행형 패턴**에 대해 배워 봅시다.

진행형 패턴 미리보기

부사	술어
~하는 중이다 在	동사
(지금·한창) ~하는 중이다 正在	
~하는 중이었다 在	
아마 ~하는 중일 거다 可能在	

Pattern 093 在~ (zài) ~하는 중이야

在는 **'~하는 중이야/하고 있어'**라는 뜻으로 동사 앞에서 동작의 진행을 나타냅니다. '~하지 않고 있어'라고 말할 땐 '~하지 않았다'라는 의미의 没를 在 앞에 붙여 没在라고 하면 됩니다.

패턴 참고사항 在는 이미 발생된 일을 나타내기 때문에 부정은 不가 아닌 没로 합니다.

MP3 093

STEP 01 패턴 집중 훈련

나는 일을 하고 있는 중이야.
我在工作。
Wǒ zài gōngzuò.

그들은 이야기를 하고 있는 중이야.
他们在聊天儿。
Tāmen zài liáotiānr.

그녀는 리포트를 작성하고 있지 않아.
她没在写报告。
Tā méi zài xiě bàogào.

너는 뭐하고 있는 중이니?
你在做什么？
Nǐ zài zuò shénme?

STEP 02 미니 회화 연습

A 你不吃晚饭吗？ Nǐ bù chī wǎnfàn ma?
B 나는 다이어트하는 중이야.
A 你需要减肥吗？ Nǐ xūyào jiǎnféi ma?

A 너는 저녁 안 먹어?
B 我在减肥。 Wǒ zài jiǎnféi.
A 너 다이어트 할 필요가 있어?

STEP up 패턴 응용하기

○○하는 중이야. ➡ 在 + 开会。/ 开车。/ 逛街。

쏙쏙 어휘

聊天儿 [liáotiānr] 이야기하다, 잡담하다
报告 [bàogào] 보고서, 리포트
晚饭 [wǎnfàn] 저녁밥
逛街 [guàngjiē] 길을 거닐다, 아이쇼핑하다

Pattern 094 正在~ (zhèngzài)

(지금 한창) ~하는 중이야

正在는 **'(지금 한창) ~하는 중이다'**의 역시 진행을 나타내는데 **在**와의 차이점은 '지금'이라는 시점이 강조된다는 것입니다.

패턴 참고사항 문장 끝에 呢(ne)는 진행을 강조할 수 있습니다.
예: 我正在吃饭**呢**。 나는 **한창** 밥을 먹고 있는 중이야.

MP3 094

STEP 01 패턴 집중 훈련

나는 밥을 한창 먹고 있는 중이야.
我正在吃饭(呢)。
Wǒ zhèngzài chīfàn (ne).

그는 지금 한창 샤워를 하는 중이야.
他正在洗澡(呢)。
Tā zhèngzài xǐzǎo (ne).

회의가 한창 진행 중이야.
会议正在进行(呢)。
Huìyì zhèngzài jìnxíng (ne).

지금 거신 번호는 통화 중입니다(안내멘트).
您拨打的电话正在通话中。
Nín bōdǎ de diànhuà zhèngzài tōnghuà zhōng.

STEP 02 미니 회화 연습

A 我想跟金先生打电话。 Wǒ xiǎng gēn jīn xiānsheng dǎ diànhuà.

B 김 선생님은 지금 출장 중이십니다.

A 好，改天再给你们打电话。 Hǎo, gǎitiān zài gěi nǐmen dǎ diànhuà.

A 저는 김 선생님과 통화하고 싶습니다.
B 金先生正在出差。 Jīn xiānsheng zhèngzài chūchāi.
A 네, 다른 날 다시 연락 드릴게요.

STEP up 패턴 응용하기

한창 ○○하는 중이야. ➡ 正在 + 谈恋爱。 / 写信。 / 考虑。

쏙쏙 어휘

洗澡 [xǐzǎo] 목욕하다
进行 [jìnxíng] 진행하다
拨打 [bōdǎ] 전화를 걸다
通话 [tōnghuà] 통화하다

出差 [chūchāi] 출장가다

谈恋爱 [tánliàn'ài] 연애하다
写信 [xiěxìn] 편지를 쓰다
考虑 [kǎolǜ] 고려하다

Pattern 095 ~的时候，在… ~했을 때 …하는 중이었어

deshíhou zài

(~的时候) ~在는 **'(~했을 때) ~하는 중이었다'**라는 뜻으로 과거의 의미를 만들 수 있습니다.
과거에 발생한 일이라도 동사의 형태는 변하지 않는다는 것이 중국어의 특징이죠.

패턴 참고사항 '어제'나 '이전'과 같은 과거 시간사와 함께 써서 과거를 표현할 수도 있습니다.

MP3 095

STEP 01 패턴 집중 훈련

어제 네가 왔을 때, 나는 밥을 먹고 있었어.
昨天你来的时候，我在吃饭(呢)。
Zuótiān nǐ lái de shíhou, wǒ zài chīfàn (ne).

어제 네가 잠을 잤을 때, 나는 일을 하고 있었어.
昨天你睡觉的时候，我在工作(呢)。
Zuótiān nǐ shuìjiào de shíhou, wǒ zài gōngzuò (ne).

그저께 오후에 그는 놀고 있었어.
前天下午他在玩儿(呢)。
Qiántiān xiàwǔ tā zài wánr (ne).

어제 저녁에 나는 술을 마시지 않았어.
昨天晚上我没在喝酒(呢)。
Zuótiān wǎnshang wǒ méi zài hējiǔ (ne).

STEP 02 미니 회화 연습

A 昨天晚上你做什么了？ Zuótiān wǎnshàng nǐ zuò shénme le?

B 어제 저녁에 나는 거래처를 만나고 있었어.

A 我以为你病了。 Wǒ yǐwéi nǐ bìng le.

A 어제 저녁에 너 뭐했어?
B 昨天晚上我在见客户呢。 Zuótiān wǎnshang wǒ zài jiàn kèhù ne.
A 나는 네가 어디 아픈 줄 알았어.

STEP up 패턴 응용하기

네가△△할 때
난 ○○하고 있었어. ➡ 你 + 吃饭 / 回家 / 逛街 + 的时候我在 + 睡觉。 / 加班。 / 休息。

쏙쏙 어휘

客户 [kèhù] 거래처, 바이어

逛街 [guàngjiē] 길을 거닐다, 아이쇼핑하다

休息 [xiūxi] 휴식하다

Pattern **096**

可能在~ (kěnéngzài)

아마 ~하는 중일 거야

可能在는 **'아마 ~하는 중일 거야'**라는 뜻으로 앞으로 예상되는 일을 말할 때 사용됩니다.
미래 시제에서도 역시 동사의 형태는 변하지 않습니다.

패턴 참고사항 可能은 '아마/어쩌면 ~일 것이다'라는 뜻으로 가능을 나타냅니다.

MP3 096

STEP 01 패턴 집중 훈련

내일 네가 올 때, 나는 아마 일을 하고 있을 거야.
明天你来的时候，我可能在工作。
Míngtiān nǐ lái de shíhou, wǒ kěnéngzài gōngzuò.

저녁에 나는 아마 밥을 먹고 있을 거야.
晚上我可能在吃饭。
Wǎnshang wǒ kěnéngzài chīfàn.

수업이 끝난 후에, 우리는 아마 놀고 있을 거야.
下课后，我们可能在玩儿呢。
Xiàkèhòu, wǒmen kěnéngzài wánr ne.

내년에 나는 미국에서 유학을 하고 있을 거야.
明年我可能在美国留学。
Míngnián wǒ kěnéngzài Měiguó liúxué.

쏙쏙 어휘

下课 [xiàkè] 수업이 끝나다
留学 [liúxué] 유학하다

早上 [zǎoshang] 아침

STEP 02 미니 회화 연습

A 明天早上你做什么？ Míngtiān zǎoshang nǐ zuò shénme?
B 내일 아침에 아마 나는 운동하고 있을 거야.
A 我们一起去运动吧。 Wǒmen yìqǐ qù yùndòng ba.

A 내일 아침에 너는 뭐 하니?
B 明天早上我可能在运动。 Míngtiān zǎoshang wǒ kěnéngzài yùndòng.
A 우리 같이 가서 운동하자.

STEP up 패턴 응용하기

○○하는 중일 거야. ➡ 可能在 + 参加会议。/ 见朋友。/ 看电影。

PART 13 동태조사 **패턴**

중국어에서는 시제에 따라 동사의 형태가 변하지 않기 때문에 **동사 뒤**에 **동태조사 '~한 채로 있다(着)', '~해 본적이 있다(过)', '~했다(了)'**를 붙여 **동작**의 **지속·경험·완료**와 같은 **동작의 상태**를 나타냅니다. 이번 파트에서는 **동태조사**를 익혀 중국어의 시제를 완벽하게 익혀 봅시다.

동태조사(지속·경험·완료) 패턴 미리보기

술어	동태조사
동사	~한 채로 있다 着
	~해 본 적이 있다 过
	~했다 了

Pattern 097

~着 zhe

~한 채로 있어

着는 동사 뒤에서 **'~한 채로 있다/~한 상태로 있다'**라는 뜻으로 어떠한 동작이 끝난 후의 상태가 지속됨을 나타냅니다.

패턴 참고사항 呢 [ne]를 넣어 지속성을 강조할 수 있습니다.

MP3 097

STEP 01 패턴 집중 훈련

그녀는 앉아서 텔레비전을 보고 있어.
她坐着看电视(呢)。
Tā zuò zhe kàn diànshì (ne).

그는 누워서 잠을 자고 있어.
他躺着睡觉(呢)。
Tā tǎng zhe shuìjiào (ne).

그는 눈을 감은 채 휴식을 취하고 있어.
他闭着眼睛休息(呢)。
Tā bì zhe yǎnjīng xiūxi (ne).

차 뒷문이 열려 있어.
车后门开着。
Chē hòumén kāizhe.

쏙쏙 어휘

闭 [bì] 닫다, 막히다, (눈을) 감다
后门 [hòumén] 뒷문

站 [zhàn] 서다
累 [lèi] 지치다, 피곤하다

关 [guān] 닫다, 덮다

STEP 02 미니 회화 연습

A 너 매일 서서 일하니까 피곤하겠다.

B 还行。Hái xíng.

A 你找个时间去按摩。Nǐ zhǎo ge shíjiān qù ànmó.

A 你每天站着工作，很累吧。Nǐ měitiān zhàn zhe gōngzuò, hěn lèi ba.
B 괜찮아.
A 너 시간 내서 안마 받으러 가렴.

STEP up 패턴 응용하기

○○한 채로 있어. ➡ 关 / 看 / 听 + 着。

Pattern 098 没~着 (méi zhe) ~한 채로 있지 않아

지속을 부정할 때도 역시 '~하지 않았다'라는 뜻 没를 동사 앞에 붙여 **<没+동사+着>**의 형태로 **'~한 채로 있지 않다'**란 의미를 나타냅니다.

패턴 참고사항 '동작이 지속된다는 것은 이미 그 동작이 발생한 것이기 때문에 不가 아닌 没로 부정합니다.

MP3 098

STEP 01 패턴 집중 훈련

그는 서 있지 않아. 他没站着。 Tā méi zhàn zhe.

나는 앉아 있지 않아. 我没坐着。 Wǒ méi zuò zhe.

에어컨이 안 켜져 있어. 空调没开着。 Kōngtiáo méi kāi zhe.

그는 외투를 안 입고 있어. 他没穿着大衣。 Tā méi chuān zhe dàyī.

쏙쏙 어휘

空调 [kōngtiáo] 에어컨
大衣 [dàyī] 외투

STEP 02 미니 회화 연습

A 너 지금 내가 말하는 거 안 듣고 있잖아!

B 不，我在听。 Bù, wǒ zài tīng.

A 那么为什么没看着我。 Nàme wèishénme méi kàn zhe wǒ.

A 你现在没听着我说话！ Nǐ xiànzài méi tīng zhe wǒ shuō huà!
B 아니야, 나 듣고 있어.
A 그럼, 왜 나를 안 보고 있어.

STEP up 패턴 응용하기

○○하고 있지 않아. ➡ 没 + 看 / 喝 / 玩儿 + 着。

Pattern 099 ~过 guo ~해 본 적이 있어

过는 동사 뒤에서 '**~해 본 적이 있다**'라는 뜻으로 과거의 어떠한 동작의 경험을 나타냅니다.

패턴 참고사항 过를 동사로써 '건너다'라는 뜻도 있습니다. 이 때 过는 4성으로 발음합니다.
예: 我**过**去。 내가 **건너**갈게.

MP3 099

STEP 01 패턴 집중 훈련

나는 유럽에 가 본 적이 있어.
我去过欧洲。
Wǒ qù guo Ōuzhōu.

나는 막걸리를 마셔 본 적이 있어.
我喝过米酒。
Wǒ hē guo mǐjiǔ.

그녀는 명품을 사 본 적이 있어.
她买过名牌儿。
Tā mǎi guo míngpáir.

너는 이곳에 와 본 적이 있니?
你来过这儿吗?
Nǐ lái guo zhèr ma?

쏙쏙 어휘

欧洲 [Ōuzhōu] 유럽
名牌儿 [míngpáir] 유명 브랜드, 명품
锅包肉 [guōbāoròu] 꿔바로우, 탕수육

STEP 02 미니 회화 연습

A 너 꿔바로우를 먹어 본 적이 있니?
B 吃过, 很好吃。 Chī guo, hěn hǎochī.
A 我也有机会去吃吧。 Wǒ yě yǒu jīhuì qù chī ba.

A 你吃过锅包肉吗? Nǐ chī guo guōbāoròu ma?
B 먹어 본 적이 있어, 아주 맛있어.
A 나도 기회가 있으면 가서 먹어 봐야지.

STEP up 패턴 응용하기

○○해 본 적이 있어. ➡ 看 / 想 / 喜欢 + 过。

Pattern 100 曾经~过 일찍이 ~해 본 적이 있어

céngjīng guo

曾经는 동사 앞에서 '**일찍이/벌써**'란 뜻으로 <曾经+동사 + 过> 형태로 '일찍이 ~해 본 적이 있다'라고 표현합니다.

패턴 참고사항 曾经은 부사의 용법으로 동사 앞에 위치하는 것입니다.

MP3 100

STEP 01 패턴 집중 훈련

그는 일찍이 서울에 와 본 적이 있어.
他曾经来过首尔。
Tā céngjīng lái guo Shǒu'ěr.

나는 일찍이 스페인에 가 본 적이 있어.
我曾经去过西班牙。
Wǒ céngjīng qù guo Xībānyá.

우리는 일찍이 영어를 배워 본 적이 있어.
我们曾经学过英语。
Wǒmen céngjīng xué guo yīngyǔ.

그들은 일찍이 그 노래를 들어 본 적이 있어.
他们曾经听过那首歌。
Tāmen céngjīng tīng guo nà shǒu gē.

쏙쏙 어휘

首尔 [Shǒu'ěr] 서울
西班牙 [Xībānyá] 스페인
首 [shǒu] 수 (노래 등을 세는 양사)

讨论 [tǎolùn] 토론하다

STEP 02 미니 회화 연습

A 你认识他吗？ Nǐ rènshi tā ma?
B 나는 그를 일찍이 만나 본 적이 있어.
A 他是什么样的人？ Tā shì shénmeyàng de rén?

A 너 그를 알아?
B 我曾经见过他。 Wǒ céngjīng jiàn guo tā.
A 그는 어떤 사람이니?

STEP up 패턴 응용하기

일찍이 ○○해 본 적이 있어. ➡ 曾经 + [买 / 讨论 / 爱] + 过。

Pattern 101 没~过 (méi guo) ~해 본 적이 없어

과거의 경험을 부정하는 것이기 때문에 没를 동사 앞에 붙여 **<没+동사+过>**의 형태로 **'~해 본 적이 없다'**라는 뜻을 나타냅니다.

패턴 참고사항 没有는 본래 有가 생략된 표현으로 没有去过로도 표현할 수 있습니다.

MP3 101

STEP 01 패턴 집중 훈련

나는 미국에 가 본 적이 없어.
我没去过美国。
Wǒ méi qù guo Měiguó.

그는 해산물을 먹어 본 적이 없어.
他没吃过海鲜。
Tā méi chī guo hǎixiān.

그녀는 경극을 본 적이 없어.
她没看过京剧。
Tā méi kàn guo jīngjù.

그들은 비행기를 타 본 적이 없어.
他们没坐过飞机。
Tāmen méi zuò guo fēijī.

쏙쏙 어휘

海鲜 [hǎixiān] 해산물
京剧 [jīngjù] 경극
火山 [huǒshān] 화산
经历 [jīnglì] 경험하다

STEP 02 미니 회화 연습

A 听说在中国有火山。 Tīngshuō zài Zhōngguó yǒu huǒshān.
B 난 들어 본 적이 없어.
A 一次也没听过吗？ Yícì yě méi tīng guo ma?

A 듣자하니 중국에는 화산이 있대.
B 我没听过。 Wǒ méi tīng guo.
A 한 번도 들어 본 적 없어?

STEP up 패턴 응용하기

○○해 본 적이 없어. ➡ 没 + 买 / 想 / 经历 + 过。

Pattern 102 从来没~过 (cónglái méi ~ guo) 지금까지/여태까지 ~해 본 적이 없어

从来는 '**지금까지/여태껏**'이라는 뜻입니다. 没 앞으로 들어가 <从来没~过> 형태로 '지금까지 ~해 본 적이 없다'라고 씁니다. 从来不로 부정할 경우 '(본인의 의지로) 지금까지 ~하지 않았어'로 해석됩니다.

패턴 참고사항 예: 我从来**不**抽烟。 나는 지금까지 담배를 피우지 **않았어**. (본인이 원하지 않아서 피우지 않은 경우)
我从来**没**抽烟。 나는 지금까지 담배를 피워본 **적이 없어**. (본인의 의지와 상관없이 경험 자체가 없는 경우)

MP3 102

STEP 01 패턴 집중 훈련

그는 여태껏 사랑을 해 본 적이 없어.
他从来没爱过。
Tā cóngláiméi ài guo.

그는 여태껏 실패해 본 적이 없어.
他从来没失败过。
Tā cóngláiméi shībài guo.

나는 지금까지 외국인을 만나 본 적이 없어.
我从来没见过外国人。
Wǒ cóngláiméi jiàn guo wàiguórén.

나는 지금까지 이렇게 즐거워 본 적이 없어.
我从来没这样开心过。
Wǒ cóngláiméi zhèyang kāixīn guo.

쏙쏙 어휘

失败 [shībài] 실패하다
欧洲 [Ōuzhōu] 유럽
发生 [fāshēng] 일어나다, 발생하다

STEP 02 미니 회화 연습

A 你去过欧洲吗？ Nǐ qù guo Ōuzhōu ma?
B 나는 여태껏 외국에 가 본 적이 없어.
A 我也一样。 Wǒ yě yíyàng.

A 너 유럽에 가 본 적 있니?
B 我从来没去过外国。 Wǒ cóngláiméi qù guo wàiguó.
A 나도 그래.

STEP up 패턴 응용하기

지금까지 ○○해 본 적이 없어. ➡ 从来没 + 喝 / 发生 / 问 + 过。

Pattern 103 ~了 ~했어

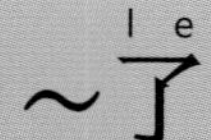

了는 '**~했다**'라는 뜻으로 동사 뒤에서 완료를 나타냅니다. 了는 동사 뒤에 위치하지만 목적어가 단순 목적어일 경우에는 문장 끝에 위치합니다.

패턴 참고사항 了은 목적어가 한 글자로 된 단순 목적어일 때는 문장 끝에 위치합니다.
예 : 我吃饭**了**。 나는 밥을 먹**었어**.

MP3 103

STEP 01 패턴 집중 훈련

나는 쇼핑을 했어.
我逛街了。
Wǒ guàngjiē le.

그는 한국으로 돌아갔어.
他回韩国了。
Tā huí Hánguó le.

그녀는 옷 한 벌을 샀어.
她买了一件衣服。
Tā mǎi le yíjiàn yīfu.

너는 밥 먹었니?
你吃饭了吗?
Nǐ chīfàn le ma?

쏙쏙 어휘

逛街 [guàngjiē]
(한가로이) 길을 거닐다, 아이쇼핑하다

想 [xiǎng]
그리워하다, 생각하다

STEP 02 미니 회화 연습

A 早上你做什么呢? Zǎoshang nǐ zuò shénme ne?

B 나는 친구를 만났어.

A 下次我也一起见吧。 Xiàcì wǒ yě yìqǐ jiàn ba.

A 아침에 너는 뭐 했어?
B 我见朋友了。 Wǒ jiàn péngyou le.
A 다음에는 나도 같이 만나자.

STEP up 패턴 응용하기

○○했어. ➡ 听 / 想 / 打 + 了。

Pattern 104 没~ (méi) ~하지 않았어

没는 **'~하지 않았다'**라는 뜻으로 了 완료의 부정형입니다. 没는 이미 발생된 일에 대해서만 부정하며, 이때 了는 생략됩니다.

패턴 참고사항 문장 속에 了가 들어갈 경우 틀린 문장이 되니 주의하세요.
예: 我没吃饭了。(X)

MP3 104

STEP 01 패턴 집중 훈련

나는 밥을 먹지 않았어.
我没吃饭。
Wǒ méi chīfàn.

그녀는 여기에 오지 않았어.
她没来这里。
Tā méi lái zhèli.

엄마는 저녁을 하시지 않았어.
妈妈没做晚饭。
Māma méi zuò wǎnfàn.

그들은 출국을 하지 않았어.
他们没出国。
Tāmen méi chūguó.

쏙쏙 어휘

出国 [chūguó] 출국하다
小说 [xiǎoshuō] 소설

同意 [tóngyì] 동의하다
通过 [tōngguò] 통과하다

STEP 02 미니 회화 연습

A 你看了那本小说吗? Nǐ kàn le nà běn xiǎoshuō ma?
B 나는 안 봤어.
A 你看吧, 很有意思。 Nǐ kàn ba, hěn yǒuyìsi.

A 너 그 소설 봤어?
B 我没看。 Wǒ méi kàn.
A 한번 봐, 매우 재미있어.

STEP up 패턴 응용하기

○○하지 않았어. ➡ 没 + 想。/ 同意。/ 通过。

Pattern 105 还没~ (háiméi) 아직 ~하지 않았어

还는 '**아직**'을 뜻하며 没 앞에서 쓰여 还没~呢의 형태로 '아직 ~하지 않았다'라는 의미를 나타냅니다. 문장 끝에 呢를 붙여 동작이 지속됨을 강조합니다.

패턴 참고사항 还가 의문문에서 사용될 경우 '더/또'라는 뜻으로 사용됩니다.
예: 你**还**要喝吗? 너 **더** 마실래?

MP3 105

STEP 01 패턴 집중 훈련

그녀는 아직 떠나지 않았어.
她还没走呢。
Tā háiméi zǒu ne.

아빠는 아직 술을 드시지 않았어.
爸爸还没喝酒呢。
Bàba háiméi hējiǔ ne.

회의가 아직 시작하지 않았어.
会议还没开始呢。
Huìyì háiméi kāishǐ ne.

그녀는 아직 결혼하지 않았어.
她还没结婚呢。
Tā háiméi jiéhūn ne.

STEP 02 미니 회화 연습

A 你求婚了吗? Nǐ qiúhūn le ma?
B 나 아직 프로포즈를 하지 않았어.
A 我帮你吧。 Wǒ bāng nǐ ba.

A 너 청혼했니?
B 我还没求婚呢。 Wǒ háiméi qiúhūn ne.
A 내가 도와줄게.

STEP up 패턴 응용하기

아직 ○○하지 않았어. ➡ 还没 + 熟 / 解决 / 出现 + 呢。

쏙쏙 어휘

求婚 [qiúhūn] 구혼하다, 프로포즈하다
帮 [bāng] 돕다

熟 [shú] 익다
解决 [jiějué] 해결하다
出现 [chūxiàn] 출현하다, 나타나다

Pattern 106 ~了A就… (le jiù) A를 ~하고 나서 바로 …할 거야

了는 '**바로/곧**'이라는 뜻의 就와 쓰여 '~了~就~'의 형태로 미래에 발생할 일을 표현합니다. '~하고 나서 바로 ~할 거야'라는 의미를 나타냅니다.

패턴 참고사항 미래 완료를 나타낼 때는 了는 목적어와 상관없이 동사 뒤에 위치합니다.
예: 我吃**了**饭就回家。 나는 밥을 먹고 바로 집으로 돌아**갈 거야**.

MP3 106

STEP 01 패턴 집중 훈련

나는 친구를 만나고 바로 영화 보러 갈 거야.
我见了朋友就去看电影。
Wǒ jiàn le péngyou jiù qù kàn diànyǐng.

그는 밥을 먹고 바로 출근할 거야.
他吃了饭就上班。
Tā chī le fàn jiù shàngbān.

우리는 숙제를 하고 바로 나가서 놀 거야.
我们写了作业就出去玩儿。
Wǒmen xiě le zuòyè jiù chūqu wánr.

그들은 퇴근하고 바로 이쪽으로 온대.
他们下了班就来这里。
Tāmen xià le bān jiù lái zhèli.

STEP 02 미니 회화 연습

A 今天晚上你有空吗？
Jīntiān wǎnshang nǐ yǒukòng ma?

B 없어.
오늘 나 수업 끝나고 바로 여자친구 만날 거야.

A 오늘 저녁에 너 시간 있니?
B 没有。 Méiyǒu.
今天我下了课，就见女朋友。 Jīntiān wǒ xià le kè, jiù jiàn nǚpéngyou.

STEP up 패턴 응용하기

△△하고 나서
바로 ○○하러 갈 거야. ➡

到 / 到 / 回到	+ 了家，就去 +	睡觉。 / 跳舞。 / 玩游戏。

쏙쏙 어휘

回到 [huídào] (원래 있던 곳으로) 되돌아 가다/되돌아 오다

跳舞 [tiàowǔ] 춤을 추다
游戏 [yóuxì] 게임

Pattern 107 以前+형용사 (yǐqián) 예전에 ~했었어

중국어에서 형용사는 <과거 시간사+형용사>의 형태로 **아무런 변형 없이 과거를 표현**할 수 있습니다.

MP3 107

패턴 참고사항 以前뿐만 아니라 다른 시간사도 가능합니다.
예: 很久**以前**他很帅。 매우 오래 **전에** 그는 매우 잘생겼었어.

STEP 01 패턴 집중 훈련

이전에 그는 매우 잘생겼었어. 以前他很帅。
Yǐqián tā hěn shuài.

예전에 엄마는 매우 아프셨었어. 以前妈妈很疼。
Yǐqián māma hěn téng.

예전에 우리집은 매우 가난했었어. 以前我家很穷。
Yǐqián wǒjiā hěn qióng.

매우 오래 전에 그는 매우 말랐었어. 很久以前他很瘦。
Hěnjiǔ yǐqián tā hěn shòu.

쏙쏙 어휘

帅 [shuài] 잘생기다
疼 [téng] 아프다
穷 [qióng] 가난하다
瘦 [shòu] 마르다

空气 [kōngqì] 공기
还行 [háixíng] 그런대로 괜찮다

STEP 02 미니 회화 연습

A 北京的空气怎么样? Běijīng de kōngqì zěnmeyàng?

B 예전에는 안 좋았지만, 지금은 그런대로 괜찮아.

A 那你推荐我去北京吗? Nà nǐ tuījiàn wǒ qù běijīng ma?

A 베이징의 공기는 어때?
B 以前很不好, 现在还行。 Yǐqián hěn bù hǎo, xiànzài hái xíng.
A 그럼 너는 내가 북경에 가는 걸 추천하니?

STEP up 패턴 응용하기

예전에는 ○○했었어. ➡ 以前 + 聪明。 / 高。 / 胖。

PART 14 어기조사 패턴

지난 파트에서 배운 것과 같이 **了**는 동사 뒤에서 완료를 나타내기도 하지만 **형용사·是·有 뒤** 혹은 **문장 끝**에 쓰여 **변화**를 나타냅니다. **了가 변화**를 나타낼 때는 동태조사가 아닌 **어기조사**에 해당되며, 어느 품사 뒤에 위치하는지에 따라 그 의미가 다르게 해석됩니다. 그럼 이번 파트에서 **了**의 **변화의 용법**에 대해 배워 봅시다.

어기조사 패턴 미리보기

	어기조사	
형용사	了	~해졌다
是 + 명		~이 생겼다
有 + 명		~이 생겼다
没有 + 명		~이 사라졌다
不 + 동		(더 이상) ~하지 않을 것이다

Pattern 108 형용사 + 了 (le) ~해졌어

了는 형용사 뒤에서 '**~해졌다**'라는 의미로 변화를 나타냅니다.

MP3 108

패턴 참고사항 형용사 뒤에 了를 붙여 변화를 나타낼 때는 '매우'라는 뜻의 很과 함께 사용할 수 없습니다.
예: 她**很**漂亮**了**。(x) 그녀는 **매우** 예뻐**졌어**.

STEP 01 패턴 집중 훈련

병이 나았다. 病好了。 Bìng hǎo le.

그는 뚱뚱해졌어. 他胖了。 Tā pàng le.

그녀는 부유해졌어. 她富了。 Tā fù le.

날씨가 추워졌네. 天冷了。 Tiān lěng le.

쏙쏙 어휘

病 [bìng] 병
胖 [pàng] 뚱뚱하다
富 [fù] 부유하다

黑 [hēi] 어둡다

热 [rè] 덥다, 뜨겁다

STEP 02 미니 회화 연습

A 날이 어두워졌다, 집에 가자.

B 好的。 Hǎode.

A 你怎么去? Nǐ zěnme qù?

A 天黑了，回家吧。 Tiān hēi le, huíjiā ba.
B 그래.
A 너 어떻게 가니?

STEP up 패턴 응용하기

○○해졌어. ➡ 热 / 高 / 大 + 了。

Pattern 109 是 A 了 (shì le) A가 되었어

了는 是 뒤에서 '**~가 되었다**'라는 뜻으로 변화를 나타냅니다.

패턴 참고사항 가격/계절/나이/생일/기념일 등을 나타낼 때는 일반적으로 **是**를 생략하지만 직업을 나타낼 때는 생략하지 않습니다. **패턴 집중훈련 참고**

MP3 109

STEP 01 패턴 집중 훈련

그는 의사가 되었어.
他是大夫了。
Tā shì dàifu le.

그녀는 선생님이 되었어.
她是老师了。
Tā shì lǎoshī le.

나는 20살이 되었어.
我(是)二十岁了。
Wǒ (shì) èrshísuì le.

봄이 됐네.
(是)春天了。
(Shì) chūntiān le.

쏙쏙 어휘

大夫 [dàifu] 의사
春天 [chūntiān] 봄
大学生 [dàxuéshēng] 대학생

TIP 학년을 나타내는 방법
서수를 사용해서 표현할 수 있습니다.
대학교 1학년 大一 / 2학년 大二
3학년 大三 / 4학년 大四

丈夫 [zhàngfu] 남편
奶奶 [nǎinai] 할머니

STEP 02 미니 회화 연습

A 너 대학생이 되었지?
B 嗯，现在我是大二。 Èn, xiànzài wǒ shì dà'èr.
A 时间过得真快！ Shíjiān guò de zhēn kuài!

A 你是大学生了吧？ Nǐ shì dàxuéshēng le ba?
B 응, 이제 나 대학교 2학년이야.
A 시간이 정말 빠르게 간다!

STEP up 패턴 응용하기

○○이(가) 되었어. ➡ 是 + [丈夫 / 爸爸 / 奶奶] + 了。

Pattern 110

有A了 (yǒu A le)

A가 생겼어

了는 有 뒤에서 '**~가 생겼다**'라는 뜻으로 변화를 나타냅니다.

패턴 참고사항 **我有了**라고 하면 '아이가 생겼다'라는 뜻이 될 수 있으니 주의하세요! **예문 참고**

MP3 110

STEP 01 패턴 집중 훈련

그는 돈이 생겼어.
他有钱了。
Tā yǒu qián le.

나는 배우자가 생겼어.
我有对象了。
Wǒ yǒu duìxiàng le.

그녀에게 기회가 생겼어.
她有机会了。
Tā yǒu jīhuì le.

나는 중국 친구가 생겼어.
我有中国朋友了。
Wǒ yǒu zhōngguó péngyou le.

STEP 02 미니 회화 연습

A 你为什么那么高兴？ Nǐ wèishénme nàme gāoxìng?

B 나 일자리가 생겼어!

A 恭喜恭喜！ Gōngxǐ gōngxǐ!

A 너 왜 그렇게 기뻐해?
B 我有工作了！ Wǒ yǒu gōngzuò le!
A 축하해!

STEP up 패턴 응용하기

○○이(가) 생겼어. ➡ 有 + 车 / 房子 / 孩子 + 了。

쏙쏙 어휘

对象 [duìxiàng] (연애·결혼의) 상대
机会 [jīhuì] 기회

那么 [nàme] 그렇게, 저렇게
工作 [gōngzuò] 직업, 일

房子 [fángzi] 집
孩子 [háizi] 자녀, 자식

Pattern 111 没有 A 了 (méiyǒu A le) A가 없어졌어

了는 没有 뒤에서 '**~가 없어졌다/사라졌다**'라는 뜻으로 변화를 나타냅니다.

패턴 참고사항 有를 생략해서 没~了로도 표현할 수 있습니다.
예: 钱**没了**。 돈이 **없어졌어**.

MP3 111

STEP 01 패턴 집중 훈련

그녀는 일이 없어졌어.
她没有工作了。
Tā méiyǒu gōngzuò le.

내 지갑이 없어졌어.
我的钱包没有了。
Wǒ de qiánbāo méiyǒu le.

나의 손목 시계가 없어졌어.
我的手表没有了。
Wǒ de shǒubiǎo méiyǒu le.

그녀의 핸드폰이 없어졌어.
她的手机没有了。
Tā de shǒujī méiyǒu le.

쏙쏙 어휘

钱包 [qiánbāo] 지갑
手表 [shǒubiǎo] 손목시계

护照 [hùzhào] 여권

信心 [xìnxīn] 자신감, 믿음
身份证 [shēnfènzhèng] 신분증
资格 [zīgé] 자격

STEP 02 미니 회화 연습

A 请看看您的护照。 Qǐng kànkan nín de hùzhào.
B 내 여권이 없어졌어요!
A 没有护照的话，不能去。 Méiyǒu hùzhào dehuà, bù néng qù.

A 여권을 보여 주세요.
B 我的护照没有了。 Wǒ de hùzhào méiyǒu le.
A 여권이 없으면 갈 수 없어요.

STEP up 패턴 응용하기

○○이(가) 없어졌어. ➡ 没有 + 信心 / 身份证 / 资格 + 了。

Pattern 112 不~了 (bù le)

(더 이상) ~하지 않을 거야

不는 본래 '~하지 않다'라는 부정의 뜻이지만 了와 함께 쓰여 **不~了**의 형태로 **'(더 이상) ~하지 않을 거다'**라는 의미로 의지의 변화를 나타냅니다.

패턴 참고사항 不는 의지를 부정하고 没는 발생된 일을 부정한다고 생각하면 쉽게 기억할 수 있겠죠?

MP3 112

STEP 01 패턴 집중 훈련

나는 더 이상 담배 피우지 않을 거야.
我不抽烟了。
Wǒ bù chōuyān le.

그는 더 이상 나를 사랑하지 않을 거야.
他不爱我了。
Tā bú ài wǒ le.

나는 더 이상 이곳에서 일을 하지 않을 거야.
我不在这里工作了。
Wǒ bú zài zhèli gōngzuò le.

우리는 더 이상 연애하지 않을 거야.
我们不谈恋爱了。
Wǒmen bù tán liàn'ài le.

STEP 02 미니 회화 연습

A 나는 이제 술을 마시지 않을 거야.

B 我不相信你。 Wǒ bù xiāngxìn nǐ.

A 真的！我变了。 Zhēnde! Wǒ biàn le.

A 我不喝酒了。 Wǒ bù hējiǔ le.
B 난 널 믿지 않아.
A 진짜야! 난 변했어.

STEP up 패턴 응용하기

더 이상 ○○하지 않을 거야. ➡ 不 + [参加 / 努力 / 期待] + 了。

쏙쏙 어휘

相信 [xiāngxìn] 믿다

参加 [cānjiā] 참가하다
努力 [nǔlì] 노력하다
期待 [qīdài] 기대하다

PART 15 임박태 패턴

중국어에서 **了**은 정말 다양한 용법으로 사용되는데 이번 파트에서는 **'곧 ~하려고 한다'**는 의미로 어떠한 동작이 곧 발생할 것을 나타내는 용법인 **임박태**에 대해 배워보려고 합니다. 중국어에서 임박을 나타내는 표현방법은 크게 세 가지가 있으니, **임박태 패턴**에서 함께 배워보도록 해요.

임박태 패턴 미리보기

	술어	
要	동사	了
快要		
就要		
곧 ~하려고 한다		

Pattern 113

要~了 (yào le)

곧 ~하려고 해

要~了는 **'곧 ~하려고 한다'**라는 뜻으로 '어떠한 동작이 곧 발생할 것(임박)'을 나타냅니다.

패턴 참고사항 **要**만 사용할 경우 '~하려고 한다'라는 의미로 임박이 아닌 의지를 나타내는 조동사 용법이 됩니다.

MP3 113

STEP 01 패턴 집중 훈련

그는 곧 집에 가려고 해.
他要回家了。
Tā yào huíjiā le.

할아버지께서 곧 돌아가시려고 해.
爷爷要去世了。
Yéye yào qùshì le.

그녀는 곧 대학을 졸업하려고 해.
她要大学毕业了。
Tā yào dàxué bìyè le.

우리는 곧 집에 도착하려고 해.
我们要到家了。
Wǒmen yào dàojiā le.

쏙쏙 어휘

去世 [qùshì]
세상을 뜨다, 돌아가시다

电视剧 [diànshìjù]
TV 드라마

出来 [chūlai]
(안에서 밖으로) 나오다

放假 [fàngjià]
방학하다

STEP 02 미니 회화 연습

A 我们什么时候吃饭? Wǒmen shénme shíhou chīfàn?

B 기다려봐, 드라마 곧 끝나.

A 我太饿了。 Wǒ tài è le.

A 우리 언제 밥 먹어?
B 等一下, 电视剧要结束了。 Děng yíxià, diànshìjù yào jiéshù le.
A 나 너무 배고파.

STEP up 패턴 응용하기

곧 ○○하려고 해. ➡ 要 + 出来 / 开始 / 放假 + 了。

Pattern 114 快要~了 (kuàiyào le) 곧 ~하려고 해

快要~了도 역시 '**곧 ~하려고 한다**'라는 뜻을 나타내지만 要~了보다 동작의 발생이 더 빠르게(快) 발생하는 것을 나타내기 때문에 동작이 지금 당장 발생되는 경우에 해당됩니다.

패턴 참고사항 '快要~了'는 동작이 지금 당장 발생되는 경우에 사용되기 때문에 시간사와 함께 사용될 수 없습니다.

MP3 114

STEP 01 패턴 집중 훈련

그는 곧 떠나려 해.
他快要走了。
Tā kuàiyào zǒu le.

그는 곧 밥을 먹으려고 해.
他快要吃饭了。
Tā kuàiyào chīfàn le.

이 식당은 곧 문을 닫으려고 해.
这家餐厅快要关门了。
Zhè jiā cāntīng kuàiyào guānmén le.

곧 여름이네.
夏天快要到了。
Xiàtiān kuàiyào dào le.

쏙쏙 어휘

餐厅 [cāntīng] 식당
关门 [guānmén] 문을 닫다
夏天 [xiàtiān] 여름

起飞 [qǐfēi] 이륙하다

发生 [fāshēng] 발생하다, 생기다

STEP 02 미니 회화 연습

A 비행기가 곧 이륙하려고 합니다.
B 好的，谢谢你。 Hǎode, xièxie nǐ.
A 不客气。 Búkèqi.

A 飞机快要起飞了。 Fēijī kuàiyào qǐfēi le.
B 네, 감사합니다.
A 천만에요.

STEP up 패턴 응용하기

곧 ○○하려고 해. ➡ 快要 + 下雨 / 下班 / 发生 + 了。

Pattern 115

就要~了 jiùyào le (언제) 곧 ~하려고 해

就要~了는 '**곧 ~하려고 하다**'라는 뜻으로 시간이 임박함을 나타내지만, 다른 임박태와 다르게 본인의 의지가 동반되어 정해진 시간에 어떠한 동작을 하는 것을 나타냅니다.

패턴 참고사항 就要~了는 날짜나 시간 등 특정 시점을 나타내는 시간사와 함께 자주 사용됩니다.

MP3 115

STEP 01 패턴 집중 훈련

내일 그들은 곧 출장을 가려고 해.
明天他们就要出差了。
Míngtiān tāmen jiùyào chūchāi le.

2시에 곧 시험이 시작하려고 해.
两点就要考试了。
Liǎngdiǎn jiùyào kǎoshì le.

다음 주에 우리 딸은 곧 시집을 갈 거야.
下周我的姑娘就要嫁人了。
Xiàzhōu wǒ de gūniang jiùyào jiàrén le.

곧 노동절이네.
五一就要到了。
WǔYī jiùyào dào le.

쏙쏙 어휘

出差 [chūchāi] 출장가다
考试 [kǎoshì] 시험을 보다
姑娘 [gūniang] 딸, 아가씨
嫁人 [jiàrén] 시집가다

五一 [WǔYī] 노동절(5월1일)
奥运会 [àoyùnhuì] 올림픽

上学 [shàngxué] 입학하다
维修 [wéixiū] 수리하다, 보수하다
完成 [wánchéng] 완성하다

STEP 02 미니 회화 연습

A 奥运会什么时候开始呢? Àoyùnhuì shénme shíhou kāishǐ ne?
B 8월에 곧 시작해.
A 我很期待! Wǒ hěn qīdài!

A 올림픽은 언제 시작하지?
B 八月就要开始了。 Bāyuè jiùyào kāishǐ le.
A 나는 아주 기대돼!

STEP up 패턴 응용하기

~에 곧 ○○하려고 해. ➡ [3月 / 下个星期 / 明天] + 就要 + [上学 / 维修 / 完成] + 了。

PATTERN ⟶

我休息了一个星期。

나는 **일주일 동안** 쉬었어.

PART

문장을 완성하는 필수 보어 총정리!

보어 패턴

PART

16 결과보어 패턴

이번 파트부터 **보어**에 대해 배우려고 합니다. 보어란 말 그대로 동사를 **보**충해주는 단**어**로 그 종류도 굉장히 다양합니다. 그럼 먼저 회화에서 많이 사용하는 **결과보어 패턴**부터 먼저 배워 봅시다.

결과보어란 어떠한 **동작 뒤**에 **형용사·동사**를 붙여 **동작의 결과가 어떤지 구제적**으로 나타냅니다.

보어를 배운다는 것은 이제 더 이상 중국어의 초보자의 실력이 아니라는 것이죠. 이번 파트에서 중국어의 초보 딱지를 완벽하게 떼는 겁니다!

결과보어 패턴 미리보기

술어	결과보어
동사	잘 ~했다 好
	다 ~했다 完
	(드디어) ~해냈다 到

Pattern 116 동사+好 hǎo 잘 ~했어

好는 '**좋다/훌륭하다**'라는 뜻으로 동사 뒤에서 <동사+好>의 형태로 어떠한 동작의 결과가 좋았을 때 '잘 ~했다'란 뜻으로 사용됩니다. '잘 ~하지 않았다'라고 말할 땐 <没+동사+好> 형태로 사용합니다.

패턴 참고사항 결과보어는 주로 동작의 결과를 나타내므로 '완료'를 의미하는 了와 자주 사용됩니다.

MP3 116

STEP 01 패턴 집중 훈련

나는 밥을 잘 먹었어.
我吃好饭了。
Wǒ chī hǎo fàn le.

엄마는 저녁밥을 다했어.
妈妈做好晚饭了。
Māma zuò hǎo wǎnfàn le.

너 숙제 잘 했어?
你作业写好了吗?
Nǐ zuòyè xiě hǎo le ma?

너희는 준비가 잘 됐니?
你们准备好了吗?
Nǐmen zhǔnbèi hǎo le ma?

쏙쏙 어휘

准备 [zhǔnbèi] 준비하다

自行车 [zìxíngchē] 자전거
修 [xiū] 수리하다, 고치다
已经~了 [yǐjing~le] 이미 ~했다

办 [bàn] 처리하다
安排 [ānpái] 안배하다, 마련하다

STEP 02 미니 회화 연습

A 你自行车修好了吗? Nǐ zìxíngchē xiū hǎo le ma?

B 나 이미 잘 고쳤어.

A 花了多少钱? Huā le duōshao qián?

A 너 자전거는 잘 고쳤어?
B 我已经修好了。 Wǒ yǐjing xīu hǎo le.
A 돈이 얼마나 들었어?

STEP up 패턴 응용하기

잘 ○○했어. ➡ 买 / 办 / 安排 + 好了。

STEP UP INFO

주어진 3개의 단어를 하나씩 패턴에 넣고 소리 내어 연습해 보세요.

Pattern 117 동사+完(wán) 다 ~했어

完는 **'끝내다/마치다'**의 의미를 가지고 동사 뒤에서 <동사+完>의 형태로 어떠한 동작의 결과가 완료되었을 때 '다 ~했다'라는 의미로 사용됩니다. '다 ~하지 못했다'라고 말할 땐 <没+동사+完>의 형태로 사용합니다.

패턴 참고사항 完은 好와 달리 동작의 완료만을 의미할 뿐 동작이 좋고 나쁨의 결과는 나타내지 않습니다.

MP3 117

STEP 01 패턴 집중 훈련

나는 밥을 다 먹었어.
我吃完饭了。
Wǒ chī wán fàn le.

나는 삼국지를 다 읽었어.
我读完三国志了。
Wǒ dú wán sānguózhì le.

영화 표가 다 팔렸어.
电影票卖完了。
Diànyǐngpiào mài wán le.

업무를 아직 다 하지 못했어.
工作还没做完。
Gōngzuò háiméi zuò wán.

STEP 02 미니 회화 연습

A 我可以用你的电脑吗？ Wǒ kěyǐ yòng nǐ de diànnǎo ma?

B 써도 돼, 나 이미 다 썼어.

A 谢谢你。 Xièxie nǐ.

A 내가 네 컴퓨터를 써도 될까?
B 可以，我已经用完了。 Kěyǐ, wǒ yǐjing yòng wán le.
A 고마워.

STEP up 패턴 응용하기

다 ○○했어. ➡ 唱 / 写 / 看 + 完了。

쏙쏙 어휘

三国志 [sānguózhì] 삼국지

用 [yòng] 사용하다, 쓰다
电脑 [diànnǎo] 컴퓨터

唱 [chàng] 노래하다

Pattern 118 동사 + 光 (guāng) 전부 ~했어

光은 '하나도 남아 있지 않다'라는 뜻으로 동사 뒤에서 어떠한 동작의 결과가 하나도 남아 있지 않았을 경우에 **'전부 ~했다'**가 됩니다. '전부 ~하지 않았다'라고 말할 땐 <没+동사+光>의 형태로 사용하면 됩니다.

패턴 참고사항 목적어를 강조할 때에는 목적어를 술어 앞에 놓을 수 있습니다.
예: 我饭吃**光**了。 나는 밥을 **싹 다** 먹었어.

MP3 118

STEP 01 패턴 집중 훈련

나는 밥을 전부 다 먹었어.
我饭吃光了。
Wǒ fàn chī guāng le.

돈을 싹 다 썼어.
钱花光了。
Qián huā guāng le.

이 책은 전부 다 팔렸어.
这本书卖光了。
Zhè běn shū mài guāng le.

치약을 전부 다 썼어.
牙膏用光了。
Yágāo yòng guāng le.

쏙쏙 어휘

牙膏 [yágāo] 치약

生气 [shēngqì] 화내다
咖啡 [kāfēi] 커피

忘 [wàng] (지난 일을) 잊다
丢 [diū] 잃다, 잃어버리다

STEP 02 미니 회화 연습

A 你为什么生气? Nǐ wèishénme shēngqì.

B 그가 내 커피를 싹 다 마셔 버렸어!

A 你不用那么生气。 Nǐ bú yòng nàme shēngqì.

A 너 왜 화났어?
B 他喝光了我的咖啡! Tā hē guāng le wǒ de kāfēi!
A 너 그렇게 화낼 필요는 없어.

STEP up 패턴 응용하기

전부 다 ○○했어. ➡ 忘 / 丢 / 喝 + 光了。

Pattern 119 동사 + 多(duō) 많이 ~했어

多는 '많다'란 뜻입니다. 동사 뒤에서 <동사+多> 형태로 어떠한 동작을 많이 했을 경우에 **'많이 ~했다'**라는 의미로 사용합니다. '많이 ~하지 않았다' 라고 할 땐 <没+동사+多> 형태로 말합니다.

패턴 참고사항 多는 형용사 앞에 올 경우엔 '얼마나 ~한가'의 의미로도 사용됩니다.
예: 今天天气**多**好啊！ 오늘 날씨가 **얼마나** 좋은지!

MP3 119

STEP 01 패턴 집중 훈련

나는 많이 먹었어.
我吃多了。
Wǒ chī duō le.

그는 말을 많이 했어.
他话说多了。
Tā huà shuō duō le.

나는 이런 쓸데없는 소리를 많이 들었어.
我这种废话听多了。
Wǒ zhè zhǒng fèihuà tīng duō le.

어제 저녁에 그는 술을 많이 마셨어.
昨天晚上他喝多了。
Zuótiān wǎnshang tā hē duō le.

쏙쏙 TIP

吃了很多 vs 吃多了
吃了很多 [chī le hěn duō]
(조금 많이 먹었을 경우)
吃多了 [chī duō le]
(많이 먹어 더 이상 못 먹을 경우)

STEP 02 미니 회화 연습

A 我有什么错误吗？ Wǒ yǒu shénme cuòwù ma?
B 너 생각이 너무 많아, 내가 느끼기에 너 아무 문제 없어.
A 你真的这么想吗？ Nǐ zhēnde zhème xiǎng ma?

A 나 뭐 잘못한 거 있니?
B 你想得太多了，我觉得你没什么错误。 Nǐ xiǎng de tài duō le, wǒ juéde nǐ méi shénme cuòwù.
A 너 정말 그렇게 생각하니?

쏙쏙 어휘

这种 [zhèzhǒng]
이와 같은, 이러한 종류
废话 [fèihuà]
쓸데없는 말

错误 [cuòwù] 잘못, 착오
想 [xiǎng]
생각하다, 그리워하다

STEP up 패턴 응용하기

많이 ○○했어. ➡ 卖 / 买 / 见 + 多了。

Pattern 120 동사 + 饱 (bǎo) 배불리 ~했어

饱는 '배부르다'란 뜻입니다. 동사 뒤에서 <동사+饱>의 형태로 배불리 먹거나 마셨을 경우에 **'배불리 ~했다'** 라는 의미로 사용됩니다. '배불리 ~하지 않았다'라로 말할 땐 <没+동사+饱>의 형태로 사용합니다.

패턴 참고사항 吃不饱는 음식이 모자랄 경우에 배불리 먹을 수 없을 때, 没吃饱는 음식이 남아 있는지의 유무는 알 수 없고 단순히 배불리 먹지 못한 경우에 사용합니다.

MP3 120

STEP 01 패턴 집중 훈련

나는 밥을 배불리 먹었어.
我吃饱饭了。
Wǒ chī bǎo fàn le.

아이가 배부르게 먹지 않았어.
孩子没吃饱饭。
Háizi méi chī bǎo fàn.

그는 맥주를 배가 부르도록 마셨어.
他啤酒喝饱了。
Tā píjiǔ hē bǎo le.

우리는 물을 배불리 마시지 않았어.
我们没喝饱水。
Wǒmen méi hē bǎo shuǐ.

쏙쏙 어휘

啤酒 [píjiǔ] 맥주
水 [shuǐ] 물

减肥 [jiǎnféi]
살을 빼다, 다이어트하다

喂 [wèi]
(음식이나 약을) 먹이다

STEP 02 미니 회화 연습

A 我要减肥。 Wǒ yào jiǎnféi.
B 너는 아침을 배부르게 먹어야 해.
A 明白了。 Míngbái le.

A 나 다이어트 해야 해.
B 你要吃饱早饭。 Nǐ yào chī bǎo zǎofàn.
A 알겠어.

STEP up 패턴 응용하기

배부르게 ○○했어. ➡ 吃 / 喝 / 喂 + 饱了。

Pattern 121 동사 + 腻 nì　질리도록 ~했어

腻는 '질리다/싫증나다'라는 뜻으로 동사 뒤에서 어떠한 동작이 질리거나 짜증이 날 경우에 **'질리도록 ~했다'**란 뜻으로 사용합니다. '질리도록 ~하지 않았다'라고 말할 땐 <没+동사+腻>의 형태로 사용합니다.

패턴 참고사항 문장에서 腻를 사용하여 동작의 결과를 보충할 경우 목적어는 주로 술어 앞에 위치합니다.

MP3 121

STEP 01 패턴 집중 훈련

나는 밥을 질리도록 먹었어.
我饭吃腻了。
Wǒ fàn chī nì le.

나는 영어를 질리도록 배웠지.
我英语学腻了。
Wǒ yīngyǔ xué nì le.

그녀는 녹차를 질리도록 마셨어.
她绿茶喝腻了。
Tā lǜchá hē nì le.

그는 그 이야기를 질리도록 들었어.
那个故事他听腻了。
Nà ge gùshi tā tīng nì le.

쏙쏙 TIP

비슷한 의미의 够

腻 대신에 '충분하다'란 뜻의 够[gòu]를 사용하면 '충분히 ~했다'란 뜻이 됩니다.

예: 我**吃**够了。

나는 밥을 **충분히** 먹었어.

故事 [gùshi] 이야기

STEP 02 미니 회화 연습

A 这件衣服怎么样？ Zhè jiàn yīfu zěnmeyàng?

B 你已经买够衣服了！ Nǐ yǐjing mǎi gòu yīfu le!

A 말하지 마, 이미 질리도록 들었어.

A 이 옷 어때?

B 넌 이미 옷을 충분히 샀잖아!

A 别说了，我已经听腻了。 Bié shuō le, wǒ yǐjing tīng nì le.

쏙쏙 어휘

别~了 [bié~le] ~하지 마라

衣服 [yīfu] 의복, 옷

用 [yòng] 쓰다, 사용하다

STEP up 패턴 응용하기

질리도록 ○○했어. ➡ 看 / 说 / 用 + 腻了。

Pattern 122 동사 + 到 (dào) (드디어) ~해냈어

到는 '도달하다'란 뜻으로 동사 뒤에서 <동사+到>의 형태로 어떠한 동작이 목표된 결과에 도달했을 경우에 **'(드디어) ~해냈다'**라고 사용합니다. '~해내지 못했다'라고 할 땐 <没+동사+到> 형태로 말합니다.

패턴 참고사항 到는 동사 뒤에서 '~까지'의 의미로 동작의 목표점을 나타냅니다.
예: 我们学**到**这儿吧。 우리 여기**까지** 공부하자!

MP3 122

STEP 01 패턴 집중 훈련

나는 지갑을 찾아 냈어.
我找到钱包了。
Wǒ zhǎo dào qiánbāo le.

나는 기차표를 사 냈지.
我买到火车票了。
Wǒ mǎi dào huǒchēpiào le.

나는 선생님과 연락을 해냈어.
我联系到老师了。
Wǒ liánxì dào lǎoshī le.

오늘에서야 태양을 보았어.
今天才看到太阳了。
Jīntiān cái kàn dào tàiyáng le.

쏙쏙 어휘

钱包 [qiánbāo] 지갑
联系 [liánxì] 연락하다
才 [cái] 이제서야, 겨우
太阳 [tàiyáng] 태양, 해

新闻 [xīnwén] 뉴스
警察 [jǐngchá] 경찰
抓 [zhuā] 붙잡다, 체포하다
小偷 [xiǎotōu] 도둑

了解 [liǎojiě]
자세히 알다, 이해하다

STEP 02 미니 회화 연습

A 新闻说什么？ Xīnwén shuō shénme?
B 경찰이 도둑을 잡았대.
A 太好了！ Tài hǎo le!

A 뉴스에서 뭐라고 하니?
B 警察抓到小偷了。 Jǐngchá zhuā dào xiǎotōu le.
A 정말 잘됐다!

STEP up 패턴 응용하기

○○해냈어. ➡ 做 / 了解 / 见 + 到了。

Pattern **123**

동사 + 见 (jiàn) ~했어

见는 시각·청각·후각을 나타내는 동사 뒤에 쓰여 <동사 + 见> 형태로 의도한 것이 아닌 감각적으로 느껴졌을 때 '**~했다**'라고 사용할 수 있습니다. '~하지 않았다'는 <没+동사+见> 형태로 표현합니다.

패턴 참고사항 나의 의지와 상관없이 들었을 경우에 사용합니다.
예: 我听**见**了。나는 **들었**어.

MP3 123

STEP 01 패턴 집중 훈련

그는 나를 보았어. 他看见我了。 Tā kàn jiàn wǒ le.

나는 그의 목소리를 들었어. 我听见了他的声音。 Wǒ tīng jiàn le tā de shēngyīn.

나는 담배 냄새를 맡았어. 我闻见烟味儿了。 Wǒ wén jiàn yānwèir le.

나는 선생님을 우연히 만났어. 我碰见老师了。 Wǒ pèng jiàn lǎoshī le.

쏙쏙 어휘

声音 [shēngyīn] 목소리
闻 [wén] 냄새를 맡다
烟味儿 [yānwèir] 담배 냄새
碰 [pèng] (우연히) 만나다, 마주치다

接 [jiē] (전화를) 받다
铃声 [língshēng] 벨소리

望 [wàng] (멀리) 바라보다
梦 [mèng] 꿈을 꾸다
遇 [yù] 만나다, 마주치다

STEP 02 미니 회화 연습

A 你为什么没接电话？ Nǐ wèishénme méi jiē diànhuà?

B 벨소리를 못 들었어.

A 别找借口。 Bié zhǎo jièkǒu.

A 너 왜 전화 안 받았어?
B 我没听见铃声。 Wǒ méi tīng jiàn língshēng.
A 변명하지마.

STEP up 패턴 응용하기

그를 ○○했어. ➡ 望 / 梦 / 遇 + 见他了。

Pattern 124 동사 + 错 (cuò) 잘못 ~했어

错는 '틀리다'라는 뜻이며 <동사+错> 형태로 어떠한 동작이 틀렸거나 잘못 되었을 경우에 **'잘못/틀리게 ~했다'**라고 사용됩니다. '틀리게/잘못 ~하지 않았다'라고 말할 땐 <没+동사+错> 형태로 말합니다.

패턴 참고사항 错에 대신에 '맞다'란 뜻의 对 [duì]를 쓰면 '맞게 ~했다'라는 의미가 됩니다.
예: 她答**对**了。 그녀는 **맞게** 대답했어.

MP3 124

STEP 01 패턴 집중 훈련

그녀는 잘못 대답했어.
她答错了。
Tā dá cuò le.

너는 잘못 맞췄어.
你猜错了。
Nǐ cāi cuò le.

나는 잘못 걸었어.
我打错电话了。
Wǒ dǎ cuò diànhuà le.

나는 그의 이름을 잘못 썼어.
我写错了他的名字。
Wǒ xiě cuò le tā de míngzi.

쏙쏙 어휘

答 [dá] 대답하다
猜 [cāi] 추측하다
打 [dǎ] (전화를) 걸다
名字 [míngzi] 이름

STEP 02 미니 회화 연습

A 这是你说的字吗？ Zhè shì nǐ shuō de zì ma?

B 아니, 너 잘못 봤어.

A 那么你说的是什么？ Nàme nǐ shuō de shì shénme?

A 이게 네가 말한 글자야?
B 不是，你看错了。 Bú shì, nǐ kàn cuò le.
A 그럼 네가 말한 게 뭐야?

STEP up 패턴 응용하기

잘못 ○○했어. ➡ 想 / 算 / 说 + 错了。

Pattern 125 동사 + 懂(dǒng) ~을 이해했어

懂은 '이해하다/알다'라는 뜻이며 <동사+懂>의 형태로 어떠한 동작을 이해하였을 때 **'~을 이해했다'**란 의미를 표현합니다. '~을 이해하지 못했다'라고 말할 땐 <没+동사+懂>의 형태로 사용합니다.

패턴 참고사항 동사+不懂으로 부정할 경우 '(능력이 되지 않아) ~을 할 수 없다'라는 의미가 됩니다.
예: 汉语我听**不懂**。 중국어를 나는 (능력이 되지 않아) 알아 들**을 수 없어**. 쏙쏙 Tip 참고

MP3 125

STEP 01 패턴 집중 훈련

나는 알아들었어.
我听懂了。
Wǒ tīng dǒng le.

그녀는 보고 이해했어.
她看懂了。
Tā kàn dǒng le.

나는 선생님의 말씀을 알아듣지 못해.
我没听懂老师的话。
Wǒ méi tīng dǒng lǎoshī de huà.

너는 영어 잡지를 보고 이해할 수 있니?
你能看懂英语杂志吗?
Nǐ néng kàn dǒng yīngyǔ zázhì ma?

STEP 02 미니 회화 연습

A 你能听懂他的话吗? Nǐ néng tīng dǒng tā de huà ma?
B 난 못 알아들었어.
A 我也是。 Wǒ yě shì.

A 너 그의 말을 알아들을 수 있니?
B 我没听懂。 Wǒ méi tīng dǒng.
A 나도 그래.

STEP up 패턴 응용하기

○○을(를) 보고 이해했어. ➡ 看 + 懂 + 报纸 / 地图 / 手语 + 了。

쏙쏙 TIP

不 대신 没로 부정할 경우, 능력의 유무와는 관계없이 알아듣지 못한 사실만을 부정합니다.

쏙쏙 어휘

杂志 [zázhì] 잡지

话 [huà] 말

报纸 [bàozhǐ] 신문
地图 [dìtú] 지도
手语 [shǒuyǔ] 수화

PART

17 시량보어 패턴

이번 파트에서는 '잠을 잤으면 **몇 시간 동안** 잤는지', '중국어를 배웠으면 **몇 개월**이나 배웠는지'와 같은 동작을 지속했던 시간이 길고 짧은지를 나타내는 **시량보어 패턴**에 대해 배워 봅시다. **이제 여러분들도 중국어를 얼마나 배웠는지 당당하게 말할 수 있겠죠?**

시량보어 패턴 미리보기

술어	시량보어
동사 + 了	몇 시간 동안 ~했다 小时
	며칠 동안 ~했다 天
	몇 주 동안 ~했다 星期
	몇 년 동안 ~했다 年

Pattern 126 동사+了+小时 몇 시간 동안 ~했어

le xiǎoshí

小时는 '시간'이란 뜻으로 동사 뒤에서 <동사+了+숫자+个小时>의 형태로 사용되어 **'몇 시간 동안 ~했다'**의 의미입니다. 小时는 항상 양사 个와 함께 사용되어 시간의 양을 나타냅니다.

패턴 참고사항 小时는 시간의 단위로 시간의 양을 나타내므로, 명사의 용법으로 사용하지않습니다.
예: 你有**小时**吗? (x) / 你有**时间**吗? (o) 너 **시간** 있니?

MP3 126

STEP 01 패턴 집중 훈련

나는 한 시간 동안 영화를 봤어.
我看了一个小时电影。
Wǒ kàn le yí ge xiǎoshí diànyǐng.

나는 세 시간 동안 수업을 들었어.
我上了三个小时的课。
Wǒ shàng le sān ge xiǎoshí de kè.

나는 반 시간 동안 음악을 들었어.
我听了半个小时的音乐。
Wǒ tīng le bàn ge xiǎoshí de yīnyuè.

그는 네 시간 동안 중국어를 배웠어.
他学了四个小时汉语。
Tā xué le sì ge xiǎoshí hànyǔ.

쏙쏙 어휘

上 [shàng] (수업 등을) 듣다

电视剧 [diànshìjù] TV 드라마

地铁 [dìtiě] 지하철

STEP 02 미니 회화 연습

A 你上了几个小时英语课? Nǐ shàng le jǐ ge xiǎoshí yīngyǔkè.

B 나는 다섯 시간 동안 영어 수업을 들었어.

A 你太辛苦了。 Nǐ tài xīnkǔ le.

A 너는 몇 시간 동안 영어 수업을 들었니?

B 我上了五个小时英语课。 Wǒ shàng le wǔ ge xiǎoshí yīngyǔkè.

A 너 정말 고생했어.

STEP up 패턴 응용하기

△△를 □시간 동안 ○○했어. ➡

看 坐 吃	+了	一 半 三	个小时 +	电视剧。 地铁。 饭。

Pattern 127 동사+了+星期 (le xīngqī) 몇 주 동안 ~했어

星期는 '주/요일'을 뜻하며 동사 뒤에서 <동사+了+숫자+个星期>의 형태로 '**몇 주 동안 ~했다**'라는 뜻으로 사용됩니다. 星期도 小时와 같이 항상 양사 个와 함께 사용되어 시간의 양을 나타냅니다.

패턴 참고사항 请假와 같이 <동사+목적어>의 형태로 된 동사는 동사와 목적어 사이에 시량보어가 위치합니다.
예: **请了一个星期假。** 휴가를 일주일 동안 신청했어.

MP3 127

STEP 01 패턴 집중 훈련

나는 일주일 동안 쉬었어.
我休息了一个星期。
Wǒ xiūxi le yí ge xīngqī.

나는 휴가를 일주일 동안 신청했어.
我请了一个星期假。
Wǒ qǐng le yí ge xīngqī jià.

나는 고향에 이 주간 있었어.
我在家乡待了两个星期。
Wǒ zài jiāxiāng dài le liǎng ge xīngqī.

너는 수업을 몇 주 동안 들었니?
你上了几个星期课?
Nǐ shàng le jǐ ge xīngqī kè?

쏙쏙 어휘

请假 [qǐngjià] 휴가를 신청하다
家乡 [jiāxiāng] 고향
待 [dài] 머물다

欧洲 [Ōuzhōu] 유럽
多长时间 [duōcháng shíjiān] 얼마 동안

感冒 [gǎnmào] 감기에 걸리다
旅游 [lǚyóu] 여행하다
出差 [chūchāi] 출장가다

STEP 02 미니 회화 연습

A 你去欧洲多长时间? Nǐ qù Ōuzhōu duōcháng shíjiān?
B 나는 유럽에 이 주 동안 가.
A 真羡慕你。 Zhēn xiànmù nǐ.

A 너는 유럽에 얼마 동안 가니?
B 我去欧洲两个星期。 Wǒ qù Ōuzhōu liǎng ge xīngqī.
A 정말 네가 부럽다.

STEP up 패턴 응용하기

일주일 동안 ○○했어. ➡ 感冒 / 旅游 / 出差 + 了一个星期。

Pattern 128 동사+了+月 몇 개월 동안 ~했어

le yuè

月는 '월'이란 뜻입니다. **'몇 개월 동안 ~했다'**라고 하려면 <동사+了+숫자+个月 > 형태로 말합니다. 月도 小时/星期와 같이 항상 양사 个와 함께 사용되어 시간의 양을 나타냅니다.

패턴 참고사항 숫자 2는 뒤에 양사(个)가 붙어 수량을 나타낼 때는 二이 아닌 两 [liǎng]를 사용합니다.
예: **两个 두** 개

MP3 128

STEP 01 패턴 집중 훈련

나는 6개월 동안 유학을 했어.
我留学了六个月。
Wǒ liúxué le liù ge yuè.

나는 3개월 동안 중국어를 배웠어.
我学了三个月汉语。
Wǒ xué le sān ge yuè hànyǔ.

그는 2개월 동안 일을 했어.
他工作了两个月。
Tā gōngzuò le liǎng ge yuè.

그녀는 2009년도에 중국에서 4개월간 머물렀어.
她2009年在中国待了四个月。
Tā èr líng líng jiǔ nián zài Zhōngguó dài le sì ge yuè.

쏙쏙 어휘

待 [dài] 머물다

住院 [zhùyuàn] 입원하다
注意 [zhùyì] 주의하다, 조심하다

感冒 [gǎnmào] 감기에 걸리다
穿 [chuān] 입다
租 [zū] 임차하다, 빌리다

STEP 02 미니 회화 연습

A 나는 두 달 동안 입원했어.
B 你注意身体。 Nǐ zhùyì shēntǐ.
A 好的，谢谢。 Hǎode, xièxie.

A 我住院了两个月。 Wǒ zhùyuàn le liǎng ge yuè.
B 너 몸 조심해.
A 알겠어, 고마워.

STEP up 패턴 응용하기

한 달 동안 ○○했어. ➡ 感冒 / 穿 / 租 + 了一个月。

Pattern 129 동사 + 分钟 fēnzhōng 몇 분 동안 ~했어

分钟는 '분'으로 동사 뒤에서 <동사+了+숫자+分钟>의 형태로 사용되며 **'몇 분 동안 ~했다'**라는 뜻입니다.
分钟는 앞에 星期, 月와 다르게 个가 생략되어 사용됩니다.

패턴 참고사항 '분'과 같이 시간을 나타낼 때는 分钟에서 钟을 생략 가능하지만, 시간의 양을 나타낼 때는 钟을 생략할 수 없습니다.
예: 三点十分 (o) 3시 10분 / 看了三十分钟 (x) 3시간 동안 봤어.

MP3 129

STEP 01 패턴 집중 훈련

우리는 10분 동안 쉬어.
我们休息十分钟。
Wǒmen xiūxi shí fēnzhōng.

그는 40분 동안 TV를 봐.
他看四十分钟电视。
Tā kàn sì shí fēnzhōng diànshì.

그는 20분 동안 게임을 해.
他玩二十分钟游戏。
Tā wán èrshí fēnzhōng yóuxì.

그는 30분 동안 영화를 봤어.
他看了三十分钟电影。
Tā kàn le sānshí fēnzhōng diànyǐng.

STEP 02 미니 회화 연습

A 그는 이미 30분 동안 전화를 했어.

B 应该是他的女朋友。 Yīnggāi shì tā de nǚpéngyou.

A 他有女朋友吗？ Tā yǒu nǚpéngyou ma?

A 他已经打了三十分钟电话。 Tā yǐjing dǎ le sānshí fēnzhōng diànhuà.
B 틀림없이 그의 여자친구일 거야.
A 그가 여자친구가 있어?

STEP up 패턴 응용하기

30분 동안 ○○했어. ➡ 散步 / 走 / 跑 + 了三十分钟。

쏙쏙 어휘

玩 [wán] 놀다
游戏 [yóuxì] 게임
应该是~ [yīnggāi shì] 반드시(틀림없이) ~이다

散步 [sànbù] 산보하다, 산책하다

Pattern 130 동사+了+天

le tiān

며칠 동안 ~했어

天는 '하루/일'이란 뜻입니다. <동사+了+숫자+天>의 형태로 **'며칠 동안 ~했다'**라고 표현합니다. 天도 앞에 分钟과 같이 个가 생략되어 사용됩니다.

패턴 참고사항 天은 계절을 나타낼 때도 사용합니다.
예: **夏天** [xiàtiān] 여름

MP3 130

STEP 01 패턴 집중 훈련

나는 이틀 동안 기차를 탔어.
我坐了两天火车。
Wǒ zuò le liǎng tiān huǒchē.

그는 이틀 동안 잠을 잤어.
他睡了两天。
Tā shuì le liǎng tiān.

그는 삼 일 동안 출장을 갔어.
他出差了三天。
Tā chūchāi le sān tiān.

우리는 나흘간 쉬었어.
我们休息了四天。
Wǒmen xiūxi le sì tiān.

쏙쏙 어휘

出差 [chūchāi] 출장 가다

半天 [bàntiān] 반나절, 반일
还没~呢 [háiméi~ne]
아직 ~하지 않다

STEP 02 미니 회화 연습

A 你写完作业了吗? Nǐ xiě wán zuòyè le ma?

B 난 사흘간 했는데, 아직 다 하지 못했어.

A 加油! Jiāyóu!

A 너 숙제 다 했어?
B 我写了三天，还没写完呢。 Wǒ xiě le sān tiān, háiméi xiě wán ne.
A 힘내!

STEP up 패턴 응용하기

반나절 동안(한참 동안) ○○했어. ➡ 想 / 找 / 听 + 了半天。

Pattern 131 동사+了+年 (le nián) 몇 년 동안 ~했어

年는 '년'이란 뜻으로 동사 뒤에서 <동사+了+숫자+年>의 형태로 사용되며 **'몇 년 동안 ~했다'**의 의미입니다. 年도 앞에 分钟/天과 같이 个가 생략되어 사용됩니다.

패턴 참고사항 '몇 년째 ~하고 있다'와 같이 동작이 계속 지속될 경우 문장 끝에 了를 한 번 더 붙여줍니다.
예: 我准备了两**年**考试**了**。나는 시험을 2**년째** 준비하고 있어.

MP3 131

STEP 01 패턴 집중 훈련

나는 2년 동안 시험을 준비했어.
我准备了两年考试。
Wǒ zhǔnbèi le liǎng nián kǎoshì.

나는 4년 동안 영어를 가르쳤어.
我教了四年英语。
Wǒ jiāo le sì nián yīngyǔ.

나는 3년 동안 일본어를 공부했어.
我学习了三年日语。
Wǒ xuéxí le sān nián rìyǔ.

그녀는 3년 동안 다이어트 약을 먹었어.
她吃了三年减肥药。
Tā chī le sān nián jiǎnféiyào.

STEP 02 미니 회화 연습

A 听说他是动物学家。 Tīngshuō tā shì dòngwù xuéjiā.

B 맞아, 그는 20년 동안 코끼리를 연구했어.

A 他很厉害！ Tā hěn lìhai!

A 듣자하니 그는 동물학자라던데.
B 对，他研究了二十年大象。 Duì, tā yánjiū le èrshí nián dàxiàng.
A 그는 정말 대단해!

STEP up 패턴 응용하기

1년 동안 ○○했어. ➡ 考虑 / 讨论 / 工作 + 了一年。

쏙쏙 어휘

药 [yào] 약

动物学家 [dòngwù xuéjiā] 동물학자

研究 [yánjiū] 연구하다

大象 [dàxiàng] 코끼리

考虑 [kǎolǜ] 고려하다, 생각하다

讨论 [tǎolùn] 토론하다

Pattern 132 동사 + 了(le) + 누구 + 시량보어 누구를 얼마 동안 ~했어

'나는 그를 3년 동안 좋아했어'와 같이 좋아하는 **대상(목적어)**이 **인칭대명사일** 경우에는, 일반명사(목적어)와 다르게 **목적어가 시량보어보다 앞**에 위치합니다.

패턴 참고사항 半天은 과장된 느낌의 '한참 동안'이라는 의미로도 해석됩니다.
예: 我想了你**半天**。 나는 너를 **한참 동안** 생각했어.

MP3 132

STEP 01 패턴 집중 훈련

나는 그를 3년 동안 좋아했어.
我喜欢了他三年。
Wǒ xǐhuan le tā sān nián.

나는 그녀를 반나절 동안 생각했어.
我想了她半天。
Wǒ xiǎng le tā bàn tiān.

그는 너를 3일 동안 기다렸어.
他等了你三天。
Tā děng le nǐ sān tiān.

그는 나와 30분 동안 같이 있어 줬어.
他陪了我三十分钟。
Tā péi le wǒ sānshí fēnzhōng.

STEP 02 미니 회화 연습

A 怎么了？你的脸色很不好。 Zěnmele? Nǐ de liǎnsè hěn bùhǎo.

B 오늘 사장님이 한 시간 동안 나를 혼냈어.

A 为什么？ Wèishénme?

A 왜 그래? 너 안색이 아주 안 좋아.
B 今天老板批评了我一个小时。 Jīntiān lǎobǎn pīpíng le wǒ yí ge xiǎoshí.
A 왜?

STEP up 패턴 응용하기

△△을(를) ~동안 ○○했어. ➡

骂 说 追	+ 了 +	孩子 爸爸 她	+	一个小时。 三十分钟。 三个月。

쏙쏙 어휘

怎么了? [zěnmele] 무슨 일이야?, 어떻게 된 거야?
脸色 [liǎnsè] 안색, 얼굴빛
老板 [lǎobǎn] 사장님
批评 [pīpíng] 비판하다, 꾸짖다

骂 [mà] 욕하다
按摩 [ànmó] 안마하다
追 [zhuī] 따라다니다, 쫓아다니다

PART

18 동량보어 패턴

앞에서 동작을 지속했던 시간의 양을 나타내는 시량보어에 대해 배웠다면, 이번 파트에서는 '나는 상해에 **세 번** 가**본 적이 있어**', '나는 책을 **두 번** 읽어 **본 적이 있어**'와 같이 **경험의 횟수**를 나타내는 **동량보어** 패턴에 대해 배워 보겠습니다. **동량보어** 역시 **시량보어와 같은 형태**로 사용되기 때문에 큰 어려움 없이 익힐 수 있을 겁니다.

동량보어 패턴 미리보기

술어	동량보어
동사 + 过/了	번 次
몇 번 ~해 본 적이 있다 / 몇 번 ~했다	

Pattern 133 동사 + 过(guo) + 횟수 + 次(cì) + 일반명사 몇 번 ~해 본 적이 있어

次는 '번/회'라는 뜻으로 동사 뒤에서 <동사+过/了+동량보어+목적어>의 형태로 **'몇 번 ~해본 적이 있다'/'몇 번 ~했다'**라고 합니다. 일반명사(목적어)는 시량보어와 마찬가지로 문장 끝에 위치합니다.

패턴 참고사항 次는 단순한 동작의 횟수를 나타내며, 遍 [biàn]은 처음부터 끝까지 전 과정을 나타냅니다.
예: 我看了**一遍**汉语书。 나는 중국어 책을 **한 번 다** 봤어.

MP3 133

STEP 01 패턴 집중 훈련

나는 상해에 세 번 가 본 적이 있어.
我去过三次上海。
Wǒ qù guo sān cì Shànghǎi.

나는 두 번 전화를 걸었어.
我打了两次电话。
Wǒ dǎ le liǎng cì diànhuà.

나는 훠궈를 한 번 먹은 적이 있어.
我吃过一次火锅。
Wǒ chī guo yí cì huǒguō.

나는 그 영화를 한 번 다 본 적이 있어.
我看过一遍那部电影。
Wǒ kàn guo yí biàn nà bù diànyǐng.

쏙쏙 어휘

火锅 [huǒguō] 훠궈, 샤부샤부
部 [bù] 부, 편 (서적이나 영화 편수를 세는 단위)
恐怖片 [kǒngbùpiàn] 공포 영화
西服 [xīfú] 양복, 정장
红茶 [hóngchá] 홍차

STEP 02 미니 회화 연습

A 你去过他家吗？ Nǐ qù guo tā jiā ma?

B 나는 그의 집에 세 번 가 봤어.

A 我第一次去他家。 Wǒ dì yí cì qù tā jiā.

A 너 그의 집에 가 본 적이 있니?
B 我去过三次他家。 Wǒ qù guo sān cì tā jiā.
A 나는 그의 집에 처음 가.

STEP up 패턴 응용하기

△△을(를) 한 번 ○○했어. ➡

看过 穿过 喝过	+ 一次 +	恐怖片。 西服。 红茶。

Pattern 134 동사 + 过(guo) + 누구 + 횟수 + 次(cì) 누구를 몇 번 ~해 본 적이 있어

동량보어에서도 시량보어와 마찬가지로 목적어가 인칭대명사(사람)일 경우에 <동사+过/了+목적어+동량보어>의 형태로 목적어는 동량보어 앞에 위치합니다.

패턴 참고사항 부정할 때는 경험을 부정하기 때문에 '~하지 않았다'의 没를 사용하여 부정합니다. **쏙쏙 Tip 참고**

MP3 134

STEP 01 패턴 집중 훈련

나는 그를 한 번 때려 본 적이 있어.
我打过他一次。
Wǒ dǎ guo tā yí cì.

나는 그녀를 여러 번 찾아 본 적이 있어.
我找过她很多次。
Wǒ zhǎo guo tā hěn duō cì.

나는 그를 한 번도 본 적이 없어.
我一次也没见过他。
Wǒ yí cì yě méi jiàn guo tā.

내가 그를 몇 번 불렀지?
我叫了他几次？
Wǒ jiào le tā jǐ cì?

STEP 02 미니 회화 연습

A 你跟他说过吗？ Nǐ gēn tā shuō guo ma?

B 나는 그에게 세 번 말해 본 적이 있어.

A 我没有跟他说过。 Wǒ méiyǒu gēn tā shuō guo.

A 너 그에게 말해 본 적 있니?
B 我说过他三次。 Wǒ shuō guo tā sān cì.
A 나는 그와 말해 본 적이 없어.

STEP up 패턴 응용하기

△△을(를) 한 번 ○○본 적이 있어. ➡ 看 / 批评 / 称赞 过 + 明星 / 孩子 / 学生 + 一次。

쏙쏙 TIP

동량보어의 부정형

'한 번도~해 본적이 없다'라고 어떤 경험의 횟수를 부정할 때 주로 一次也를 没 앞에 붙여 一次也没~过의 형태로 말합니다.

예:我**一次也没**吃过火锅。
나는 샤브샤브를 **한 번도** 먹어 본 적이 **없어**.

쏙쏙 어휘

明星 [míngxīng] 스타, 유명인
批评 [pīpíng] 비판하다, 꾸짖다
称赞 [chēngzàn] 칭찬하다

PART

19 정도보어 패턴

이번 파트에서는 '**나는 뛰는 게 매우 빨라**', '**그녀는 생긴게 정말 예뻐**'와 동작이 빠르면 얼마나 빠른지 **속도의 정도**, 생긴게 예쁘면 얼마나 예쁜지 **상태의 정도**를 나타내는 **정도보어 패턴**에 대해 배워 보려고 합니다. 역시 **보어의 용법**이니 **동사 뒤**에 위치하겠죠? 지금부터 **동작의 정도에 차이**를 주는 **정도보어**에 대해 배워 봅시다.

정도보어 패턴 미리보기

술어	정도보어
동사	得/得不 + 형용사
~하는 것이 ~하다 / ~하지 않다	

Pattern 135 동사 + 得(de) ~하는 것이 ~해

得는 동사 뒤에서 **'~하는 것이 ~하다'**라는 의미로 동작 혹은 상태의 정도를 나타냅니다. 정도보어는 <동사+得 +정도보어>의 형태로 사용되며 정도보어의 역할은 주로 형용사가 합니다.

패턴 참고사항 得가 동사로 사용될 경우는 '얻다'란 뜻이 되고 2성 [dé]으로 발음합니다.
예: **得**到了 **얻어** 냈어.

MP3 135

STEP 01 패턴 집중 훈련

나는 뛰는 게 매우 빨라. 我跑得很快。 Wǒ pǎo de hěn kuài.

그녀는 생긴 게 정말 예뻐. 她长得很漂亮。 Tā zhǎng de hěn piàoliang.

그는 말하는 게 매우 유창해. 他说得很流利。 Tā shuō de hěn liúlì.

그는 기억하는 게 분명해. 他记得清楚。 Tā jì de qīngchu.

STEP 02 미니 회화 연습

A 这是我拍的照片。 Zhè shì wǒ pāi de zhàopiàn.

B 너 사진을 정말 잘 찍는구나.

A 哪里哪里。 Nǎli nǎli.

A 이건 내가 찍은 사진이야.
B 你拍得真好。 Nǐ pāi de zhēn hǎo.
A 천만에.

STEP up 패턴 응용하기

○○하는 게 △△해. ➡ [过 / 做 / 穿] + 得 + [很好。 / 不错。 / 漂亮。]

쏙쏙 어휘

流利 [liúlì] 유창하다
长 [zhǎng] 생기다, 자라다
记 [jì] 기억하다
清楚 [qīngchu] 분명하다, 뚜렷하다

照片 [zhàopiàn] 사진
拍 [pāi] (사진을) 찍다
哪里哪里 [nǎli nǎli] 천만에요, 별말씀을

过 [guò] (어떠한 시점을) 지내다, 보내다
不错 [búcuò] 괜찮다, 좋다

STEP UP INFO

주어진 3개의 단어를 하나씩 패턴에 넣고 소리 내어 연습해 보세요.

Pattern 136 동사 + 得(de) + 不(bù) ~하는 게 ~하지 않아

'나는 뛰는 게 빠르지 않아'와 같이 뛰는 속도의 정도가 빠르지 않음을 표현할 때에는 <동사+得+不+정도보어>의 형태로 말합니다.

패턴 참고사항 만약 不가 동사 앞에서 부정할 경우 동작을 아예 안 하는 것이 되므로 주의해야 합니다.
예: 我**不**跑。 나는 뛰지 **않아**.

MP3 136

STEP 01 패턴 집중 훈련

나는 뛰는 게 빠르지 않아.
我跑得不快。
Wǒ pǎo de bú kuài.

그 남자는 생긴 게 잘생기지 않았어.
他长得不帅。
Tā zhǎng de bú shuài.

그녀는 말하는 게 유창하지 않아.
她说得不流利。
Tā shuō de bù liúlì.

나는 쓴 게 분명하지 않아.
我写得不清楚。
Wǒ xiě de bù qīngchu.

쏙쏙 어휘

写 [xiě] 쓰다
好听 [hǎotīng] 듣기 좋다

够 [gòu] 충분하다
好看 [hǎokàn] 보기 좋다

STEP 02 미니 회화 연습

A 他唱得好听吗？ Tā chàng de hǎotīng ma?

B 그는 노래하는 게 듣기 안 좋아.

A 真可惜。 Zhēn kěxī.

A 그가 노래하는 게 듣기 좋니?
B 他唱得不好听。 Tā chàng de bù hǎotīng.
A 정말 아쉽다.

STEP up 패턴 응용하기

○○하는 게 △△하지 않아. ➡ 学 / 吃 / 写 + 得 + 不 + 好。/ 够。/ 好看。

Pattern 137 목적어 + 동사 + 得(de) ~을 하는 게 ~해

'난 중국어를 말하는 게 매우 유창해'와 같이 문장 속에 목적어가 들어갈 경우 **정도보어**에서 **목적어**가 **동사 앞**에 위치합니다. **<주어+목적어+동사+정도보어>**의 형태로 '**~을 하는 게 ~하다**'의 의미를 나타냅니다.

패턴 참고사항 정도보어에서 목적어가 문장 맨 끝에 위치할 경우 틀린 문장이 되니 주의해 주세요.
예: 我说**得**很流利汉语。(x)

MP3 137

STEP 01 패턴 집중 훈련

나는 중국어를 말하는 게 매우 유창해.
我汉语说得很流利。
Wǒ hànyǔ shuō de hěn liúlì.

그녀는 HSK 시험을 잘 보았어.
她HSK考试考得很好。
Tā HSK kǎoshì kǎo de hěn hǎo.

그 남자는 자동차를 운전하는 게 아주 느려.
他汽车开得很慢。
Tā qìchē kāi de hěn màn.

이 휴대폰은 팔리는 게 아주 안 좋아.
这个手机卖得非常不好。
Zhè ge shǒujī mài de fēicháng bù hǎo.

쏙쏙 어휘

流利 [liúlì] 유창하다
汽车 [qìchē] 자동차
慢 [màn] 느리다

舞 [wǔ] 춤
跳 [tiào] 뛰다, (춤을) 추다

STEP 02 미니 회화 연습

A 你会骑自行车吗? Nǐ huì qí zìxíngchē ma?
B 잘 못 타. 나는 자전거를 타는 게 매우 느려.
A 我教你吧。 Wǒ jiāo nǐ ba.

A 너 자전거를 탈 줄 아니?
B 不太会。我自行车骑得很慢。 Bútài huì. Wǒ zìxíngchē qí de hěn màn.
A 내가 가르쳐 줄게.

STEP up 패턴 응용하기

△△를 ○○하는 게 좋아. ➡ (早饭 / 酒 / 舞) + (吃 / 喝 / 跳) + 得好。

Pattern 138 동사+得怎么样? ~하는 게 어때?

de zěnmeyàng

의문문을 만들 때 문장 끝에 吗 외에 怎么样을 붙이기도 합니다. <동사+得怎么样?> 형태로 '~하는 게 어때?'라는 뜻을 나타냅니다.

패턴 참고사항 怎么样 대신에 不怎么样을 넣게 되면 '~하는 게 그리 좋지 않다'라는 의미를 나타냅니다.
예: 我过得**不怎么样**。 나는 지내는 게 **그리 좋지 않아**.

MP3 138

STEP 01 패턴 집중 훈련

너 지내는 게 어때?
你过得怎么样?
Nǐ guò de zěnmeyàng?

너희는 준비하는 게 어때?
你们准备得怎么样?
Nǐmen zhǔnbèi de zěnmeyàng?

자전거를 수리하는 게 어때?
自行车修得怎么样?
Zìxíngchē xiū de zěnmeyàng?

그녀는 노래를 부르는 게 어때?
她唱得怎么样?
Tā chàng de zěnmeyàng?

쏙쏙 어휘

准备 [zhǔnbèi] 준비하다
修理 [xiū] 수리하다
唱 [chàng] 노래하다

有意思 [yǒuyìsi] 재미있다, 흥미 있다

写 [xiě] 글씨를 쓰다
长 [zhǎng] 자라다, 생기다

STEP 02 미니 회화 연습

A 윤 선생님은 가르치는 게 어때?
B 她教得很有意思。 Tā jiāo de hěn yǒu yìsi.
A 我也想听她的课。 Wǒ yě xiǎng tīng tā de kè.

A 尹老师教得怎么样? Yǐn lǎoshī jiāo de zěnmeyàng?
B 가르치는 게 아주 재미있어.
A 나도 그 수업 듣고 싶어.

STEP up 패턴 응용하기

○○하는 게 어떠니? ➡ 写 / 工作 / 长 + 得怎么样?

Pattern 139 동사+得好不好? ~하는 게 좋아 안 좋아?

de hǎo bu hǎo

앞에서 문장 끝에 怎么样을 붙여 질문을 표현했다면, 이번에는 好不好를 사용해 봅시다.
<동사+得好不好? > 형태로 말하면 '**~하는 게 좋아 안 좋아?**'라는 의미를 나타냅니다.

패턴 참고사항 好不好 대신 好吗를 사용하여 <동사+得好吗?>의 형태로 '하는 게 좋아?'란 의미를 나타낼 수 있습니다.
예: 你过得**好吗**? 너는 잘 지내니?

MP3 139

STEP 01 패턴 집중 훈련

너 지내는 게 좋니 안 좋니?
你过得好不好?
Nǐ guò de hǎo bu hǎo?

너희는 준비를 잘 했어 안 했어?
你们准备得好不好?
Nǐmen zhǔnbèi de hǎo bu hǎo?

자전거를 잘 고쳤어 안 고쳤어?
自行车修得好不好?
Zìxíngchē xiū de hǎo bu hǎo?

그녀는 노래를 잘 불러 못 불러?
她唱得好不好?
Tā chàng de hǎo bu hǎo?

STEP 02 미니 회화 연습

A HSK시험 잘 봤어 못 봤어?
B 还可以。 Hái kěyǐ.
A 那就好了。 Nà jiù hǎo le.

A HSK考试考得好不好? HSK kǎoshì kǎo de hǎo bu hǎo?
B 그럭저럭 괜찮아.
A 그럼 됐지.

STEP up 패턴 응용하기

잘 ○○했니 안 했니? ➡ 睡 / 做 / 画 + 得好不好?

쏙쏙 어휘

还可以 [háikěyǐ] 그런대로 괜찮다, 그럭저럭 이다

睡 [shuì] 잠을 자다
画 [huà] (그림을) 그리다

Pattern **140**

형용사+极了 (jí le)

매우 ~해

味道很好는 '맛이 매우 좋다'라는 뜻입니다. 여기서 **'매우'**의 의미를 **더 강조**하려면 형용사 뒤에 **极了**를 붙입니다. <형용사+极了>의 형태로 사용되며, 이러한 문장을 정도보어의 최상급이라고 말합니다.

패턴 참고사항 极가 명사로 사용될 때는 '(지구의 남·북)극'을 의미합니다.
예: 北**极** [běijí] /南**极** [nánjí] 북**극**/남**극**

MP3 140

STEP 01 패턴 집중 훈련

맛이 매우 좋아.
味道好极了。
Wèidao hǎo jí le.

그녀는 아주 예쁘지.
她漂亮极了。
Tā piàoliang jí le.

엄마는 정말 기쁘단다.
妈妈高兴极了。
Māma gāoxìng jí le.

강아지는 매우 귀여워.
小狗可爱极了。
Xiǎogǒu kě'ài jí le.

STEP 02 미니 회화 연습

A 我得了一百分! Wǒ dé le yìbǎi fēn!

B 너 정말 똑똑하구나.

A 你过奖了。 Nǐ guòjiǎng le.

A 나 100점 맞았어!
B 你聪明极了。 Nǐ cōngming jí le.
A 과찬이야.

STEP up 패턴 응용하기

매우 ○○해. ➡ 好看 / 难受 / 开心 + 极了。

쏙쏙 어휘

味道 [wèidao] 맛
小狗 [xiǎogǒu] 강아지
可爱 [kě'ài] 사랑스럽다, 귀엽다

得 [dé] 얻다, 획득하다
聪明 [cōngming] 똑똑하다

好看 [hǎokàn] 아름답다, 보기 좋다
难受 [nánshòu] 불편하다, 괴롭다
开心 [kāixīn] 기쁘다, 즐겁다

Pattern 141 형용사 + 死了 ~해 죽겠어

sǐ le

'배고파 죽겠어'와 같이 정도가 과하거나 지나쳐서 **'~해 죽겠다'**라고 표현할 경우엔 형용사 뒤에 **死了**를 붙여 <형용사+**死了**>의 형태로 사용할 수 있습니다.

패턴 참고사항 '나는 배고파 죽겠어'의 표현인 **饿死我了**와 같이 주어인 **我**를 **死**와 **了** 사이에 넣어 표현할 수도 있습니다. 예외적인 용법이니 잘 기억해 두세요.

MP3 141

STEP 01 패턴 집중 훈련

나 배고파 죽겠어.
我饿死了。
Wǒ è sǐ le.

나 피곤해 죽겠어.
我累死了。
Wǒ lèi sǐ le.

날씨가 더워 죽겠네.
天气热死了。
Tiānqì rè sǐ le.

난 오늘 바빠 죽을 것 같아.
今天我忙死了。
Jīntiān wǒ máng sǐ le.

STEP 02 미니 회화 연습

A 你要什么？ Nǐ yào shénme?

B 물이 필요해, 나 목말라 죽을 것 같아.

A 等一下。 Děng yí xià.

A 너 뭐가 필요하니?
B 我要水，我快渴死了。 Wǒ yào shuǐ, wǒ kuài kě sǐle.
A 조금만 기다려.

STEP up 패턴 응용하기

○○ 죽겠어. ➡ 讨厌 / 烦 / 气 + 死了。

쏙쏙 어휘

天气 [tiānqì] 날씨
渴 [kě] 목이 마르다

讨厌 [tǎoyàn] 싫어하다
烦 [fán] 귀찮다, 성가시다
气 [qì] 화내다

PART

20 방향보어 패턴

이번 파트에서는 '집으로 돌아**오다**', '방안으로 들어**가다**'와 같이 **来**와 **去**를 사용해서 **동작**의 **방향**을 구체적으로 나타내주는 **방향보어**에 대해 배워 보려고 합니다. 방향보어에는 크게 **단순(1형식) 방향보어와 복합(2형식) 방향보어 2가지로 구분**합니다. 이번 파트에서도 초심을 잃지 않고 방향보어 패턴에 도전해 봅시다.

방향보어 패턴 미리보기

술어	방향보어
동사	오다 来
	가다 去

Pattern 142 동사 + 来(lai) ~와

단순(1형식) 방향보어는 동사 뒤에 '오다'의 来나 '가다'의 去를 붙여 **<동사+来/去>**의 형태로 동작의 방향을 구체적으로 나타낼 때 사용합니다. 우리말로 '**~로 오다/가다**'라는 뜻이죠.

패턴 참고사항 방향보어에서 목적어가 장소일 경우 来/去는 목적어 뒤에 위치합니다.
예: 回家**来**。 집으로 돌아**오다**.

MP3 142

STEP 01 패턴 집중 훈련

그는 돌아올 거야.
他回来。
Tā huí lai.

그는 바로 뛰어갔어.
他就跑去了。
Tā jìu pǎo qu le.

그는 방안으로 들어왔어.
他进屋里来了。
Tā jìn wūli lai le.

그녀는 선물을 들고 왔어.
她拿来礼物了。
Tā ná lai lǐwù le.

STEP 02 미니 회화 연습

A 他在韩国吗？ Tā zài Hánguó ma?
B 맞아, 어제 그는 한국으로 돌아왔어.
A 我很想见他。 Wǒ hěn xiǎng jiàn tā.

A 그는 한국에 있니?
B 对，昨天他回韩国来了。 Duì, zuótiān tā huí Hánguó lai le.
A 나는 그가 정말 보고싶어.

STEP up 패턴 응용하기

쏙쏙 어휘

就 [jiù] 곧, 즉시, 바로 (아주 짧은 시간 안에 동작이 이루어짐을 나타냅니다.)
屋里 [wūli] 방안
拿 [ná] (손으로) 들다, 쥐다

爬 [pá] 기다, 오르다
借 [jiè] 빌리다, 빌려주다

STEP UP INFO

주어진 3개의 단어를 하나씩 패턴에 넣고 소리 내어 연습해 보세요.

Pattern 143 동사+上来 (shànglai) ~올라와

上 뒤에 **来** 나 **去**를 붙여 <동사+上来/去>의 형태로 **'올라오다/올라가다'**라는 뜻을 나타내며 위로 향하는 방향을 구체적으로 표현합니다. 이러한 형태를 복합(2형식) 방향보어라고 합니다.

패턴 참고사항 방향보어에서 목적어가 장소일 경우 来/去는 목적어 뒤에 위치합니다.
예: 上山**去**。 산으로 올라**가다**.

MP3 143

STEP 01 패턴 집중 훈련

뛰어서 위층으로 올라와.
跑上楼来。
Pǎo shàng lóu lai.

걸어서 위층으로 올라가.
走上楼去。
Zǒu shàng lóu qu.

너 옥상으로 걸어 올라와.
你走上屋顶来。
Nǐ zǒu shàng wūdǐng lai.

그는 어디로 올라갔니?
他爬上哪里去了？
Tā pá shàng nǎli qu le?

쏙쏙 어휘

屋顶 [wūdǐng] 옥상, 지붕
山顶 [shāndǐng] 산 정상

舞台 [wǔtái] 무대
害羞 [hàixiū] 부끄러워하다, 수줍어하다
不行 [bùxíng] 안 된다

飞 [fēi] 날다
跳 [tiào] 뛰다, 도약하다
跟 [gēn] 따르다, 쫓다

STEP 02 미니 회화 연습

A 너 무대 위로 걸어 올라와봐.
B 我很害羞，不行。 Wǒ hěn hàixiū, bùxíng.
A 快上来吧！ Kuài shànglai ba!

A 你走上舞台来。 Nǐ zǒu shàng wǔtái lai.
B 나 너무 부끄러워, 안 돼.
A 빨리 올라와!

STEP up 패턴 응용하기

○○ 올라와. ➡ 飞 / 跳 / 跟 + 上来。

Pattern 144 동사+下来 (xiàlai) ~내려와

이번에는 아래로 향하는 방향을 구체적으로 표현해봅시다. **下 뒤**에 **来**나 **去**를 붙여 <동사+下来/去>의 형태로 **'내려오다/내려가다'**라는 의미입니다.

패턴 참고사항 来는 동작의 방향이 나와 가까워 지는 행위, 去는 동작의 방향이 멀어지는 행위를 표현합니다.

MP3 144

STEP 01 패턴 집중 훈련

걸어서 아래층으로 내려와.
走下楼来。
Zǒu xià lóu lai.

걸어서 아래층으로 내려가.
走下楼去。
Zǒu xià lóu qu.

그는 물 속으로 뛰어 들어가지 않았어.
他没跳下水里去。
Tā méi tiào xià shuǐ li qu.

벚꽃이 떨어져 내려오네.
樱花落下来。
Yīnghuā luò xiàlai.

쏙쏙 어휘

跳 [tiào] 뛰다, 도약하다
樱花 [yīnghuā] 벚꽃

落 [luò] 떨어지다

掉 [diào] 떨어지다
会~的 [huì~de] ~일 것이다 (강한 확신을 나타냅니다.)
流 [liú] 흐르다

STEP 02 미니 회화 연습

A 你不要看下面！ Nǐ bú yào kàn xiàmiàn!

B 나 아래로 떨어질 거 같아.

A 别担心！ 你不会掉下去的。 Biédānxīn! Nǐ bú huì diào xiàqu de.

A 너 아래 보지마!
B 我会掉下去的。 Wǒ huì diào xiàqu de.
A 걱정마! 넌 아래로 안 떨어질 거야.

STEP up 패턴 응용하기

○○ 내려가. ➡ 掉 / 跑 / 流 + 下去。

Pattern 145 동사 + 过来 (guòlai) ~건너와

이번에는 **'건너오다/건너가다'**를 표현해 봅시다. **过 뒤**에 **오다**의 **来**나 **가다**의 **去**를 붙여 <동사+过来/去>의 형태로 말하면 건너는 방향을 구체적으로 표현할 수 있습니다.

패턴 참고사항 过去는 '(시점이) 지나다'라는 의미로도 사용할 수 있습니다.
예: 十多年**过去**了。 십 여년이 **지났어**.

MP3 145

STEP 01 패턴 집중 훈련

너 이쪽으로 걸어서 건너와.
你走过这边来。
Nǐ zǒu guo zhèbian lái.

그는 그쪽으로 걸어서 건너갔어.
他走过那边去了。
Tā zǒu guo nàbian qu le.

그는 맞은편으로 헤엄쳐 갔어.
他游过对面去了。
Tā yóu guo duìmiàn qu le.

그는 어제 이쪽으로 이사 왔어.
他昨天搬过这儿来了。
Tā zuótiān bān guo zhèr lai le.

쏙쏙 어휘

十多年 [shí duō nián] 십여 년간
游 [yóu] 헤엄치다
送 [sòng] 보내다
搬过来 [bān guòlai] 이사 오다

拿 [ná] (손으로) 들다, 쥐다
拉 [lā] 끌다, 당기다

STEP 02 미니 회화 연습

A 飞机飞过这边来吗? Fēijī fēi guo zhèbian lai ma?
B 아니, 비행기는 저쪽으로 날아가.
A 那么，那边有机场吧。 Nàme, nàbian yǒu jīchǎng ba.

A 비행기가 이쪽으로 날아오는 거야?
B 没有，飞机飞过那边去。 Méiyǒu, fēijī fēi guo nàbian qu.
A 그러면, 저쪽에 공항이 있겠네.

STEP up 패턴 응용하기

○○ 건너와. ➡ 拿 / 跑 / 拉 + 过来。

Pattern 146 동사 + 出来 chūlai (안에서 밖으로) 나와

'**나가다/나오다**'라는 의미를 모두 갖고 있는 **出 뒤**에 **来**나 **去**를 붙이면 <동사+出来/去>의 형태로 '**(안에서 밖으로) 나오다**'/'**(안에서 밖으로) 나가다**'라는 뜻을 구체적으로 나타낼 수 있습니다.

패턴 참고사항 복합 방향목적어에서도 목적어가 장소일 경우 来/去는 목적어 뒤에 위치합니다.
예: 他跑**出**办公室**来**了。그는 사무실에서 뛰어 **나왔어**.

MP3 146

STEP 01 패턴 집중 훈련

지갑을 꺼내다.
拿出来钱包。
Ná chūlai qiánbāo.

그는 나가서 살아.
他搬出去住。
Tā bān chūqu zhù.

그는 혼자 방에서 걸어나갔어.
他自己走出房间去了。
Tā zìjǐ zǒu chū fángjiān qu le.

눈물이 나오지 않아.
眼泪没流出来。
Yǎnlèi méi liú chūlai.

쏙쏙 어휘

搬 [bān] 옮기다, 운반하다
自己 [zìjǐ] 자기, 혼자, 스스로
예: 我**自己** 나 **혼자**

眼泪 [yǎnlèi] 눈물
骑 [qí]
(동물이나 자전거 등에) 타다

找 [zhǎo] 찾다
抽 [chōu] 뽑다

STEP 02 미니 회화 연습

A 我的自行车在哪里? Wǒ de zìxíngchē zài nǎli?

B 네 자전거는 그가 타고 나갔어.

A 他去哪儿? Tā qù nǎr?

A 내 자전거 어디 있지?
B 你的自行车他骑出去了。Nǐ de zìxíngchē tā qí chūqu le.
A 그는 어디 갔는데?

STEP up 패턴 응용하기

○○ 꺼내. ➡ 找 / 跑 / 抽 + 出来。

Pattern 147 동사＋起来(qǐlai) ~하기 시작해

起来는 **동사 뒤**에서 '**~하기 시작하다**'라는 뜻으로 동작이 시작되거나 추측할 때 사용합니다.
이를 방향보어의 파생용법이라고 합니다.

패턴 참고사항 想起来는 '생각이 나다/떠오르다'라는 뜻으로 과거에 알고 있었던 일이 생각날 경우에 사용합니다.
예: 我**想起来**了你的名字。 나는 네 이름이 **생각났어**. **쏙쏙 TIP 참고**

MP3 147

STEP 01 패턴 집중 훈련

보아하니 맛있어 보여.
看起来很好吃。
Kàn qǐlai hěn hǎochī.

아이가 울기 시작했어.
孩子哭起来了。
Háizi kū qǐlai le.

듣자 하니 이건 그녀의 목소리야.
听起来这是她的声音。
Tīng qǐlai zhè shì tā de shēngyīn.

나는 비밀번호가 기억이 나지 않아.
我想不起来密码。
Wǒ xiǎng bu qǐlai mìmǎ.

STEP 02 미니 회화 연습

A 教室停电了。 Jiàoshì tíngdiàn le.

B 왜 그래? 나 무서워지기 시작했어.

A 不要害怕。 Bú yào hàipà.

A 교실이 정전됐어.
B 怎么了？我害怕起来了。 Zěnmele? Wǒ hàipà qǐlai le.
A 무서워하지 마..

STEP up 패턴 응용하기

○○하기 시작해. ➡ 闻 / 好笑 + 起来。

쏙쏙 TIP

파생용법이란?
방향보어를 사용해서 완전히 다른 의미를 나타내는 용법입니다.

想不起来
'생각(기억)이 나질 않아'라는 의미로 역시 단어와 같이 사용합니다.

쏙쏙 어휘

哭 [kū] 울다

停电 [tíngdiàn] 정전되다
害怕 [hàipà] 두려워하다, 무서워하다

闻 [wén] 냄새를 맡다
笑 [xiào] 웃다

Pattern 148 동사 + 下去 xiàqu 계속 ~해

下去는 **동사 뒤**에서 **'계속 ~하다'**라는 뜻으로 동작이 지속될 때 사용합니다. '계속 ~하지 않다'와 같이 부정을 나타낼 때는 不를 下去 앞에 붙여 不下去라고 합니다.

패턴 참고사항 下去 대신 下来를 쓸 경우 파생용법으로 '~해 두다/~로 내려오다'와 같이 동작의 결과가 과거부터 현재까지 남겨짐을 나타냅니다. 예: 传**下来**的故事。 전**해져 온** 이야기

MP3 148

STEP 01 패턴 집중 훈련

계속 어떻게 살아가지?
怎么活下去呢?
Zěnme huó xiàqu ne?

나는 말을 이어 나가지 못해.
我说不下去。
Wǒ shuō bú xiàqu.

나는 계속 해 나갈 거야.
我要做下去。
Wǒ yào zuò xiàqu.

나는 이곳에서 살아가기를 바라.
我希望在这儿住下去。
Wǒ xīwàng zài zhèr zhù xiàqu.

쏙쏙 어휘

传 [chuán] 전하다, 전해져 내려오다
故事 [gùshi] 이야기, 옛날 이야기

活 [huó] 살다, 생존하다
讲 [jiǎng] 말하다, 이야기하다

念 [niàn] 읽다, 낭독하다

STEP 02 미니 회화 연습

A 我有一个问题。 Wǒ yǒu yí ge wèntí.
B 请你先听我的话。 Qǐng nǐ xiān tīng wǒ de huà.
A 계속 말씀하세요.

A 저 질문이 하나 있어요.
B 먼저 제 말을 들어 보세요.
A 请你讲下去。 Qǐng nǐ jiǎng xiàqu.

STEP up 패턴 응용하기

계속 ○○해 나가. ➡ 读 / 念 / 看 + 下去。

PART 21 가능보어 패턴

이번 파트에서는 **'할 수 있다/없다'**와 같이 **동작**의 **가능과 불가능**을 나타내는 **가능보어 패턴**에 대해 배워 보려고 합니다. **가능보어**를 사용하면 **가능** 혹은 **불가능**한 **이유**를 **명확하게** 나타낼 수 있습니다. **가능보어**도 **정도보어**와 같이 **得**를 사용하여 표현하기 때문에 용법이 헷갈릴 수 있으나, 문장구조만 잘 파악한다면 **가능보어**도 쉽게 익힐 수 있습니다. 다양한 상황에서 자주 사용되는 보어의 마지막 패턴 **가능보어**까지 완벽하게 마스터 해 봅시다.

가능보어 패턴 미리보기

술어	가능보어
동사	(완료) 了 得/不 +(공간)下 (능력) 起
~할 수 있다 / 없다	

Pattern 149 동사+得了 (d e liǎo) ~할 수 있어

동사 뒤에 **得了**를 붙여 <동사+得了>의 형태로 **'(어떠한 동작을 완료할 수 있어) ~할 수 있다'**라는 가능을 표현합니다. 불가능을 나타낼 땐 得 대신에 不를 사용해서 不了라고 합니다.

패턴 참고사항 了는 '완료'를 나타낼 때는 동사 뒤에서 le라고 발음하지만 가능보어로 사용될 때는 得나 不 뒤에서 liǎo라고 발음합니다.

MP3 149

STEP 01 패턴 집중 훈련

나는 양꼬치를 먹을 수 있어.
我吃得了羊肉串儿。
Wǒ chī de liǎo yángròuchuànr.

그녀는 사과를 먹을 수 없어.
她吃不了苹果。
Tā chī bu liǎo píngguǒ.

그는 이 일을 처리할 수가 없어.
他办不了这件事。
Tā bàn bu liǎo zhè jiàn shì.

나는 스트레스가 너무 커서 정말 견딜 수가 없어.
我压力太大了，真的受不了。
Wǒ yālì tài dà le, zhēn de shòu bu liǎo.

쏙쏙 어휘

羊肉串 [yángròuchuàn] 양꼬치
办 [bàn] 처리하다
压力 [yālì] 스트레스
受不了 [shòu bu liǎo] 견딜 수 없다, 참을 수 없다 [회화에서 구어체로 자주 사용됩니다.]

STEP 02 미니 회화 연습

A 你能去音乐会吗？ Nǐ néng qù yīnyuèhuì ma?
B 저는 갈 수 없어요.
A 你有什么事？ Nǐ yǒu shénme shì?

A 너 음악회에 갈 수 있어?
B 我去不了。 Wǒ qù bu liǎo.
A 너 무슨 일이 있니?

STEP up 패턴 응용하기

○○할 수 있어. ➡ 做 / 用 / 买 + 得了。

STEP UP INFO
주어진 3개의 단어를 하나씩 패턴에 넣고 소리 내어 연습해 보세요.

Pattern 150 동사+得下 (de xia) ~할 수 있어

동사 뒤에 **得下**를 붙여 <동사+得下>의 형태로 '**(수용할 수 있는 여유 공간이 있어) ~할 수 있다**'라는 가능을 표현합니다. '~할 수 없다'는 불가능을 나타낼 땐 得下 대신에 不下라고 합니다.

패턴 참고사항 不는 본래 4성이지만 단어와 단어 사이에서 사용될 경우 경성으로 발음합니다.

MP3 150

STEP 01 패턴 집중 훈련

이 방 안에는 열 명이 앉을 수 없어.
这个房间里坐不下十个人。
Zhè ge fángjiān li zuò bu xia shí ge rén.

나는 이미 배불러서, 요리를 먹을 수 없어.
我已经饱了，吃不下菜。
Wǒ yǐjing bǎo le, chī bu xia cài.

학교 기숙사에는 세 명이 살 수 없어.
学校宿舍住不下三个人。
Xuéxiào sùshè zhù bu xia sān ge rén.

이 상자에 모든 물건을 넣을 수 있어.
这个箱子装得下所有东西。
Zhè ge xiāngzi zhuāng de xia suǒyǒu dōngxi.

STEP 02 미니 회화 연습

A 你睡得好吗？ Nǐ shuì de hǎo ma?
B 침대가 너무 작아서 내가 누울 수가 없어.
A 哎呀，真不好意思。 Āi ya, zhēn bùhǎoyìsi.

A 너 잘 잤니?
B 床太小了，我躺不下。 Chuáng tài xiǎo le, wǒ tǎng bu xià.
A 아이고, 정말 미안해.

STEP up 패턴 응용하기

○○할 수 있어. ➡ 容 / 睡 / 穿 + 得下。

쏙쏙 어휘

宿舍 [sùshè] 기숙사
箱子 [xiāngzi] 상자

床 [chuáng] 침대
躺 [tǎng] 눕다

容 [róng] 넣다, 담다
睡 [shuì] 잠을 자다
穿 [chuān] (옷·신발·양말 등을) 입다, 신다

Pattern 151 동사 + 得起 (de qǐ) ~할 수 있어

동사 뒤에 **得起**를 붙여 <동사 +得起>의 형태로 **'(경제적인 능력이 되어) ~할 수 있다'**라는 가능을 나타냅니다. 불가능을 나타낼 땐 得起 대신에 不起라고 합니다.

패턴 참고사항 예외적용법으로 보다 看 뒤에 得起/不起가 올 경우에는 경제적인 능력이 아닌 '존중하다/깔보다'라는 뜻이 됩니다.
예: **看得起。** 다른 사람을 **존중해라.**

MP3 151

STEP 01 패턴 집중 훈련

그는 BMW를 살 수 있어.
他买得起宝马。
Tā mǎi de qǐ bǎomǎ.

그 남자는 다른 사람을 깔 봐.
他看不起别人。
Tā kàn bu qǐ biérén.

집 값이 너무 비싸, 난 살 수가 없어.
房价太贵了，我买不起。
Fángjià tài guì le, wǒ mǎi bu qǐ.

너 이렇게 비싼 요리를 먹을 수 있니?
你吃得起这么贵的菜吗？
Nǐ chī de qǐ zhème guì de cài ma?

STEP 02 미니 회화 연습

A 你为什么不上大学？ Nǐ wèishénme bú shàng dàxué?

B 나는 학비를 낼 수가 없어.

A 你真可怜。 Nǐ zhēn kělián.

A 너 왜 대학에 안 가니?
B 我交不起学费。 Wǒ jiāo bu qǐ xuéfèi.
A 너 정말 안됐구나.

STEP up 패턴 응용하기

(경제적인 능력이 되어) ○○할 수 있어. ➡ 赔 / 吃 / 租 + 得起。

쏙쏙 어휘

宝马 [bǎomǎ] BMW
房价 [fángjià] 집 값
学费 [xuéfèi] 학비, 수업료
赔 [péi] 배상하다, 보상하다
租 [zū] 빌리다, 임차하다

Pattern 152 동사 + 得动 (de dòng) ~할 수 있어

동사 뒤에 **得动**를 붙여 <동사 +得动>의 형태로 **'(움직일 수 있어) ~할 수 있다'**라는 가능을 나타냅니다. '(움직일 수 없어) ~할 수 없다'의 불가능을 나타낼 땐 得动 대신에 不动 라고 합니다.

패턴 참고사항 得动/不动의 경우 움직임의 가능과 불가능을 나타내므로 어떠한 동사 뒤에 사용되는지에 따라 그 의미가 다르게 해석됩니다. **패턴 집중 훈련 참고**

MP3 152

STEP 01 패턴 집중 훈련

세탁기를 옮길 수 있어.
洗衣机搬得动。
Xǐyījī bān de dòng.

나 혼자 옮길 수 없어.
我一个人搬不动。
Wǒ yí ge rén bān bu dòng.

너 걸을 수 있겠니?
你走得动吗？
Nǐ zǒu de dòng ma?

열 명의 사람이 이 물건을 들 수 있니?
十个人拿得动这个东西吗？
Shí ge rén ná de dòng zhè ge dōngxi ma?

쏙쏙 어휘

洗衣机 [xǐyījī] 세탁기

帮 [bāng] 돕다
箱子 [xiāngzi] 상자

背 [bēi] 짊어지다, 업다

STEP 02 미니 회화 연습

A 상자가 너무 무거워서, 내가 들 수가 없어.

B 我帮你。 Wǒ bāng nǐ.

A 谢谢！ Xièxie!

A 箱子太重了，我拿不动。 Xiāngzi tài zhòng le, wǒ ná bu dong.
B 내가 널 도와줄게.
A 고마워 !

STEP up 패턴 응용하기

○○할 수 없어. ➡ 背 / 走 / 吃 + 不动。

Pattern 153 赶得上 A A와 견줄 만 해

gǎn de shàng

赶得上은 **'견줄 만하다/비교할 만하다'**라는 의미로 비교를 나타내는 대상과 함께 사용합니다.
'비교가 안 된다'와 같은 부정의 의미는 **赶不上**라고 표현합니다.

패턴 참고사항 서로 반대되는 단어인 **赶得上**과 **赶不上**은 함께 암기하는 게 더 효과적이겠죠?

MP3 153

STEP 01 패턴 집중 훈련

나의 영어 실력은 그와 견줄 만해.
我的英文水平赶得上他。
Wǒ de yīngwén shuǐpíng gǎn de shàng tā.

나의 성적은 그와 비교가 안돼.
我的成绩赶不上他。
Wǒ de chéngjì gǎn bu shàng tā.

누가 그와 비교가 되겠니?
谁赶得上他呢?
Shéi gǎn de shàng tā ne?

그는 방금 떠났으니, 아직 따라 잡을 수 있어.
他刚走，还赶得上他。
Tā gāng zǒu, hái gǎn de shàng tā.

STEP 02 미니 회화 연습

A 这个孩子非常聪明。 Zhè ge háizi fēicháng cōngming.

B 이 아이의 지식은 대학생과 견줄 만하지.

A 他就是个天才。 Tā jiùshì ge tiāncái.

A 이 아이는 매우 똑똑해.
B 这孩子的知识赶得上大学生。 Zhè háizi de zhīshi gǎn de shàng dàxuéshēng.
A 얘가 바로 천재지.

STEP up 패턴 응용하기

○○은 △△와 견줄 만하지. ➡

汉语水平 技术 中国经济	+ 赶得上 +	中国人。 专家。 美国经济。

쏙쏙 TIP

赶得上 또 다른 의미
赶得上은 '따라잡을 수 있다'라는 의미도 있습니다.
예: 我**赶得上**他。
나는 그를 **따라 잡을 수 있어**.

쏙쏙 어휘

水平 [shuǐpíng] 수준
成绩 [chéngjì] 성적

聪明 [cōngming] 똑똑하다
知识 [zhīshi] 지식

汉语水平 [HànyǔShuǐpíng] 한어수평
技术 [jìshù] 기술
专家 [zhuānjiā] 전문가
经济 [jīngjì] 경제

Pattern 154

~来得及 láidejí ~하기에 늦지 않아

来得及는 '(시간이 있어서) 늦지 않다/겨를이 있다'라는 뜻으로 단어처럼 사용합니다. '(시간이 부족하여) 늦다/겨를이 없다'와 같은 부정 표현은 来不及라고 합니다.

패턴 참고사항 来得及는 동사 앞에서도 사용할 수 있습니다.
예: 我**来不及**吃饭。 나는 밥 먹을 **겨를이 없어**.

MP3 154

STEP 01 패턴 집중 훈련

시간이 아직 늦지 않았으니, 조급해 하지마. 时间还来得及，不要着急。
Shíjiān hái lái de jí, bú yào zháojí.

너를 사랑한다고 말할 겨를이 없어. 来不及说我爱你。
Lái bu jí shuō wǒ ài nǐ.

우리는 내일 가도 늦지 않아. 我们明天去也来得及。
Wǒmen míngtiān qù yě lái de jí.

지금 사과해도 늦었어. 现在道歉也来不及了。
Xiànzài dàoqiàn yě lái bu jí le.

STEP 02 미니 회화 연습

A 你快点儿吧。 Nǐ kuài diǎnr ba.

B 공항에 도착하기에 아직 시간이 충분해.

A 不是，只有30分钟。 Búshì, zhǐyǒu sānshí fēnzhōng.

A 너 좀 서둘러.
B 还来得及到机场。 Hái lái de jí dào jīchǎng.
A 아니야, 30분 밖에 안 남았어.

STEP up 패턴 응용하기

○○할 겨를이 없어. ➡ 来不及 + 吃饭。 / 喝茶。 / 送朋友。

쏙쏙 어휘

还 [hái] 아직, 더
着急 [zháojí] 조급해하다, 초조해하다
道歉 [dàoqiàn] 사과하다
机场 [jīchǎng] 공항
送 [sòng] 배웅하다

PATTERN ⟶

我今天白来这里了。

나 오늘 이곳에 **괜히** 왔어.

PART

의미를 더욱 분명하게

부사 및 반어문 패턴

PART

22 일반부사 패턴

이번 파트에서는 앞에서 다뤘던 **부사**의 **용법**에 대해 더 구체적으로 배워 보려고 합니다. **부사**란 **술어 앞** 혹은 **문장 맨 앞**에서 문장의 의미를 구체화 하고 뜻을 더욱 분명하게 만들어 주는 역할을 하기 때문에 **문장**에서 **액세서리** 같은 존재입니다. 그럼 다시 처음으로 돌아가 **가장 기본적인 일반부사 패턴**에 대해 배워 봅시다.

일반부사 패턴 미리보기

일반부사	술어
확실히 肯定	동사
반드시 一定	

Pattern 155 白~ (bái) 쓸데없이 ~해

白는 동사 앞에서 '**쓸데없이/공짜로**'라는 뜻으로 사용합니다.

패턴 참고사항 白는 형용사 용법으로 '하얗다/밝다'라는 의미도 있습니다.
예: 脸很**白**。 얼굴이 매우 **하얗다**.

MP3 155

STEP 01 패턴 집중 훈련

체력을 쓸데없이 허비하다.
白费气力。
Bái fèi qìlì.

그녀는 돈을 쓸데없이 쓰지.
她白花钱。
Tā bái huāqián.

나 오늘 이곳에 괜히 왔어.
我今天白来这里了。
Wǒ jīntiān bái lái zhè li le.

내가 너에게 옷을 괜히 줬어.
我白给你衣服。
Wǒ bái gěi nǐ yīfu.

STEP 02 미니 회화 연습

A 他今天不来。 Tā jīntiān bù lái.

B 우린 쓸데없이 기다렸네.

A 下次不要等他。 Xiàcì bú yào děng tā.

A 그는 오늘 안 온대.
B 我们白等了。 Wǒmen bái děng le.
A 다음 번에는 기다리지 않을 거야.

STEP up 패턴 응용하기

쓸데없이 ○○해. ➡ 白 + 担心。/ 用。/ 费时间。

쏙쏙 어휘

气力 [qìlì] 힘, 체력
费 [fèi] 소비하다, 쓰다 (돈을 낭비하며) 쓰다
花 [huā] (돈이나 시간 등을) 쓰다, 소비하다
件 [jiàn] 건, 개, 벌(양사)

担心 [dānxīn] 걱정하다

Pattern 156

决不~ (juébù)

결코 ~하지 않아

决는 동사 앞에서 '**결코/절대로**'라는 뜻입니다. 일반적으로 不와 함께 决不의 형태로 '결코 ~하지 않다' 라는 단호한 부정을 표현합니다. 일반부사는 주로 부정부사 앞에 위치합니다.

패턴 참고사항 不 외에도 ~하지 않다/~가 없다'라는 뜻을 가진 无 [wú]와도 함께 사용합니다.
예: 决无异议 절대로 이의가 **없습니다**.

MP3 156

STEP 01 패턴 집중 훈련

그는 결코 돌아오지 않을 거야.
他决不会回来的。
Tā jué bú huì huílái de.

나는 절대 네 의견에 동의하지 않아.
我决不同意你的意见。
Wǒ jué bù tóngyì nǐ de yìjiàn.

나는 결코 그를 좋아하지 않아.
我决不喜欢他。
Wǒ jué bù xǐhuan tā.

너는 결코 포기하면 안 돼.
你决不要放弃。
Nǐ jué bú yào fàngqì.

쏙쏙 어휘

异议 [yìyì] 이의, 반대 의견
同意 [tóngyì] 동의하다, 찬성하다
意见 [yìjiàn] 견해, 의견
放弃 [fàngqì] 포기하다

容易 [róngyì] 쉽다, 용이하다

让步 [ràngbù] 양보하다
后悔 [hòuhuǐ] 후회하다
抽烟 [chōuyān] 담배를 피우다

STEP 02 미니 회화 연습

A 这件事容易吗？ Zhè jiàn shì róngyì ma?
B 이 일은 결코 쉽지 않아.
A 可是你会做得了的。 Kěshì nǐ huì zuò de liǎo de.

A 이 일은 쉬워?
B 这件事决不容易。 Zhè jiàn shì jué bù róngyì.
A 하지만 너는 할 수 있을 거야.

STEP up 패턴 응용하기

결코 ○○하지 않아. ➡ 决不 + 让步。/ 后悔。/ 抽烟。

Pattern 157 互相~ (hùxiāng) 서로 ~하자

互相는 동사 앞에서라는 뜻으로 사용합니다.

互相과 같은 의미로 相互도 있지만 互相을 훨씬 더 많이 사용합니다.

MP3 157

STEP 01 패턴 집중 훈련

서로 도와주자. 互相帮助。 Hùxiāng bāngzhù.

서로 이해하자. 互相了解。 Hùxiāng liǎojiě.

서로 포용해줘. 互相包容。 Hùxiāng bāoróng.

서로 한 발 물러서. 互相退一步。 Hùxiāng tuì yíbù.

쏙쏙 어휘

帮助 [bāngzhù] 돕다, 원조하다
退一步 [tuì yíbù] 한발 물러서다, 한 걸음 물러서다
辅导老师 [fǔdǎo lǎoshī] 과외 선생님
关心 [guānxīn] (사람·또는 사물에 대해) 관심을 갖다, 관심을 기울이다
支持 [zhīchí] 지지하다
合作 [hézuò] 합작하다

STEP 02 미니 회화 연습

A 我找汉语辅导老师。 Wǒ zhǎo hànyǔ fǔdǎo lǎoshī.
B 그래? 우리 함께 공부하자.
A 好的，我教你韩语。 Hǎo de, wǒ jiāo nǐ hányǔ.

A 나 중국어 과외 선생님을 찾고 있어.
B 是吗？我们互相学习吧。 Shì ma? Wǒmen hùxiāng xuéxí ba.
A 알겠어, 내가 너한테 한국어를 가르쳐 줄게.

STEP up 패턴 응용하기

서로 ○○해. ➡ 互相 + 关心。 / 支持。 / 合作。

Pattern 158

kěndìng 肯定~ 확실히 ~할 거야

肯定는 동사 앞에서 **'확실히/틀림없이 ~하다'**의 확신을 나타냅니다.

패턴 참고사항 肯定은 형용사 용법으로 '긍정적이다'라는 뜻으로도 사용됩니다.
예: **肯定**的回答 **긍정적인** 대답

MP3 158

STEP 01 패턴 집중 훈련

이 문제는 틀림없이 맞아.
这道题肯定对。
Zhè dào tí kěndìng duì.

그는 틀림없이 성공할거야.
他肯定会成功的。
Tā kěndìng huì chénggōng de.

결과는 확실히 좋을 거야.
结果肯定会好的。
Jiéguǒ kěndìng huì hǎo de.

우리는 확실히 기차를 탈 수 있을 거야.
我们肯定能赶上火车。
Wǒmen kěndìng néng gǎnshàng huǒchē.

STEP 02 미니 회화 연습

A 他今天为什么没来? Tā jīntiān wèishénme méi lái?

B 모르겠어, 틀림없이 이유가 있을 거야.

A 我很担心他有什么事。 Wǒ hěn dānxīn tā yǒu shénme shì.

A 그는 오늘 왜 안 왔을까?
B 不知道, 肯定有理由。 Bùzhīdao, kěndìng yǒu lǐyóu.
A 나는 그가 무슨 일이 있는지 걱정돼.

STEP up 패턴 응용하기

틀림없이 ○○해. ➡ 肯定 + 有办法。 / 出现。 / 失败。

쏙쏙 어휘

回答 [huídá] 대답, 응답
道 [dào] 문제를 세는 단위
예: 这**道**题 이 문제

赶上 [gǎnshàng] 따라잡다, 추월하다
理由 [lǐyóu] 이유

办法 [bànfǎ] 방법, 수단
出现 [chūxiàn] 출현하다, 나타나다
失败 [shībài] 실패하다

Pattern 159 一定~ (yídìng) 반드시 ~해야 해

一定는 동사 앞에서 **'반드시/꼭'**이란 뜻으로 확신을 나타냅니다.

패턴 참고사항 一定要은 '반드시 ~해야 한다'라는 표현으로 회화에서 자주 사용됩니다.

MP3 159

STEP 01 패턴 집중 훈련

그는 오늘 반드시 올 거야.
他今天一定会来的。
Tā jīntiān yídìng huì lái de.

나는 꼭 시험에서 만점을 받아야 해.
我考试一定要得满分。
Wǒ kǎoshì yídìng yào dé mǎnfēn.

이번 시합에서 우리는 반드시 이길 거야.
这次比赛我们一定要赢。
Zhècì bǐsài wǒmen yídìng yào yíng.

올해 나는 반드시 남자친구를 사귀어야만 해.
今年我一定要交男朋友。
Jīnnián wǒ yídìng yào jiāo nánpéngyou.

쏙쏙 어휘

得 [dé] 얻다, 받다
满分 [mǎnfēn] 만점
要 [yào] (동사 앞에서) ~하려고 한다, ~할 것이다, ~해야겠다
赢 [yíng] 이기다

关 [guān] 닫다, 끄다

记住 [jìzhu] 기억해 두다
认识 [rènshi] 알다, 인식하다

STEP 02 미니 회화 연습

A 당신은 반드시 휴대폰을 꺼야 합니다.
B 好的。 Hǎo de.
A 谢谢你的合作。 Xièxie nǐ de hézuò.

A 你一定要关手机。 Nǐ yídìng yào guān shǒujī.
B 알겠습니다.
A 협조해 주셔서 감사합니다.

STEP up 패턴 응용하기

반드시 ○○해야 해. ➡ 一定 + 知道。 / 记住。 / 认识。

Pattern 160 不一定~ (bùyídìng)

반드시 ~한 것은 아니야

不一定은 동사 앞에서 **'반드시 ~한 것은 아니다'**라는 뜻으로 一定의 부정형입니다.

패턴 참고사항 비슷한 의미로 未必 [wèibì]를 사용해도 됩니다.
예: **未必**好。**반드시** 좋은 것은 아니야.

MP3 160

STEP 01 패턴 집중 훈련

젊다고 반드시 좋은 것은 아니지.
年轻不一定好。
Niánqīng bùyídìng hǎo.

집세가 낮다고 반드시 좋은 것은 아니야.
房价低不一定好。
Fángjià dī bùyídìng hǎo.

고기를 먹는다고 반드시 살이 찌는 것은 아니야.
吃肉不一定长胖。
Chīròu bùyídìng zhǎngpàng.

나 내일 꼭 외갓집에 가는 건 아니야.
我明天不一定去外婆家。
Wǒ míngtiān bùyídìng qù wàipó jiā.

쏙쏙 어휘

外婆 [wàipó] 외할머니

东西 [dōngxi] 물건

便宜 [piányi] 싸다
参加 [cānjiā]
(어떤 조직이나 활동에) 참가하다

STEP 02 미니 회화 연습

A 她喜欢贵东西吗? Tā xǐhuan guì dōngxi ma?

B 그녀가 반드시 비싼 것을 좋아하는 것은 아니야.

A 是这样。 Shì zhèyàng.

A 그녀는 비싼 물건을 좋아할까?
B 她不一定喜欢贵的。 Tā bùyídìng xǐhuan guì de.
A 그렇구나.

STEP up 패턴 응용하기

반드시 ○○는 아니야. ➡ 不一定 + 便宜。 / 参加。 / 下雨。

PART 23 시간부사 패턴

이번 파트에서는 **'일찍이 ~했다'**, **'이제야 ~했다'**와 같이 동작이 발생된 시간을 나타내는 **시간부사 패턴**에 대해 배워 보려고 합니다. **시간부사 패턴**은 어떠한 특징을 가지고 있는지 자세히 살펴 봅시다.

시간부사 패턴 미리보기

일반부사	술어
일찍이 早就	동사
곧 就	
이제야 才	

Pattern 161 早就~ (zǎojiù) 일찍이 ~했어

早就는 술어 앞에서 '**일찍이/벌써**'라는 뜻입니다. 이미 발생된 일에 사용되기 때문에 완료를 나타내는 了와 함께 早就~了의 형태로 '**일찍이 ~했다**'라는 뜻을 나타냅니다.

패턴 참고사항 早就는 '훨씬 전에'라는 뜻으로도 사용됩니다.
예: 我**早就**知道他了。 나는 **훨씬 전에** 그를 알고 있었어.

MP3 161

STEP 01 패턴 집중 훈련

난 벌써 도착했지.
我早就到了。
Wǒ zǎojiù dào le.

나는 일찍이 졸업했어.
我早就毕业了。
Wǒ zǎojiù bìyè le.

나는 일찍이 밥을 먹었어.
我早就吃饭了。
Wǒ zǎojiù chīfàn le.

그는 일찍이 중국을 떠났어.
他早就离开中国了。
Tā zǎojiù líkāi Zhōngguó le.

STEP 02 미니 회화 연습

A 听说你要搬家了。 Tīngshuō nǐ yào bānjiā le.
B 나 일찍이 이사했어.
A 是吗？什么时候？ Shì ma? Shénme shíhou?

A 듣자하니 너 곧 이사한다며.
B 我早就搬家了。 Wǒ zǎojiù bānjiā le.
A 그래? 언제?

STEP up 패턴 응용하기

나는 일찍이 ◯◯했어. ➡ 我早就 + 知道 / 分手 / 准备好 + 了。

쏙쏙 어휘

就 [jiù] 이미, 벌써, 일찍이 [동작이 이미 발생되었음을 나타냄]
离开 [líkāi] 떠나다
搬家 [bānjiā] 이사하다

分手 [fēnshǒu] 헤어지다, 이별하다
准备 [zhǔnbèi] 준비하다

Pattern 162 才~ (cái) 이제서야 ~했어

才는 술어 앞에서 '**이제서야**'라는 뜻으로 어떠한 동작이 늦게 발생되거나 결말이 늦었을 경우에 쓰는 표현입니다. 이미 발생된 일에 사용하지만 **早就**와 달리 완료를 나타내는 **了**와는 함께 쓰지 않습니다.

패턴 참고사항 才가 수량사(시간/나이/수량) 앞에서 쓰일 경우, '겨우/고작'이란 뜻으로 수량이 적음을 강조합니다.
예: **他才十六岁。** 그는 **겨우** 16살이야.

MP3 162

STEP 01 패턴 집중 훈련

너는 왜 이제야 밥을 먹어?
你为什么才吃饭?
Nǐ wèishénme cái chīfàn?

너는 어째서 이제야 일어났니?
你怎么才起床?
Nǐ zěnme cái qǐchuáng?

나는 이제야 이해했어.
我现在才理解。
Wǒ xiànzài cái lǐjiě.

그녀는 저녁 9시에야 퇴근해.
她晚上九点才下班。
Tā wǎnshang jiǔ diǎn cái xiàbān.

쏙쏙 어휘

起床 [qǐchuáng] (잠자리에서) 일어나다
理解 [lǐjiě] 알다, 이해하다
知道 [zhīdao] 알다

睡觉 [shuìjiào] (잠을) 자다
起飞 [qǐfēi] 이륙하다

STEP 02 미니 회화 연습

A 나는 그가 여자친구가 있는 줄 이제야 알았어.

B 我也是。 Wǒ yě shì.

A 你知道他的女朋友是谁? Nǐ zhīdao tā de nǚpéngyou shì shéi?

A 我才知道他有女朋友。 Wǒ cái zhīdao tā yǒu nǚpéngyou.
B 나도 그래.
A 너는 그의 여자친구가 누구인지 아니?

STEP up 패턴 응용하기

이제야 ○○했어. ➡ 才 + 回来。 / 睡觉。 / 起飞。

Pattern 163

刚~ (gāng)

방금 ~했어

刚은 술어 앞에서 **'방금/막'**이란 뜻으로 어떠한 동작이 방금 발생되었을 경우에 사용합니다. 역시 이미 발생된 일을 표현하지만 才와 같이 완료를 나타내는 了와는 함께 쓰지 않습니다.

패턴 참고사항 刚과 완전히 같은 의미로 刚刚을 사용할 수 있습니다.
예: 天**刚刚**黑。 날씨가 **막** 어두워졌어.

MP3 163

STEP 01 패턴 집중 훈련

날씨가 막 어두워졌어. 天刚黑。 Tiān gāng hēi.

시합은 방금 시작했어. 比赛刚刚开始。 Bǐsài gānggāng kāishǐ.

나는 방금 밥을 다 먹었어. 我刚吃完饭。 Wǒ gāng chī wán fàn.

그는 방금 퇴근했어. 他刚刚下班。 Tā gānggāng xiàbān.

STEP 02 미니 회화 연습

A 请问，李先生在吗？ Qǐngwèn, Lǐ xiānsheng zài ma?

B 이 선생님은 방금 나가셨어요.

A 他什么时候回来？ Tā shénme shíhou huílái?

A 실례합니다. 이 선생님 계신가요?
B 李先生刚(刚)出去。 Lǐ xiānsheng gāng(gāng) chūqu.
A 그는 언제 돌아오나요?

STEP up 패턴 응용하기

나는 막 ○○했어. ➡ 我刚 + 结束。/ 回来。/ 起床。

쏙쏙 어휘

出去 [chūqu] (안에서 밖으로) 나가다

结束 [jiéshù] 끝나다, 마치다
起床 [qǐchuáng] (잠자리에서) 일어나다

PART 24 빈도부사 패턴

지난 파트에서는 시간부사 패턴에 대해 배웠다면, 이번 파트에서는 '**또** 지각했어!', '가끔 도서관에 가', '**자주** 운동을 **하지 않아**'와 같이 동작이 얼마나 자주 발생하는지 **빈도**를 나타내는 **빈도부사 패턴**에 대해 배워보려고합니다. 빈도부사 패턴에는 어떠한 특징을 가지고 있는지 자세히 살펴 봅시다.

빈도부사 패턴 미리보기

빈도부사	술어
또 又	동사
다시 再	
자주 常常	
가끔 偶尔	

Pattern 164 又~了 (yòu le) 또 ~했어

'또'라는 뜻의 **又**는 발생했던 일이 또 반복해서 발생할 때 사용합니다. 이미 발생된 일에 사용되기 때문에 완료를 나타내는 了와 함께 又~了의 형태로 **'또 ~했다'**라는 의미를 표현합니다.

패턴 참고사항 又~了는 주기적으로 발생하는 일에 대해서는 미래에서도 사용할 수 있으나, '또야, 또!'와 같이 불만의 어감으로 말할 때 사용합니다. 예: 明天**又**要加班**了**! 내일 **또** 야근이야!

MP3 164

STEP 01 패턴 집중 훈련

그녀는 또 화를 냈어.
她又发脾气了。
Tā yòu fā píqi le.

그들은 또 지각했어.
他们又迟到了。
Tāmen yòu chídào le.

너 또 시작이구나!
你又来了!
Nǐ yòu lái le!

우리는 또 이겼어.
我们又赢了。
Wǒmen yòu yíng le.

STEP 02 미니 회화 연습

A 우리는 또 졌어.

B 加油，下次会赢的。 Jiāyóu, xiàcì huì yíng de.

A 好！我们都加油！ Hǎo! Wǒmen dōu jiāyóu!

A 我们又输了。 Wǒmen yòu shū le.
B 힘내, 다음번에는 꼭 이길 거야.
A 좋아! 우리 모두 파이팅!

STEP up 패턴 응용하기

그는 또 ○○했어. ➡ 他又 + 感冒 / 出差 / 加班 + 了。

쏙쏙 어휘

发脾气 [fā píqi] 성질부리다, 화내다
赢 [yíng] 이기다
输 [shū] 지다, 패하다
下次 [xiàcì] 다음 번

感冒 [gǎnmào] 감기에 걸리다

TIP 来는 '오다'라는 뜻이지만 '하다'라는 뜻으로 다른 동사를 대체할 수도 있습니다.
예: 你先休息，让我**来**。
[Nǐ xiān xiūxi, ràng wǒ lái]
너 먼저 쉬어, 내가 **할게**.

Pattern 165 再~ zài 다시 ~할 거야

再는 **'다시'**라는 뜻으로 아직 발생되지 않은 일을 반복할 때 사용합니다. 문장 속에 조동사가 있는 경우에는 想再와 같이 조동사는 再 앞에 옵니다.

패턴 참고사항 不를 再 앞에 붙여 不再라고 하면 '다시는 ~하지 않을 것이다'라는 뜻이 됩니다.
예: 我**不再**吃这个东西。 나는 **다시는** 이 음식을 먹**지 않을 거야**.

MP3 165

STEP 01 패턴 집중 훈련

나중에 우리 다시 만나자.
下次我们再见吧。
Xiàcì wǒmen zài jiàn ba.

나중에 다시 말합시다.
以后再说吧。
Yǐhòu zài shuō ba.

다음 주에 다시 오세요.
下个星期再来吧。
Xià ge xīngqī zài lái ba.

나는 그 식당을 다시는 가지 않을 거야.
我不再去那个餐厅。
Wǒ bú zài qù nà ge cāntīng.

STEP 02 미니 회화 연습

A 다시 말씀해 주시겠어요?

B 好的，你好好儿听一下。 Hǎo de, nǐ hǎohāor tīng yíxià.

A 谢谢。 Xièxie.

A 请你再说一遍，好吗？ Qǐng nǐ zài shuō yí biàn, hǎo ma?
B 네, 잘 들으세요.
A 고마워요.

STEP up 패턴 응용하기

우리 다시 ○○하자! ➡ 我们再 + 讨论 / 考虑 / 商量 + 吧！

쏙쏙 어휘

遍(편) [biàn] 번, 차례
(한 동작의 처음 부터 끝까지의 전 과정을 가리킵니다.)

好吗？ [hǎo ma]
~하시겠어요?/ ~하는 게 좋겠습니까? (문장 끝에서 상대방에게 의견을 물을 때 사용합니다.)

好好儿 [hǎohāor]
(동사 앞에서) 잘, 제대로

一下 [yíxià]
(동사 뒤에서) 좀 ~하다

讨论 [tǎolùn] 토론하다

考虑 [kǎolǜ]
고려하다, 생각하다

商量 [shāngliang]
상의하다, 의논하다

Pattern 166

还~ (hái) 더 ~할래?

'**더/또**'라는 뜻의 **还**는 이미 정해져 있는 범위에 더 보충하거나 추가하는 경우에 사용하며, 평서문에서는 사용하지 않고, 의문문에서만 사용합니다.

패턴 참고사항 문장 속에 조동사가 있는 경우에는 还要 ~吗?와 같이 조동사는 还 뒤에 옵니다.

MP3 166

STEP 01 패턴 집중 훈련

너 한 곡 더 부를래?
你还要唱一个吗？
Nǐ hái yào chàng yí ge ma?

너 뭘 더 사려고?
你还要买什么？
Nǐ hái yào mǎi shénme?

너는 디저트를 더 먹을 수 있니?
你还能吃甜点吗？
Nǐ hái néng chī tiándiǎn ma?

너희는 더 마실 거야?
你们还要喝吗？
Nǐmen hái yào hē ma?

쏙쏙 어휘

甜点 [tiándiǎn] 디저트

研究 [yánjiū] 연구하다
搬家 [bānjiā] 이사하다

STEP 02 미니 회화 연습

A 너는 무엇을 더 사려고 하니?
B 我还要买猪肉。 Wǒ hái yào mǎi zhūròu.
A 别再买。 Bié zài mǎi.

A 你还要买什么？ Nǐ hái yào mǎi shénme?
B 나는 돼지고기를 사려고.
A 더 사지 마.

STEP up 패턴 응용하기

더 ○○할 거야? ➡ 还要 + 研究 / 搬家 / 吃 + 吗？

Pattern 167 chángcháng 常常~ 자주 ~해

常常은 술어 앞에서 **'자주/항상'**이란 의미로 자주 하는 동작을 표현할 때 사용합니다.
'자주 ~하지 않다'와 같이 부정할 때는 不를 常앞에 붙여 不常이라고 합니다.

패턴 참고사항 과거의 발생 했던 일이라도 완료를 나타내는 了와 함께 사용하지 않습니다.
예: 我以前**常常**去图书馆。 나는 예전에 **자주** 도서관에 갔었어.

MP3 167

STEP 01 패턴 집중 훈련

나는 자주 도서관에 가.
我常常去图书馆。
Wǒ chángcháng qù túshūguǎn.

내 남편은 자주 술을 마시지 않아.
我老公不常喝酒。
Wǒ lǎogōng bùcháng hējiǔ.

그녀는 자주 성질을 내.
她常常发脾气。
Tā chángcháng fā píqi.

그는 자주 외출하지 않아.
他不常出门。
Tā bùcháng chūmén.

STEP 02 미니 회화 연습

A 你周末一般做什么？ Nǐ zhōumò yìbān zuò shénme?

B 주말에 나는 자주 영화를 봐.

A 我也是。 Wǒ yě shì.

A 너 주말에 보통 뭐하니?
B 周末我常常看电影。 Zhōumò wǒ chángcháng kàn diànyǐng.
A 나도 그래.

STEP up 패턴 응용하기

자주 ○○해. ➡ 常常 + 迟到。/ 唱歌。/ 加班。

쏙쏙 TIP

不常常
不常常이라고 할 경우 틀린 표현이 되니 주의하세요.
예: 我不常常出门。(x)
그는 **자주** 외출**하지 않아**.

쏙쏙 어휘

图书馆 [túshūguǎn] 도서관
出门 [chūmén] 외출하다

一般 [yìbān] (동사 앞에서) 보통이다, 일반적이다
唱歌 [chànggē] 노래를 부르다

Pattern 168

经常~ (jīngcháng) 자주 ~해

常常과 같이 **经常**은 술어 앞에서 **'자주/항상'**이란 의미입니다. '자주 ~하지 않다'와 같이 부정할 때는 不를 经常 앞에 붙여 不经常이라고 합니다.

패턴 참고사항 과거의 발생 했던 일이라도 완료를 나타내는 了와 함께 사용하지 않습니다.
예: 我以前**经常**购物。 나는 예전에 **자주** 쇼핑을 했었어.

MP3 168

STEP 01 패턴 집중 훈련

나는 자주 쇼핑을 해.
我经常购物。
Wǒ jīngcháng gòuwù.

나는 자주 졸아.
我经常打瞌睡。
Wǒ jīngcháng dǎ kēshuì.

그는 운동을 자주 하지 않아.
他不经常锻炼身体。
Tā bù jīngcháng duànliàn shēntǐ.

그는 자주 집에 있지 않아.
他不经常在家。
Tā bù jīngcháng zài jiā.

STEP 02 미니 회화 연습

A 你经常看电视剧吗？ Nǐ jīngcháng kàn diànshìjù ma?

B 나는 TV 드라마를 자주 보지 않아.

A 那你经常看什么？ Nà nǐ jīngcháng kàn shénme?

A 너 자주 TV 드라마를 봐?
B 我不经常看电视剧。 Wǒ bù jīngcháng kàn diànshìjù.
A 그럼 너는 무엇을 자주 보니?

STEP up 패턴 응용하기

자주 ○○해. ➡ 经常 + 感冒。/ 生病。/ 头疼。

쏙쏙 어휘

购物 [gòuwù] 물건을 사다, 쇼핑을 하다
锻炼 [duànliàn] (몸을) 단련하다
打瞌睡 [dǎ kēshuì] 졸다

感冒 [gǎnmào] 감기에 걸리다
生病 [shēngbìng] 병이나다
头疼 [tóuténg] 머리가 아프다

Pattern 169 偶尔~ (ǒu'ěr) 가끔 ~해

偶尔은 술어 앞에서 '**가끔/때때로**'라는 뜻으로 가끔 발생되는 일을 표현할 때 사용합니다.

패턴 참고사항 '가끔 ~하지 않다'와 같이 부정할 때는 偶尔을 不 앞에 붙여 偶尔不의 형태로 사용합니다.
예: 我**偶尔不**吃早饭。 나는 **가끔** 아침을 먹지 **않아**.

MP3 169

STEP 01 패턴 집중 훈련

그녀는 가끔 담배를 피워.
她偶尔抽烟。
Tā ǒu'ěr chōuyān.

내 아내는 가끔 아이쇼핑을 하러 가.
我老婆偶尔去逛街。
Wǒ lǎopó ǒu'ěr qù guàngjiē.

내가 가끔 너 보러 올게.
我偶尔来见你吧。
Wǒ ǒu'ěr lái jiàn nǐ ba.

여자친구는 가끔 성질을 부려.
女朋友偶尔发脾气。
Nǚpéngyou ǒu'ěr fā píqi.

쏙쏙 어휘

老婆 [lǎopó] 아내
逛街 [guàngjiē] 길을 거닐다, 아이쇼핑하다
发脾气 [fā píqi] 성질부리다, 화내다
请客 [qǐngkè] 한턱내다, 접대하다

STEP 02 미니 회화 연습

A 你常常喝酒吗？ Nǐ chángcháng hējiǔ ma?
B 나는 가끔 술을 마셔.
A 有机会我们一起喝吧。 Yǒu jīhuì wǒmen yìqǐ hē ba.

A 너 자주 술을 마시니?
B 我偶尔喝酒。 Wǒ ǒu'ěr hējiǔ.
A 기회가 되면 우리 같이 마시자.

STEP up 패턴 응용하기

가끔 ○○하지. ➡ 偶尔 + 运动。/ 请客。/ 见朋友。

Pattern 170

一直~ (yìzhí) 계속 ~해

一直는 술어 앞에서 **'계속/곧장/줄곧'**이란 뜻으로 어떠한 동작 혹은 상태가 지속됨을 나타냅니다.

패턴 참고사항 '줄곧 ~하지 않다'와 같이 부정을 나타낼 때는 **一直**를 不 앞에 붙여 一直不의 형태로 사용합니다.
예: 我**一直不**吃早饭。 나는 **계속** 아침을 먹지 **않아**.

MP3 170

STEP 01 패턴 집중 훈련

방 안은 계속 조용해.
屋里一直很安静。
Wūli yìzhí hěn ānjìng.

곧장 앞쪽으로 걸어가세요.
一直往前走。
Yìzhí wǎng qián zǒu.

줄곧 나는 너를 그리워하고 있어.
我一直想念你。
Wǒ yìzhí xiǎngniàn nǐ.

그녀의 몸은 계속 좋지 않아.
她的身体一直不好。
Tā de shēntǐ yìzhí bù hǎo.

쏙쏙 어휘

安静 [ānjìng] 조용하다, 잠잠하다
想念 [xiǎngniàn] 그리워하다, 생각하다
走下去 [zǒu xià qu] 계속 아래로 내려가다

STEP 02 미니 회화 연습

A 周末你做什么了？ Zhōumò nǐ zuò shénme le?
B 주말에 나는 계속 집에 있었어.
A 在家不无聊吗？ Zài jiā bù wúliáo ma?

A 주말에 너 뭐했니?
B 周末我一直在家。 Zhōumò wǒ yìzhí zài jiā.
A 집에 있으면 안 심심해?

STEP up 패턴 응용하기

줄곧 ○○해. ➡ 一直 + 哭。/ 走下去。/ 没有休息。

Pattern 171 仍然~ (réngrán) 여전히 ~해

仍然는 술어 앞에서 '**여전히**'라는 뜻으로 어떠한 동작이 여전히 변함이 없는 경우에 사용합니다.
'여전히 ~하지 않다'를 표현할 때에는 仍然을 不 앞에 붙여 仍然不라고 합니다.

패턴 참고사항 仍然과 같은 의미로 还是 [háishi]를 사용할 수 있습니다.
예: 他**还是**很忙。그는 **여전히** 바빠.

MP3 171

STEP 01 패턴 집중 훈련

한국의 경제는 여전히 안 좋아.
韩国的经济仍然不好。
Hánguó de jīngjì réngrán bù hǎo.

나는 여전히 그녀를 그리워해.
我仍然想念她。
Wǒ réngrán xiǎngniàn tā.

그는 여전히 열심히 일하지.
他仍然努力工作。
Tā réngrán nǔlì gōngzuò.

그는 여전히 바빠.
他仍然很忙。
Tā réngrán hěn máng.

쏙쏙 어휘

经济 [jīngjì] 경제
努力 [nǔlì] 노력하다, 열심히 하다

好多了 [hǎo duō le] 많이 ~해 졌다

困 [kùn] 지치다, 피곤하다, 졸리다
变化 [biànhuà] 변화하다
不错 [búcuò] 괜찮다, 좋다

STEP 02 미니 회화 연습

A 听说北京的空气好多了。 Tīngshuō Běijīng de kōngqì hǎo duō le.

B 베이징의 공기는 여전히 안 좋아.

A 我觉得好多了。 Wǒ juéde hǎo duō le.

A 듣자 하니 베이징의 공기가 많이 좋아졌다는데.
B 北京的空气仍然不好。 Běijīng de kōngqì réngrán bù hǎo.
A 내가 느끼기에는 아주 좋아졌던걸.

STEP up 패턴 응용하기

여전히 ○○해. ➡ 仍然 + 很困。/ 没有变化。/ 不错。

Pattern 172 突然～ 갑자기 ~해

tūrán

突然는 술어 앞에서 '**갑자기/문득**'이라는 뜻으로 어떠한 동작이 갑자기 발생된 경우에 사용합니다.

패턴 참고사항 突然는 형용사 용법으로 '(상황이) 갑작스럽다/뜻밖이다'라는 의미로도 사용합니다.
예: 这件事太**突然**了。이 일은 너무 **갑작스러워**.

MP3 172

STEP 01 패턴 집중 훈련

오늘 갑자기 비가 내렸어. 今天突然下雨了。 Jīntiān tūrán xiàyǔ le.

사무실이 갑자기 정전됐어. 办公室突然停电了。 Bàngōngshì tūrán tíngdiàn le.

버스가 갑자기 멈췄어. 公交车突然停止了。 Gōngjiāochē tūrán tíngzhǐ le.

아이가 갑자기 아파. 孩子突然生病了。 Háizi tūrán shēngbìng le.

STEP 02 미니 회화 연습

A 你为什么着急？ Nǐ wèishénme zháojí?

B 엄마가 갑자기 우리 집에 오신대.

A 她知道我在这儿吗？ Tā zhīdao wǒ zài zhèr ma?

A 너 왜 그렇게 초조해하니?
B 妈妈突然来我家。 Māma tūrán lái wǒjiā.
A 엄마가 나 여기 있는 거 아셔?

STEP up 패턴 응용하기

갑자기 ○○해. ➡ 突然 + 消失。/ 离开。/ 头疼。

쏙쏙 어휘

办公室 [bàngōngshì] 사무실
停电 [tíngdiàn] 정전되다
停止 [tíngzhǐ] 멈추다, 정지하다
生病 [shēngbìng] 병이 나다

着急 [zháojí] 조급해하다, 초조해하다

消失 [xiāoshī] 사라지다, 모습을 감추다
离开 [líkāi] 떠나다, 헤어지다
头疼 [tóuténg] 머리가 아프다

PART 25 어기부사 패턴 1

이번 파트에서는 **어기부사 패턴**에 대해 배워 보려고 합니다. **어기부사**는 '**제발** 조심해!', '**도대체** 언제 도착하니?' 와 같이 말하는 사람의 감정이나 태도를 나타냅니다. 어기부사를 사용하면 상대방에게 본인이 말하려는 감정이나 느낌을 훨씬 더 정확하게 전달할 수 있습니다.
어기부사는 **술어(동사·형용사)를 수식**할 수도 있고, **전체 문장을 수식**할 수도 있습니다.

어기부사 패턴 미리보기

어기부사	술어
굳이 何必	동사
제발 千万	
도대체 到底	

Pattern 173

gāncuì 干脆~ 차라리 ~해

干脆는 술어 앞에서 '**차라리 ~하다**'라는 뜻입니다. '차라리 ~하지 않는다'로 부정할 때는 干脆를 不 앞에 붙여 干脆不라고 합니다.

패턴 참고사항 干脆는 '(언행이) 명쾌하다'란 뜻으로 형용사 용법으로도 사용됩니다.
예: 回答得很**干脆**。 대답하는 것이 매우 **명쾌하구나**.

MP3 173

STEP 01 패턴 집중 훈련

우리 차라리 헤어지자.
我们干脆分手吧。
Wǒmen gāncuì fēnshǒu ba.

나는 차라리 집으로 돌아갈래.
我干脆回家。
Wǒ gāncuì huíjiā.

차라리 버려라.
干脆扔掉吧。
Gāncuì rēngdiào ba.

나는 차라리 안 가겠다.
我干脆不去。
Wǒ gāncuì bú qù.

STEP 02 미니 회화 연습

A 차라리 너 하지 마!

B 为什么？ Wèishénme?

A 你不是不想做吗？ Nǐ búshì bù xiǎng zuò ma?

A 干脆你别(不要)做！ Gāncuì nǐ bié (bú yào) zuò!
B 왜?
A 너 하고 싶지 않은 거 아니야?

STEP up 패턴 응용하기

차라리 ○○해. ➡ 干脆 + 一个人去。 / 不买。 / 放弃。

쏙쏙 어휘

回答 [huídá] 대답하다, 응답하다
分手 [fēnshǒu] 헤어지다
扔掉 [rēngdiào] 버리다, 던져 버리다, 포기하다
放弃 [fàngqì] 버리다, 포기하다

Pattern 174 尽管~ jǐnguǎn 얼마든지 ~해

尽管은 술어 앞에서 '**얼마든지/주저하지 않고 ~하다**'라는 뜻을 나타냅니다.

패턴 참고사항 회화에서 尽管直说 는 '주저하지 말고 솔직히 말해'라는 의미로 자주 사용합니다.

MP3 174

STEP 01 패턴 집중 훈련

주저하지 말고 솔직히 말해.
尽管直说。
Jǐnguǎn zhíshuō.

얼마든지 믿고 안심해.
尽管放心。
Jǐnguǎn fàngxīn.

오늘은 내가 살게, 얼마든지 먹어.
今天我请客，尽管吃。
Jīntiān wǒ qǐngkè, jǐnguǎn chī.

무슨 문제가 있으면 얼마든지 나를 찾아와.
你有什么问题尽管来找我。
Nǐ yǒu shénme wèntí jǐnguǎn lái zhǎo wǒ.

STEP 02 미니 회화 연습

A 도움이 필요하면 얼마든지 저를 부르세요.
B 谢谢你。 Xièxie nǐ.
A 不客气。 Búkèqi.

A 如果需要帮忙，尽管叫我。 Rúguǒ xūyào bāngmáng, jǐnguǎn jiào wǒ.
B 감사합니다.
A 천만에요.

STEP up 패턴 응용하기

얼마든지 ○○해. ➡ 尽管 + 给我打电话。 / 提出。 / 问我。

쏙쏙 어휘

直说 [zhíshuō] 솔직히 말하다
放心 [fàngxīn] 마음을 놓다, 안심하다
请客 [qǐngkè] 대접하다, 한턱내다

需要 [xūyào] 필요하다
帮忙 [bāngmáng] 도움
叫 [jiào] (소리내어) 부르다

提出 [tíchū] 꺼내다, 제의하다
问 [wèn] 묻다, 질문하다

Pattern 175

何必~呢？ (Hébì ne)

굳이 ~할 필요가 있어?

'굳이 ~할 필요가 있어?'라는 의미의 **何必~呢**？는 말하고자 하는 내용을 **何必**과 **呢** 사이에 넣어 표현합니다.

패턴 참고사항 何必~呢?에서 呢가 생략될 경우 틀린 표현이 되니 주의하세요.

MP3 175

STEP 01 패턴 집중 훈련

굳이 같이 있어야 해?

何必在一起呢？
Hébì zài yìqǐ ne?

굳이 그럴 필요 있겠니?

何必呢？
Hébì ne?

굳이 지금 가야 해?

何必现在走呢？
Hébì xiànzài zǒu ne?

굳이 돈을 써야겠어?

何必花钱呢？
Hébì huāqián ne?

쏙쏙 TIP

굳이 그럴 필요 있겠어?
회화에서 何必呢?는 '굳이 그럴 필요 있겠어?'라는 표현으로 자주 사용합니다.

STEP 02 미니 회화 연습

A 我去吧。 Wǒ qù ba.

B 굳이 네가 갈 필요가 있겠어?

A 随便你。 Suíbiàn nǐ.

A 내가 갈게.
B 何必你去呢？ Hébì nǐ qù ne?
A 네 마음대로 해.

쏙쏙 어휘

自己 [zìjǐ] 자기, 자신, 스스로
吵架 [chǎojià] 말다툼하다, 다투다
生气 [shēngqì] 화내다, 성내다

STEP up 패턴 응용하기

굳이 ○○할 필요가 있어? ➡ 何必 + 买新的 / 吵架 / 生气 + 呢？

Pattern 176 qiānwàn yào 千万要~ 제발 ~해라

'**제발/절대로**'라는 뜻의 千万은 要와 함께 명령문에서 **千万要**의 형태로 '**제발 ~해라**'라고 표현할 때 사용합니다.

패턴 참고사항 千千万万의 형태로 '수천수만/수가 매우 많다'라는 뜻으로도 사용합니다.
예: **千千万万**的人民 **수천수만**의 국민

MP3 176

STEP 01 패턴 집중 훈련

제발 기억해줘. 千万要记住。 Qiānwàn yào jìzhu.

제발 조심해. 千万要小心。 Qiānwàn yào xiǎoxīn.

제발 선생님 말씀을 들어라. 千万要听老师的话。 Qiānwàn yào tīng lǎoshī de huà.

제발 잘 쉬렴. 千万要好好儿休息。 Qiānwàn yào hǎohāor xiūxi.

쏙쏙 어휘

人民 [rénmín] 인민, 국민
记住 [jìzhu] 기억해두다
小心 [xiǎoxīn] 조심하다

照顾 [zhàogù] 돌보다

注意 [zhùyì] 주의하다, 조심하다
努力 [nǔlì] 노력하다, 힘쓰다

STEP 02 미니 회화 연습

A 제발 아이를 잘 돌봐 주세요.

B 不用担心。 Bú yòng dānxīn.

A 非常感谢。 Fēicháng gǎnxiè.

A 千万要好好儿照顾孩子。 Qiānwàn yào hǎohāor zhàogù háizi.
B 걱정하실 필요 없어요.
A 대단히 감사합니다.

STEP up 패턴 응용하기

제발 ○○해라. ➡ 千万要 + 注意。/ 努力。/ 等我。

Pattern 177

qiānwàn búyào
千万不要~ 제발 ~하지 마

'제발/절대로'라는 뜻의 千万은 명령문에서 不要와 함께 **千万不要** 형태로 '제발 ~하지 마'라고 표현됩니다.

패턴 참고사항 千万과 비슷한 의미의 万万은 '결코/절대로/미처'라는 뜻입니다. 단, 千万은 명령문에서만 쓰고 万万은 명령문과 평서문 모두 사용할 수 있습니다. 예: **我万万**没想到。 나는 **미처** 생각지도 못했어.

MP3 177

STEP 01 패턴 집중 훈련

제발 잊어버리지 마.
千万不要忘记。
Qiānwàn bú yào wàngjì.

제발 나를 귀찮게 하지 마.
千万不要打扰我。
Qiānwàn bú yào dǎrǎo wǒ.

제발 담배를 피지 마.
千万不要抽烟。
Qiānwàn bú yào chōuyān.

제발 거짓말을 하지 마.
千万不要说谎。
Qiānwàn bú yào shuōhuǎng.

쏙쏙 어휘

没想到 [méi xiǎngdào] 생각지 못했다, 상상도 못했다
忘记 [wàngjì] 잊어버리다
打扰 [dǎrǎo] 방해하다
说谎 [shuōhuǎng] 거짓말하다

吵架 [chǎojià] 말다툼하다
作弊 [zuòbì] 부정행위를 하다
相信 [xiāngxìn] 믿다, 신임하다

STEP 02 미니 회화 연습

A 너 제발 술 마시지 마.

B 好的，我不再喝酒。 Hǎo de, wǒ bú zài hējiǔ.

A 我可以相信你吗？ Wǒ kěyǐ xiāngxìn nǐ ma?

A 你千万不要喝酒。 Nǐ qiānwàn bú yào hējiǔ.
B 알았어, 나 다시는 술 안 마실 거야.
A 내가 너를 믿어도 되겠니?

STEP up 패턴 응용하기

제발 ○○하지 마. ➡ 千万不要 + 吵架。 / 作弊。 / 相信。

Pattern 178 到底~? (dàodǐ) 도대체 ~?

到底는 의문문에서 '**도대체**'라는 뜻으로 상대방에게 추궁하여 물을 때 사용됩니다.

패턴 참고사항 到底와 같은 의미로 究竟 [jiūjìng]을 사용할 수 있는데 究竟은 주로 문어체에서 자주 사용합니다.
예: 我们**究竟**在哪儿吃饭? 우리는 **도대체** 어디에서 밥 먹어?

MP3 178

STEP 01 패턴 집중 훈련

우리 도대체 어디에서 밥 먹니?
我们到底在哪儿吃饭?
Wǒmen dàodǐ zài nǎr chīfàn?

너 도대체 언제 도착하니?
你到底什么时候到?
Nǐ dàodǐ shénme shíhou dào?

도대체 누가 내 휴대폰을 훔쳐간 거야?
到底谁偷了我的手机?
Dàodǐ shéi tōu le wǒ de shǒujī?

너 도대체 어떤 생각이 있는 거니?
你到底有什么想法?
Nǐ dàodǐ yǒu shénme xiǎngfǎ?

STEP 02 미니 회화 연습

A 도대체 누가 널 때렸어?
B 别提了。Bié tí le.
A 快说吧。Kuài shuō ba.

A 到底谁打你? Dàodǐ shéi dǎ nǐ?
B 말도 마.
A 빨리 말해봐.

STEP up 패턴 응용하기

도대체 ○○? ➡ 到底 + 去不去? / 要吃什么? / 想什么?

쏙쏙 어휘

偷 [tōu] 훔치다, 도둑질하다
想法 [xiǎngfǎ] 생각, 의견, 견해
别提了 [biétíle] 말도 마, 말도 꺼내지 마

PART

26 어기부사 패턴 2

지난 파트에 이어 이번 파트에서도 말하는 감정이나 태도를 나타내는 **어기부사 패턴**에 대해 배워보려고 합니다. **부사**의 **마지막 패턴**이니 만큼 좀 더 힘을 내서 **중국어의 부사**를 완벽하게 마스터해 봅시다.

어기부사 패턴 미리보기

어기부사	술어
어쨌든 反正	동사
다행히 幸亏	
아마도 也许	

Pattern 179 反正~ (fǎnzhèng) 어쨌든 ~해

反正은 문장 맨 앞에서 '어쨌든/아무튼'이라는 뜻으로 더 이상의 여지가 없고, 의견에 변화가 없을 경우 **'어쨌든 ~하다'**라고 어떠한 상황에서든 결과는 같음을 나타냅니다.

패턴 참고사항 反正은 주로 문장 앞에서 사용됩니다.
예: **反正**我去。 **어쨌든** 내가 가.

MP3 179

STEP 01 패턴 집중 훈련

어쨌든 네가 가라!
反正你去吧！
Fǎnzhèng nǐ qù ba!

어쨌든 내가 맞아.
反正我对。
Fǎnzhèng wǒ duì.

어쨌든 네가 졌어.
反正你输了。
Fǎnzhèng nǐ shū le.

어쨌든 우리는 성공했어.
反正我们成功了。
Fǎnzhèng wǒmen chénggōng le.

쏙쏙 어휘

输 [shū] 지다
成功 [chénggōng] 성공하다
选 [xuǎn] 선택하다
错的 [cuòde] 틀린(것)

饭馆 [fànguǎn] 식당

一样 [yíyàng] 같다, 동일하다

STEP 02 미니 회화 연습

A 我们在哪儿吃饭？ Wǒmen zài nǎr chīfàn?

B 어쨌든 여기에 식당이 많이 있어.

A 好，我去哪儿都行。 Hǎo, wǒ qù nǎr dōu xíng.

A 우리 어디서 밥 먹어?
B 反正这里有很多饭馆。 Fǎnzhèng zhè li yǒu hěn duō fànguǎn.
A 응, 난 어딜 가도 다 괜찮아.

STEP up 패턴 응용하기

어쨌든 ○○해. ➡ 反正 + 是错的。 / 要去。 / 都是一样。

Pattern 180 还是~ (háishi) ~하는 편이 더 나아

还是는 문장 처음 또는 앞뒤 문장을 연결하면서 '**~하는 편이 더 낫다**'란 의미로 여러 가지 상황 중에서 비교적 좋은 쪽을 가리킬 때 사용합니다.

패턴 참고사항 还是는 의문문에서 사용될 경우에는 '아니면'이란 뜻으로 사용합니다.
예: 你去**还是**我去? 네가 갈래 **아니면** 내가 갈까?

MP3 180

STEP 01 패턴 집중 훈련

네가 와서 쓰는 게 더 나아, 내 글씨는 보기 안 좋아.
还是你来写吧，我的字不好看。
Háishi nǐ lái xiě ba, wǒ de zì bù hǎokàn.

날씨가 아주 추우니, 옷을 많이 입는 것이 더 나아.
天气很冷，还是多穿衣服吧。
Tiānqì hěn lěng, háishi duō chuān yīfu ba.

눈이 많이 내렸으니, 너 가지 않는 것이 더 나아.
下大雪了，你还是别去了。
Xià dàxuě le, nǐ háishi bié qù le.

네 차는 너무 오래됐어, 새 것으로 바꾸는 것이 더 나아.
你的车太旧了，还是换新的吧。
Nǐ de chē tài jiù le, háishi huàn xīn de ba.

STEP 02 미니 회화 연습

A 我们坐公交车吧。 Wǒmen zuò gōngjiāochē ba.
B 우리 택시를 타는 게 더 나아.
A 我也这么想。 Wǒ yě zhème xiǎng.

A 우리 버스 타자.
B 我们还是坐出租车吧。 Wǒmen háishi zuò chūzūchē ba.
A 나도 그렇게 생각해.

STEP up 패턴 응용하기

○○ 이(가) 더 나아. ➡ 还是 + 回家吧。 / 你去吧。 / 冬天好吧。

쏙쏙 어휘

大雪 [dàxuě] 대설
新 [xīn] 새롭다
旧 [jiù] 오래되다

出租车 [chūzūchē] 택시

冬天 [dōngtiān] 겨울
吧 [ba] ~하지?
(문장 끝에서 동의나 허가를 얻을 때 사용합니다.)

Pattern 181 幸亏~ (xìngkuī) 다행히 ~해

'다행히/운 좋게'라는 뜻의 **幸亏**는 문장 맨 앞 혹은 술어 앞에서 **'다행히 ~한다'**라는 의미를 표현합니다.

패턴 참고사항 비슷한 의미로 幸好 [xìnghǎo]를 사용할 수 있지만, 幸亏를 더 많이 사용합니다.

MP3 181

STEP 01 패턴 집중 훈련

운 좋게 너를 만났어.
幸亏遇到你。
Xìngkuī yùdào nǐ.

다행히 비가 안 오네.
幸亏不下雨。
Xìngkuī bú xiàyǔ.

다행히 친구가 나를 도와준대.
幸亏朋友帮助我。
Xìngkuī péngyou bāngzhù wǒ.

다행히도 그의 병이 그다지 심각하지 않아.
幸亏他的病不太严重。
Xìngkuī tā de bìng bútài yánzhòng.

쏙쏙 어휘

遇到 [yùdào] 만나다, 마주치다
严重 [yánzhòng] 위급하다, 심각하다

手里 [shǒuli] 손안, 수중

STEP 02 미니 회화 연습

A 你找我吗？ Nǐ zhǎo wǒ ma?
B 다행히 너 집에 안 갔구나.
A 怎么了？你有事吗？ Zěnmele? Nǐ yǒu shì ma?

A 너 나를 찾니?
B 幸亏你还没回家。 Xìngkuī nǐ háiméi huíjiā.
A 왜 그래? 너 무슨 일 있어?

STEP up 패턴 응용하기

다행히도 ○○해. ➡ 幸亏 + 下雪。 / 手里有钱。 / 没有人看。

Pattern 182 也许~ (yěxǔ) 아마도 ~할 거야

'아마도'라는 뜻의 **也许**는 문장 처음 또는 술어 앞에서 **'아마도 ~할 것이다'**로 추측이나 짐작을 나타낼 때 사용합니다.

패턴 참고사항 也许와 같은 의미로 可能을 사용할 수 있습니다.
예: 他**可能**不去。 그는 **아마도** 안 갈 거야.

MP3 182

STEP 01 패턴 집중 훈련

아마도 그가 일이 있어.
也许他有事。
Yěxǔ tā yǒu shì.

아마도 그녀는 집으로 돌아갔어.
也许她回家了。
Yěxǔ tā huíjiā le.

아마도 그녀는 나를 좋아해.
也许她喜欢我。
Yěxǔ tā xǐhuan wǒ.

어쩌면 이게 답이 아닐 수도 있어.
也许这个不是答案。
Yěxǔ zhè ge bú shì dá'àn.

쏙쏙 어휘

有事 [yǒushì] 일이 있다, 용무가 있다
答案 [dá'àn] 답
脸色 [liǎnsè] 안색, 얼굴빛
到 [dào] 도착하다

STEP 02 미니 회화 연습

A 你的脸色很不好。 Nǐ de liǎnsè hěn bù hǎo.
B 아마 나 감기에 걸린 것 같아.
A 怪不得，你先休息。 Guài bu de, nǐ xiān xiūxi.

A 너 안색이 너무 안 좋아.
B 也许我感冒了。 Yěxǔ wǒ gǎnmào le.
A 어쩐지, 너 먼저 쉬어.

STEP up 패턴 응용하기

아마 ○○해. ➡ 也许 + 他有车。 / 已经到了。 / 对。

PART 27 반어문 패턴

이번 파트에서는 **반어문 패턴**에 대해 배워보려고 합니다. **반어문**이란 **'너는 중국 사람이지?'**를 **'너 중국 사람 아니니?'**와 같이 **반대로 질문**하여 **그 의견을 강조**하는 것입니다.
중국어에서 대표적인 **반어문**은 '설마 ~란 말이야?/~가 아니야?/어디 ~하니?' 이 세 가지로 구분할 수 있습니다. 그럼 이제 반어문 패턴을 익혀 **상대방에게 반대로 질문**해 봅시다.

반어문 패턴 미리보기

반어문		
설마 难道	강조하는 내용	吗?
~가 아닙니까 不是		
어디 哪儿		啊?

Pattern **183**

Nándào ~ ma? 难道~吗？ 설마 ~란 말이야?

难道~吗?는 **'설마 ~란 말이야?/하겠어?'**라는 뜻으로 중국어의 대표 반어문입니다. 강조하는 내용을 难道와 吗 사이에 넣어 표현합니다.

패턴 참고사항 吗 대신에 不成 [bùchéng]을 쓸 수 있습니다. 주로 문어체에서 사용하죠.
예: 难道你不会说英文**不成**? **설마** 영어를 말할 줄 모른단 **말이야?**

MP3 183

STEP 01 패턴 집중 훈련

설마 너 모른단 말이야?
难道你不知道吗？
Nándào nǐ bùzhīdao ma?

설마 너 또 지각을 했단 말이야?
难道你又迟到了吗？
Nándào nǐ yòu chídào le ma?

설마 너 지금 집에 가겠다는 말이야?
难道你现在要回家吗？
Nándào nǐ xiànzài yào huíjiā ma?

설마 그녀가 이미 결혼했단 말이야?
难道她已经结婚了吗？
Nándào tā yǐjing jiéhūn le ma?

쏙쏙 어휘

知道 [zhīdao] 알다
又~了 [yòu~le] 또 ~했다
回家 [huíjiā] 집으로 돌아가다

说谎 [shuōhuǎng] 거짓말하다
去世 [qùshì] 세상을 뜨다, 죽다

STEP 02 미니 회화 연습

A 我不想回家。 Wǒ bù xiǎng huíjiā.

B 설마 너 집에 안 돌아간다는 거야?

还是要回家吧。 Háishi yào huíjiā ba.

A 나 집에 가고 싶지 않아.
B 难道你不回家吗？ Nándào nǐ bù huíjiā ma?
그래도 집에는 가야지.

STEP up 패턴 응용하기

설마 ○○이란 말이야? ➡ 难道 + [他说谎了 / 他喜欢我 / 他去世了] + 吗？

Pattern 184 不是~吗? ~가 아니니?

Búshì ma

'~가 아니다'라는 뜻의 **不是**는 **吗**와 함께 **不是 ~吗**? 형태로 **'~가 아니니?/아닌가?'**라는 반문 표현이 됩니다. 강조하는 내용을 **不是**와 **吗**사이에 넣어 말합니다.

패턴 참고사항 不是에서 不를 생략하여 是~吗?의 형태로 사용할 경우 반어적 표현이 아닌 단순히 질문하는 내용이 됩니다.
예: 你**是**中国人**吗**? 너는 중국 사람**이니**?

MP3 184

STEP 01 패턴 집중 훈련

당신들은 아는 사이가 아닌가요?
你们不是认识吗?
Nǐmen búshì rènshi ma?

당신은 중국 사람이 아닌가요?
你不是中国人吗?
Nǐ búshì zhōngguórén ma?

이것은 네 거 아니야?
这不是你的吗?
Zhè búshì nǐ de ma?

시합이 끝난 게 아닌가?
比赛不是结束了吗?
Bǐsài búshì jiéshù le ma?

쏙쏙 어휘

比赛 [bǐsài] 시합, 경기
结束 [jiéshù] 끝나다, 마치다

谎言 [huǎngyán] 거짓말
免费 [miǎnfèi] 돈을 받지 않다, 무료로 하다

STEP 02 미니 회화 연습

A 너 퇴근한 거 아니야?

B 我要加班。 Wǒ yào jiābān.

A 你太辛苦了。 Nǐ tài xīnkǔ le.

A 你不是下班了吗? Nǐ bú shì xiàbān le ma?
B 나 야근해야 해.
A 너 너무 고생하는 구나.

STEP up 패턴 응용하기

○○이(가) 아니니? ➡ 不是 + 谎言 / 免费 / 朋友 + 吗?

Pattern 185

哪儿~啊? (Nǎr a) 어디 ~한가?

'어디'라는 뜻의 哪儿은 啊와 함께 **哪儿~啊?**의 형태로 '**어디 ~한가/하니?**'란 반어적 의미를 나타냅니다. 강조하는 내용을 哪儿과 啊 사이에 넣어 표현합니다.

패턴 참고사항 哪儿은 단독으로 사용할 경우 '어디'라는 의문사로 사용합니다.
예: 你去**哪儿**? 너는 **어디에 가?**

MP3 185

STEP 01 패턴 집중 훈련

내가 어디 돈이 있어?
我哪儿有钱啊?
Wǒ nǎr yǒu qián a?

내가 어디 널 속이겠니?
我哪儿骗你啊?
Wǒ nǎr piàn nǐ a?

그가 어디 왔어?
他哪儿来了啊?
Tā nǎr lái le a?

네가 어디 시간이 있니?
你哪儿有时间啊?
Nǐ nǎr yǒu shíjiān a?

쏙쏙 어휘

骗 [piàn] 속이다

放弃 [fàngqì] 버리다, 포기하다

休息 [xiūxi] 쉬다, 휴식하다

STEP 02 미니 회화 연습

A 她很漂亮! Tā hěn piàoliang!

B 그녀가 어디가 예쁘니?

A 难道她不漂亮吗? Nándào tā bú piàoliang ma?

A 그녀는 엄청 예뻐!
B 她哪儿漂亮啊? Tā nǎr piàoliang a?
A 설마 그녀가 안 예쁘다는 거야?

STEP up 패턴 응용하기

어디 ○○하니? ➡ 哪儿 + [放弃 / 回家 / 休息] + 啊?

PATTERN ⟶

我从这儿出发。

나는 여기에서 출발할 거야.

PART

문장 구조가 잘 보인다!

개사 패턴

5

P A R T **28** # 대상 개사 패턴

개사는 영어의 **전치사**와 같이 **'~와/~에서/~에'**의 의미로 동작을 함께하는 **대상**, 동작이 행해지는 **장소·시간** 등을 나타냅니다. 개사의 가장 큰 특징은 혼자서는 사용될 수 없으며, **<개사+명사/명사구+동사>**의 형태로 **명사**와 함께 사용된다는 것입니다. 이번 파트에서는 먼저 **대상을 나타내는 개사**에 대해 배워 봅시다.

대상 개사 패턴 미리보기

개사	명사
~와 跟	사람
~에게 给	
~를 향하여 向	
~를 대하여 对	

Pattern 186 A 跟 B (gēn) A는 B와 ~해

跟는 명사 앞에서 '**~와/랑**'란 뜻으로 동작을 함께하는 대상을 나타냅니다. 그래서 '같이/함께'란 의미의 一起와 함께 跟~一起의 형태로 동작을 함께 하는 대상을 표현합니다.

패턴 참고사항 跟은 '~로 부터'라는 뜻으로도 사용할 수 있습니다. **패턴 집중훈련 참고**

MP3 186

STEP 01 패턴 집중 훈련

내일 나는 그와 약속이 있어.
明天我跟他有约会。
Míngtiān wǒ gēn tā yǒu yuēhuì.

나는 아빠와 같이 배드민턴을 쳐.
我跟爸爸一起打羽毛球。
Wǒ gēn bàba yìqǐ dǎ yǔmáoqiú.

그녀는 나와 함께 등산해.
她跟我一起去爬山。
Tā gēn wǒ yìqǐ qù páshān.

나는 중국 친구로부터 중국어를 배워.
我跟中国朋友学汉语。
Wǒ gēn zhōngguó péngyou xué hànyǔ.

STEP 02 미니 회화 연습

A 넌 누구랑 같이 가?
B 我一个人去。 Wǒ yí ge rén qù.
A 我跟你一起去吧。 Wǒ gēn nǐ yìqǐ qù ba.

A 你跟谁一起去? Nǐ gēn shéi yìqǐ qù?
B 나는 혼자 가.
A 내가 너랑 같이 갈게.

STEP up 패턴 응용하기

○○랑 와. ➡ 跟 + 妈妈 / 孩子 / 老板 + 来。

쏙쏙 어휘

约会 [yuēhuì] 약속
羽毛球 [yǔmáoqiú] 배드민턴
爬山 [páshān] 산을 오르다, 등산하다

一个人 [yí ge rén] 혼자서, 한 사람

孩子 [háizi] 애, 어린이
老板 [lǎobǎn] 사장님

STEP UP INFO
주어진 3개의 단어를 하나씩 패턴에 넣고 소리 내어 연습해 보세요.

Pattern 187

A 不跟 B

bù gēn

A는 B와 ~하지 않아

不跟는 **'~와 ~하지 않다'**란 의미로 跟의 부정형입니다. '~와 ~하지 않았다'라고 부정 표현을 할 때는 没跟이라고 합니다.

패턴 참고사항 문장 속에 조동사가 들어갈 경우 조동사는 不 뒤에 위치합니다. **패턴 집중훈련 참고**

MP3 187

STEP 01 패턴 집중 훈련

나는 너랑 가지 않을 거야.
我不跟你走。
Wǒ bù gēn nǐ zǒu.

나는 엄마한테 화를 내지 않을 거야.
我不跟妈妈发脾气了。
Wǒ bù gēn māma fā píqi le.

그녀는 나와 같이 차를 마시고 싶어하지 않아.
她不想跟我一起喝茶。
Tā bù xiǎng gēn wǒ yìqǐ hēchá.

그는 우리랑 같이 영화를 보지 않았어.
他没跟我们一起看电影。
Tā méi gēn wǒmen yìqǐ kàn diànyǐng.

쏙쏙 어휘

发脾气 [fā píqi] 화내다

吵架 [chǎojià] 말다툼하다, 다투다

朋友 [péngyou] 친구
同事 [tóngshì] 동료
爱人 [àiren] 배우자

STEP 02 미니 회화 연습

A 你跟他吵架了吗？ Nǐ gēn tā chǎojià le ma?

B 나는 그와 싸우지 않았어.

A 真的吗？ Zhēnde ma?

A 너 그 사람하고 싸웠어?
B 我没跟他吵架。 Wǒ méi gēn tā chǎojià.
A 진짜야?

STEP up 패턴 응용하기

○○ 와(과) 가지 않아. ➡ 不跟 + [朋友 / 同事 / 爱人] + 去。

Pattern 188 A 给(gěi) B　A는 B에게 ~해

给는 명사 앞에서 **'~에게'**라는 뜻입니다. 给 뒤에 오는 대상은 주로 받는 입장(수익자)이 됩니다.

패턴 참고사항 给는 동사 용법으로 '~에게/한테 ~을 주다'란 의미도 됩니다. **패턴 241참고**
예: 我**给**你礼物。 내가 너**한테** 선물을 **줄게**.

MP3 188

STEP 01 패턴 집중 훈련

내가 너에게 연락할게.
我给你联系。
Wǒ gěi nǐ liánxì.

내가 너에게 편지를 쓸게.
我给你写信
Wǒ gěi nǐ xiěxìn.

내가 너에게 소개를 할게.
我给你介绍。
Wǒ gěi nǐ jièshào.

그는 나한테 사과한대.
他给我道歉。
Tā gěi wǒ dàoqiàn.

쏙쏙 어휘

礼物 [lǐwù] 선물
写信 [xiěxìn] 편지를 쓰다
道歉 [dàoqiàn] 사과하다

同屋 [tóngwū] 룸메이트
客户 [kèhù] 거래처, 바이어

STEP 02 미니 회화 연습

A 这是什么？ Zhè shì shénme?
B 이건 내가 너에게 주는 선물이야.
A 非常感谢！ Fēicháng gǎnxiè!

A 이게 뭐야?
B 这是我给你的礼物。 Zhè shì wǒ gěi nǐ de lǐwù.
A 정말 고마워!

STEP up 패턴 응용하기

○○에게 말해. ➡ 给 + [同屋 / 爸爸 / 客户] + 说。

Pattern 189 A 不给 B (bù gěi) A는 B에게 ~하지 않아

不给는 '**~에게 ~하지 않다**'란 의미로 给의 부정형 입니다. '~에게 ~하지 않았다'라고 말할 땐 没给라고 합니다.

패턴 참고사항 문장 속에 조동사가 있을 경우에는 조동사는 不 뒤에 위치합니다.
예: 我**不想**给你打电话。 난 너한테 전화**하고 싶지 않아**.

MP3 189

STEP 01 패턴 집중 훈련

나는 그에게 음식을 먹게 하지 않아.
我不给他吃东西。
Wǒ bù gěi tā chī dōngxi.

나는 그에게 돈을 빌려주지 않을 거야.
我不给他借钱。
Wǒ bù gěi tā jièqián.

아빠는 나에게 집을 사주지 않는대.
爸爸不给我买房子。
Bàba bù gěi wǒ mǎi fángzi.

사장님께서는 나에게 일을 주고 싶지 않으시대.
老板不想给我安排工作。
Lǎobǎn bù xiǎng gěi wǒ ānpái gōngzuò.

쏙쏙 어휘

借钱 [jièqián] 돈을 빌리다, 빌려주다
房子 [fángzi] 방, 건물

联系 [liánxì] 연락하다
家人 [jiārén] 한 가족, 식구

STEP 02 미니 회화 연습

A 你有什么事吗? Nǐ yǒu shénme shì ma?
B 그가 나에게 연락을 하지 않아서, 나는 걱정돼.
A 你不用担心。 Nǐ bú yòng dānxīn.

A 너 무슨 일 있니?
B 他不给我联系，我很担心。 Tā bù gěi wǒ liánxì, wǒ hěn dānxīn.
A 너는 걱정할 필요 없어.

STEP up 패턴 응용하기

○○에게 보여주지 않아. ➡ 不给 + 学生 / 大家 / 家人 + 看。

Pattern 190 A 向 B A는 B에게 ~해

xiàng

向는 명사 앞에서 '**~을 향하여**'란 의미로 방향을 나타냅니다. '어떠한 사람을 향하여 어떠한 동작을 하다'의 개념으로 '~에게/한테'라는 뜻도 있습니다.

패턴 참고사항 <向+人 + 추상적(감정이나 태도 등)·구체적인 동작(동사)>의 형태로 자주 사용합니다.

MP3 190

STEP 01 패턴 집중 훈련

그는 나를 향해 손을 흔들어.
他向我挥手。
Tā xiàng wǒ huīshǒu.

나는 그에게 사과를 했어.
我向他道歉。
Wǒ xiàng tā dàoqiàn.

저는 모두에게 감사의 뜻을 표합니다.
我向大家表示感谢。
Wǒ xiàng dàjiā biǎoshì gǎnxiè.

우리는 사장님을 본받으려고 해.
我们要向老板学习。
Wǒmen yào xiàng lǎobǎn xuéxí.

STEP 02 미니 회화 연습

A 这是我们班的新同学。 Zhè shì wǒmen bān de xīn tóngxué.

B 제가 여러분께 제 소개를 하겠습니다.

我叫露露。 Wǒ jiào lù lu.

A 여기는 우리 반의 새로운 학생이란다.

B 我向大家自我介绍。 Wǒ xiàng dàjiā zìwǒ jièshào.
저는 루루라고 합니다.

STEP up 패턴 응용하기

○○에게 부탁해. ➡ 向 + 警察 / 老师 / 女朋友 + 请求。

쏙쏙 어휘

挥手 [huīshǒu] 손을 흔들다
表示 [biǎoshì] 나타내다, 표시하다
感谢 [gǎnxiè] 고맙다, 감사하다

TIP **A向B学习**는 '바라보며 배우다'의 개념으로 '**~를 본받다**'라는 표현이 됩니다.
예: 我要**向**他学习。
나는 그를 **본받으려고 해**.

同学 [tóngxué] 학우
自我介绍 [zìwǒ jièshào] 자기소개 하다

警察 [jǐngchá] 경찰
请求 [qǐngqiú] 요청하다, 부탁하다

Pattern 191 A 对(duì) B A는 B에 대해 ~해

对는 **'~에 대하여/~한테'**라는 뜻으로 사람·사물의 대한 태도 혹은 관심의 대상을 나타냅니다.

MP3 191

패턴 참고사항 对가 형용사로 '맞다'라는 의미도 있습니다.
예: 你说得很**对**。 네가 말한 게 **맞아**.

STEP 01 패턴 집중 훈련

그 남자는 나한테 매우 잘해줘.
他对我很好。
Tā duì wǒ hěn hǎo.

그는 아내에 대해 매우 만족해.
他对老婆很满意。
Tā duì lǎopó hěn mǎnyì.

그녀는 친구에 대해 매우 화가 난다.
她对朋友很生气。
Tā duì péngyou hěn shēngqì.

나는 중국 문화에 대해 아주 호기심이 많아.
我对中国文化非常好奇。
Wǒ duì zhōngguó wénhuà fēicháng hàoqí.

쏙쏙 어휘

满意 [mǎnyì] 만족하다
好奇 [hàoqí] 호기심을 갖다
感兴趣 [gǎnxìngqù] 관심이 있다, 흥미가 있다

失望 [shīwàng] 실망하다
热情 [rèqíng] 친절하다, 다정하다
亲切 [qīnqiè] 친절하다

STEP 02 미니 회화 연습

A 你为什么学汉语呢？ Nǐ wèishénme xué hànyǔ ne?
B 난 중국 문화에 흥미가 있어.
A 啊！我也是。 A! wǒ yě shì.

A 너는 왜 중국어를 배우니?
B 我对中国文化感兴趣。 Wǒ duì zhōngguó wénhuà gǎnxìngqù.
A 아! 나도야.

STEP up 패턴 응용하기

그에 대해 ○○해. ➡ 对他 +

失望。
热情。
亲切。

Pattern 192 A 对 B 不 (duì bù) A는 B에 대해 ~하지 않아

跟나 给를 부정할 때 부정 표현인 不나 没는 개사 앞에 위치하지만 **对**는 유일하게 对 뒤에 위치합니다. '对~不'의 형태로 **'~에 대하여~하지 않다'**라는 의미를 나타냅니다.

패턴 참고사항 不对라고 하게 되면 '맞지 않다'라는 형용사의 용법이 되니 주의하세요.

MP3 192

STEP 01 패턴 집중 훈련

그녀는 나한테 잘 못해줘.
她对我不好。
Tā duì wǒ bù hǎo.

그는 아내에 대해 만족하지 않아.
他对老婆不满意。
Tā duì lǎopó bù mǎnyì.

나는 중국 문화에 대하여 이해를 못해.
我对中国文化不了解。
Wǒ duì zhōngguó wénhuà bù liǎojiě.

종업원이 손님을 대하는 게 예의 바르지 않아.
服务员对客人不礼貌。
Fúwùyuán duì kèren bù lǐmào.

쏙쏙 어휘

了解 [liǎojiě] 이해하다
客人 [kèrén] 손님
礼貌 [lǐmào] 예의 바르다

感兴趣 [gǎnxìngqù] 흥미가 있다
熟悉 [shúxī] 잘 알다, 익숙하다
抱怨 [bàoyuàn] 원망하다

STEP 02 미니 회화 연습

A HSK考试你准备好了吗？ HSK kǎoshì nǐ zhǔnbèi hǎo le ma?

B 나는 HSK 시험에 대해 자신이 없어.

A 加油！你会成功的。 Jiāyóu! Nǐ huì chénggōng de.

A 너 HSK 시험 준비 잘 했니?
B 我对HSK考试不自信。 Wǒ duì HSK kǎoshì bú zìxìn.
A 힘내! 너는 성공할 거야.

STEP up 패턴 응용하기

그에 대하여 ○○하지 않아. ➡ 对他不 + 感兴趣。/ 熟悉。/ 抱怨。

Pattern 193 A 对 B 有 (duì yǒu) A는 B에 대해 ~가 있어

A 对 B 有의 형태로 **'A는 B에 대하여 ~가 있다'**라는 의미를 나타냅니다. '~가 없다'로 부정할 땐 没有를 사용합니다.

패턴 참고사항 没有의 有를 생략해서 没로 표현할 수 있습니다.

MP3 193

STEP 01 패턴 집중 훈련

그는 중국어에 대해 흥미가 있어.
他对汉语有兴趣。
Tā duì hànyǔ yǒu xìngqù.

부모는 자식에 대해 책임이 있어.
父母对孩子有责任。
Fùmǔ duì háizi yǒu zérèn.

나는 그녀에 대해 믿음이 없어.
我对她没有信心。
Wǒ duì tā méiyǒu xìnxīn.

나는 그에 대해 감정이 없어.
我对他没有感情。
Wǒ duì tā méiyǒu gǎnqíng.

쏙쏙 어휘

兴趣 [xìngqù] 흥미
责任 [zérèn] 책임
信心 [xìnxīn] 믿음
感情 [gǎnqíng] 감정

决定 [juédìng] 결정
意见 [yìjiàn] 의견, 견해, 이의
同意 [tóngyì] 동의하다

好感 [hǎogǎn] 호감
感情 [gǎnqíng] 감정, 애정
印象 [yìnxiàng] 인상

STEP 02 미니 회화 연습

A 여러분 이 결정에 대해 이의가 있으십니까?
B 我们都同意这个决定！ Wǒmen dōu tóngyì zhè ge juédìng!
A 好，那我们就这样做吧。 Hǎo, nà wǒmen jiù zhèyàng zuò ba.

A 大家对这个决定有意见吗？ Dàjiā duì zhè ge juédìng yǒu yìjiàn ma?
B 우리는 모두 이 결정에 동의합니다.
A 좋습니다, 그러면 우리는 바로 이렇게 하겠습니다.

STEP up 패턴 응용하기

그에 대해 ○○가 있어. ➡ 对他有 + 好感。/ 感情。/ 好印象。

PART

29 장소·시간 개사 패턴

지난 파트에서 '~와/랑' 와 같이 대상을 나타내는 개사에 대해 배웠다면, 이번 파트에서는 **'~에서/~에서부터'**와 같이 **장소·시간**을 나타내는 **개사**에 대해 배워 보도록 하겠습니다. **개사**는 혼자서는 사용될 수 없으며, <개사+명사/명사구+동사>의 형태로 명사와 함께 사용되는 점 잊지 않으셨죠?

필수 술어 패턴 미리보기

개사	명사
~에 在	장소·시간
~에서 在	
~에서부터 从	

Pattern 194 在 A (zài) A에서 ~해

在 A는 장소 명사 앞에서 '**~에서**'라는 뜻으로 동작이 발생되는 장소를 나타냅니다.

패턴 참고사항 在가 개사로 사용될 때는 <在+명사+술어>의 형태입니다.

MP3 194

STEP 01 패턴 집중 훈련

그들은 커피숍에서 커피를 마셔.
他们在咖啡厅喝咖啡。
Tāmen zài kāfēitīng hē kāfēi.

나는 도서관에서 공부를 해.
我在图书馆学习。
Wǒ zài túshūguǎn xuéxí.

그들은 명동에서 쇼핑을 해.
他们在明洞购物。
Tāmen zài Míngdòng gòuwù.

그녀는 사무실에서 잠을 자.
她在办公室睡觉。
Tā zài bàngōngshì shuìjiào.

STEP 02 미니 회화 연습

A 你明天做什么？ Nǐ míngtiān zuò shénme?

B 나는 내일 남산에서 친구를 만나.

A 见男朋友吗？ Jiàn nánpéngyou ma?

A 너는 내일 뭐하니?
B 明天我在南山见朋友。 Míngtiān wǒ zài Nánshān jiàn péngyou.
A 남자친구 만나니?

STEP up 패턴 응용하기

공원에서 ○○을 해. ➡ 在公园 + 休息。/ 散步。/ 吃饭。

쏙쏙 어휘

咖啡厅 [kāfēitīng] 커피숍
图书馆 [túshūguǎn] 도서관
明洞 [Míngdòng] 명동
购物 [gòuwù] 쇼핑하다
办公室 [bàngōngshì] 사무실

南山 [Nánshān] 남산
公园 [gōngyuán] 공원

休息 [xiūxi] 휴식하다, 쉬다
散步 [sànbù] 산보하다, 산책하다

Pattern 195 在 A (zài) A에 ~해

在 A은 시간 명사 앞에서 '**~에**'란 의미로 시간을 나타냅니다. 동작을 하는 시간을 나타냅니다.

패턴 참고사항 在가 개사로 사용될 때는 <在+명사+술어>의 형태입니다.

MP3 195

STEP 01 패턴 집중 훈련

그는 열두 시에 잠을 자.
他在十二点睡觉。
Tā zài shí'èr diǎn shuìjiào.

그는 아침에 출발해.
他在早上出发。
Tā zài zǎoshang chūfā.

너는 점심에 먹어.
你在中午吃吧。
Nǐ zài zhōngwǔ chī ba.

그들은 내년에 졸업해.
他们在明年毕业。
Tāmen zài míngnián bìyè.

STEP 02 미니 회화 연습

A 济州岛什么时候去好呢？ Jìzhōudǎo shénme shíhou qù hǎo ne?

B 봄에 가는 게 비교적 좋아.

A 在夏天去也可以吗？ Zài xiàtiān qù yě kěyǐ ma?

A 제주도는 언제 가는 게 비교적 좋을까?
B 在春天去比较好。 Zài chūntiān qù bǐjiào hǎo.
A 여름에 가도 괜찮아?

STEP up 패턴 응용하기

저녁에 ○○해. ➡ 在晚上 + 见面。/ 工作。/ 打折。

쏙쏙 어휘

毕业 [bìyè] 졸업하다

济州岛 [Jìzhōudǎo] 제주도
比较 [bǐjiào] 비교적

打折 [dǎzhé]
가격을 깎다, 세일하다

Pattern 196 在 A 上 (zài A shang) A상에 ~해

在 A 上은 **'~상에/에서'**란 뜻으로 사물의 위치 위에 있거나 어떠한 범위 이내를 나타냅니다.

패턴 참고사항 A에는 구체적인 장소가 오며, 일반 명사가 올 경우 어떠한 동작이 일어나는 범위를 가리킵니다.
예: **在**工作**上** 업무**상에서**

MP3 196

STEP 01 패턴 집중 훈련

나는 계약서상에 사인을 했어.
我在合同上签名了。
Wǒ zài hétong shang qiānmíng le.

그는 무대에서 춤을 춰.
他在舞台上跳舞。
Tā zài wǔtái shang tiàowǔ.

선생님은 칠판 위에 글씨를 써.
老师在黑板上写字。
Lǎoshī zài hēibǎn shang xiězì.

그녀는 업무에 있어서 매우 착실하지.
她在工作上非常认真。
Tā zài gōngzuò shang fēicháng rènzhēn.

쏙쏙 어휘

合同 [hétong] 계약서
签名 [qiānmíng] 서명하다
舞台 [wǔtái] 무대
跳舞 [tiàowǔ] 춤을 추다
黑板 [hēibǎn] 칠판

世界 [shìjiè] 세계
예: **在世界上 세계**에서

马路 [mǎlù] 도로
床 [chuáng] 침대
网络 [wǎngluò] 인터넷

STEP 02 미니 회화 연습

A 我们为什么要学汉语? Wǒmen wèishénme yào xué hànyǔ?
B 중국어는 세계에서 가장 쉽잖아.
A 我也同意。 Wǒ yě tóng yì.

A 우리는 왜 중국어를 배워야 해?
B 汉语是在世界上最容易的。 Hànyǔ shì zài shìjiè shang zuì róngyì de.
A 나도 동의해.

STEP up 패턴 응용하기

○○ (위)에서. ➡ 在 + [马路 / 床 / 网络] + 上。

Pattern 197 在 A 中 (zài A zhōng) A중에 ~해

在 A 中는 **'~중에(서) ~하다'**란 의미로 어떠한 동작이 진행되는 과정을 나타냅니다.

패턴 참고사항 在는 명사와 함께 '~(사이)에서'라는 뜻으로 말할 수 있습니다.
예: 这音乐**在**学生**中**很流行。 이 음악은 학생들 **사이에서** 유행하고 있어.

MP3 197

STEP 01 패턴 집중 훈련

나는 업무 중에 성장을 했어.
我在工作中成长了。
Wǒ zài gōngzuò zhōng chéngzhǎng le.

그는 시합 중에 다쳤어.
他在比赛中受伤了。
Tā zài bǐsài zhōng shòushāng le.

그들은 전쟁 중에 이별했지.
他们在战争中离别了。
Tāmen zài zhànzhēng zhōng líbié le.

이것은 일용품 중에서 제일 인기 있는 제품이야.
这是在日用品中受欢迎的商品。
Zhè shì zài rìyòngpǐn zhōng shòu huānyíng de shāngpǐn.

STEP 02 미니 회화 연습

A 당신은 면접 중에 거짓말을 하지 마세요.

B 好的。 Hǎo de.

A 现在开始面试。 Xiànzài kāishǐ miànshì.

A 你不要在面试中说谎。 Nǐ bú yào zài miànshì zhōng shuōhuǎng.
B 알겠습니다.
A 지금부터 면접을 시작할게요.

STEP up 패턴 응용하기

○○ 중에. ➡ 在 + 聊天 / 会议 / 同学 + 中。

쏙쏙 어휘

成长 [chéngzhǎng] 성장하다
受伤 [shòushāng] 부상을 입다
战争 [zhànzhēng] 전쟁
离别 [líbié] 이별하다, 헤어지다
受欢迎 [shòu huānyíng] 인기 있는, 환영 받는

面试 [miànshì] 면접
说谎 [shuōhuǎng] 거짓말하다

聊天 [liáotiān] 잡담
会议 [huìyì] 회의

Pattern 198 在A下 (zài xià)

A 하에 ~해

在A下는 '**~(조건이나 상황) 하에/에서**'라는 의미로 어떠한 동작이 일어나는 범위를 나타냅니다.

패턴 참고사항 在A下은 장소와 함께 사용되어 '~아래(쪽에)'의 의미도 나타냅니다.
예: 我的钥匙**在**桌子**下**。 내 열쇠는 테이블 **아래 쪽에** 있어.

MP3 198

STEP 01 패턴 집중 훈련

그는 좋은 조건에서 성장했어.
他在好的条件下成长了。
Tā zài hǎo de tiáojiàn xià chéngzhǎng le.

그는 나의 도움하에 어려움을 극복했어.
他在我的帮助下，克服困难了。
Tā zài wǒ de bāngzhù xià, kèfú kùnnan le.

이러한 상황에서 나는 당연히 어떻게 해야 하죠?
在这样的情况下，我应该怎么做？
Zài zhèyàng de qíngkuàng xià, wǒ yīnggāi zěnme zuò?

나는 나무 아래에서 쉬어.
我在树下休息。
Wǒ zài shù xià xiūxi.

쏙쏙 어휘

成长 [chéngzhǎng] 성장하다
克服 [kèfú] 극복하다, 이기다
困难 [kùnnan] 어려움
情况 [qíngkuàng] 상황
树 [shù] 나무

压力 [yālì] 스트레스

警察 [jǐngchá] 경찰
保护 [bǎohù] 보호하다.
支持 [zhīchí] 지지하다
阳光 [yángguāng] 햇빛

STEP 02 미니 회화 연습

A 最近工作压力很大。 Zuìjìn gōngzuò yālì hěn dà.
B 스트레스 받으면서 일하면 안 좋아.
A 我不能休息呢。 Wǒ bù néng xiūxi ne.

A 요즘 업무 스트레스가 너무 커.
B 在压力下工作很不好。 Zài yālì xià gōngzuò hěn bù hǎo.
A 나는 쉴 수가 없는 걸.

STEP up 패턴 응용하기

○○ 아래(하)에서. ➡ 在 + 警察的保护 / 大家的支持 / 阳光 + 下。

Pattern 199 在 A 以前 (zài A yǐ qián) A 이전에 ~해

在 A 以前/之前는 **'A 이전에(전에)'**라는 의미로 특정시간을 가리킵니다.

패턴 참고사항 以前은 불특정한 시간, 之前은 특정한 시간을 말합니다.

MP3 199

STEP 01 패턴 집중 훈련

그녀는 매우 오래 전에 그 남자를 떠났어.
她在很久以前离开他了。
Tā zài hěnjiǔ yǐqián líkāi tā le.

그 남자는 얼마 전에 여자친구를 사귀었어.
他在不久以前交了女朋友。
Tā zài bùjiǔ yǐqián jiāo le nǚpéngyou.

너는 8월 전에 등록해야 해.
你要在8月之前报名。
Nǐ yào zài bā yuè zhīqián bàomíng.

너는 퇴근하기 전에 완성해라.
你在下班之前完成吧。
Nǐ zài xiàbān zhīqián wánchéng ba.

쏙쏙 어휘

离开 [líkāi] 떠나다, 벗어나다
不久(以)前 [bùjiǔ (yǐ)qián] 얼마 전에
交 [jiāo] 사귀다, 제출하다
报名 [bàomíng] 신청하다, 등록하다
完成 [wánchéng] 완성하다

STEP 02 미니 회화 연습

A 老师说什么？ Lǎoshī shuō shénme?

B 금요일 전에 숙제를 제출하래요.

A 好的，谢谢你。 Hǎo de, xièxie nǐ.

A 선생님께서 뭐라고 말씀하셨니?
B 在星期五之前交作业。 Zài xīngqīwǔ zhīqián jiāo zuòyè.
A 알겠어, 고마워.

STEP up 패턴 응용하기

○○ 전에. ➡ 在+ [几年 / 几个月 / 几天] + 以前。

Pattern 200

从 A 到 B (cóng dào) A에서부터 B까지 ~해

从 A 到 B는 **'A에서부터 B까지'**를 의미합니다. 출발지부터 도착지까지를 나타냅니다.

패턴 참고사항 从만을 사용해서 '~에서부터'라는 뜻으로 사용할 수 있습니다.
예: 他**从**英国回来了。그는 영국**에서부터** 돌아왔어.

MP3 200

STEP 01 패턴 집중 훈련

베이징에서부터 상하이까지는 매우 멀어요.
从北京到上海很远。
Cóng Běijīng dào Shànghǎi hěn yuǎn.

여기서부터 산 정상까지는 4시간 걸려요.
从这儿到山顶要四个小时。
Cóng zhèr dào shāndǐng yào sì ge xiǎoshí.

1층에서 4층까지 사람이 없어요.
从一楼到四楼没有人。
Cóng yī lóu dào sì lóu méiyǒu rén.

서울에서 부산까지 가는 기차표 있나요?
有没有从首尔到釜山的火车票?
Yǒu méi yǒu cóng shǒu'ěr dào fǔshān de huǒchēpiào?

STEP 02 미니 회화 연습

A 지구에서 달까지 얼마나 멀어?

B 我怎么知道呢? Wǒ zěnme zhīdao ne?

A 我们在科学课上学过了。 Wǒmen zài kēxuékè shàng xué guo le.

A 从地球到月亮有多远? Cóng dìqiú dào yuèliang yǒu duō yuǎn?
B 내가 어떻게 알아?
A 우리 과학 수업에서 배웠잖아.

STEP up 패턴 응용하기

○○에서 △△까지. ➡ 从 + 学校 / 公司 / 南极 + 到 + 电影院。/ 饭店。/ 北极。

쏙쏙 어휘

山顶 [shāndǐng] 산 정상
要 [yào] 필요로 하다, 걸리다
楼 [lóu] 층
釜山 [Fǔshān] 부산
火车票 [huǒchēpiào] 기차표

地球 [dìqiú] 지구
月亮 [yuèliang] 달
科学 [kēxué] 과학

电影院 [diànyǐngyuàn] 영화관, 극장
南极 [nánjí] 남극
北极 [běijí] 북극

Pattern 201 从 A 到 B A부터 B까지 ~해

cóng dào

从 A 到 B는 장소 명사 뿐만 아니라 시간 명사와 함께 출발부터 도착까지의 기간이나 시점을 나타냅니다.

패턴 참고사항 从만을 사용해서 '~부터'라는 뜻으로 사용할 수 있습니다.
예: **从**三点开始。 3시**부터** 시작해.

MP3 201

STEP 01 패턴 집중 훈련

오늘부터 모레까지 나는 중국에 있을 것 같아.
从今天到后天我会在中国。
Cóng jīntiān dào hòutiān wǒ huì zài Zhōngguó.

그는 아침부터 저녁까지 컴퓨터를 보고 있어.
他从早到晚看着电脑。
Tā cóng zǎo dào wǎn kànzhe diànnǎo.

6월부터 8월까지는 여행 성수기야.
从6月到8月是旅游旺季。
Cóng liù yuè dào bā yuè shì lǚyóu wàngjì.

나는 아침 아홉 시부터 저녁 여섯 시까지 근무해.
我从早上九点到晚上六点工作。
Wǒ cóng zǎoshang jiǔ diǎn dào wǎnshang liù diǎn gōngzuò.

STEP 02 미니 회화 연습

A 春节你休息吗? Chūnjié nǐ xiūxi ma?

B 나는 2일부터 4일까지 쉬어.

A 你有什么打算? Nǐ yǒu shénme dǎsuan?

A 너 춘절(설날)에 쉬니?
B 我从二号到四号休息。 Wǒ cóng èr hào dào sì hào xiūxi.
A 너 무슨 계획이 있어?

STEP up 패턴 응용하기

○○에서 △△까지. ➡ 从 + [昨天 / 上个星期 / 8点] + 到 + [今天。 / 下个星期。 / 现在。]

쏙쏙 어휘

旅游 [lǚyóu] 여행하다
旺季 [wàngjì] 성수기
从早到晚 [cóngzǎodàowǎn] 아침부터 저녁까지

上个星期 [shàngge xīngqī] 지난 주
下个星期 [xiàge xīngqī] 다음 주

Pattern 202 从 A 以后到 B A 이후부터 B까지 ~해

cóng yǐhòudào

'이후/금후'라는 뜻의 以后는 **从 A 以后到 B**의 형태로 '**A 이후부터 B까지 ~하다**'라고 표현합니다.

패턴 참고사항 从今以后 [cóngjīnyǐhòu]는 회화에서 '지금부터'라는 의미로 많이 사용합니다.

MP3 202

STEP 01 패턴 집중 훈련

졸업한 이후부터 지금까지 우리는 만나지 않았어.
从毕业以后到现在我们没见面。
Cóng bìyè yǐhòu dào xiànzài wǒmen méi jiànmiàn.

그는 작년이후부터 지금까지 많이 쪘어.
从他去年以后到现在胖了很多。
Cóng tā qùnián yǐhòu dào xiànzài pàng le hěnduō.

60세 이후부터 지금까지 그는 무역을 했어.
从60岁以后到现在他做买卖了。
Cóng liùshí suì yǐhòu dào xiànzài tā zuò mǎimai le.

나는 여섯 시 이후부터 여덟 시까지 음식을 먹지 않을 거야.
我从六点以后到八点不吃东西。
Wǒ cóng liù diǎn yǐhòu dào bā diǎn bù chī dōngxi.

쏙쏙 어휘

胖 [pàng] 뚱뚱하다
东西 [dōngxi] 물건, 음식
买卖 [mǎimai] 무역, 매매
总 [zǒng] 항상, 날마다
去世 [qùshì] 세상을 뜨다, 죽다

上 [shàng] (학교에) 다니다, 지원하다
交 [jiāo] 사귀다

STEP 02 미니 회화 연습

A 작년 이후부터 지금까지 그녀는 날마다 울어.

B 为什么？ Wèishénme?

A 她的丈夫去世了。 Tā de zhàngfu qùshì le.

A 从去年以后到现在她总哭。 Cóng qùnián yǐhòu dào xiànzài tā zǒng kū.
B 왜?
A 그녀의 남편이 세상을 떠났어.

STEP up 패턴 응용하기

작년 이후부터 지금까지 ○○해. ➡

从去年以后到现在 +

上大学。
交女朋友。
学习。

Pattern 203 从 A 开始 (cóng A kāishǐ) A로부터 시작하여 ~해

开始는 '시작하다'란 뜻입니다. **从 A 开始**의 형태로 'A로부터 시작하여'라는 의미를 표현합니다.

MP3 203

패턴 참고사항 开始는 시작 지점과 시작 시간 모두를 나타낼 수 있습니다.
예: 从这儿**开始**。 여기**에서부터** 시작해. / 从现在**开始**。 지금**부터** 시작해.

STEP 01 패턴 집중 훈련

나는 오늘부터 운동을 시작할 거야.
我从今天开始运动。
Wǒ cóng jīntiān kāishǐ yùndòng.

나는 어제 저녁부터 머리가 아프기 시작했어.
我从昨天晚上开始头疼。
Wǒ cóng zuótiān wǎnshang kāishǐ tóuténg.

나는 초등학교 때부터 중국어를 배우기 시작했어.
我从小学开始学中文。
Wǒ cóng xiǎoxué kāishǐ xué zhōngwén.

우리 오늘부터 사귀기 시작했어.
我们从今天开始谈恋爱。
Wǒmen cóng jīntiān kāishǐ tán liàn'ài.

쏙쏙 어휘

头疼 [tóuténg] 머리가 아프다
谈恋爱 [tánliàn'ài] 연애하다, 사귀다

前面 [qiánmian] 앞, 앞부분
去年 [qùnián] 작년

STEP 02 미니 회화 연습

A 什么时候会下雨? Shénmeshíhou huì xiàyǔ?
B 저녁부터 비가 내리기 시작한대.
A 你有伞吗? Nǐ yǒu sǎn ma?

A 언제 비가 올까?
B 从晚上开始下雨。 Cóng wǎnshang kāishǐ xiàyǔ.
A 너 우산 있어?

STEP up 패턴 응용하기

○○에서 시작해서. ➡ 从 + 前面 / 这个月 / 去年 + 开始。

Pattern 204

从 A 出发 (cóng A chūfā)

A로부터 출발하여 ~해

出发는 '출발하다'란 뜻입니다. **从 A 出发**는 **'A로부터 출발하여'**라고 표현할 때 말합니다.

패턴 참고사항 出发는 출발점을 나타낼 수 있고 출발 시간을 나타낼 수도 있습니다.
예: 从这儿**出发**。 여기**서부터** 출발해. / 在八点**出发**。 8시**에** 출발해.

MP3 204

STEP 01 패턴 집중 훈련

나는 여기에서 출발할 거야.
我从这儿出发。
Wǒ cóng zhèr chūfā.

내일 우리는 학교에서 출발해.
明天我们从学校出发。
Míngtiān wǒmen cóng xuéxiào chūfā.

베이징에서 출발한 비행기가 실종됐어.
从北京出发的飞机失踪了。
Cóng Běijīng chūfā de fēijī shīzōng le.

내일 여행은 명동에서 출발해.
明天的旅行从明洞出发。
Míngtiān de lǚxíng cóng Míngdòng chūfā.

STEP 02 미니 회화 연습

A 여기에서 출발하면 얼마나 걸리니?
B 要一个小时左右。 Yào yí ge xiǎoshí zuǒyòu.
A 不是很远。 Búshì hěn yuǎn.

A 从这儿出发需要多长时间？ Cóng zhèr chūfā xūyào duōcháng shíjiān?
B 한 시간 정도 걸려.
A 엄청 멀지는 않구나.

STEP up 패턴 응용하기

○○에서 출발해. ➡ 从 + [地铁站 / 公园 / 门口] + 出发。

쏙쏙 어휘

失踪 [shīzōng] 실종되다
旅行 [lǚxíng] 여행, 여행하다
明洞 [Míngdòng] 명동
左右 [zuǒyòu] 가량, 안팎, 쯤

地铁站 [dìtiězhàn] 지하철역
公园 [gōngyuán] 공원
门口 [ménkǒu] 입구

PART 30 거리·방향 개사 패턴

이번 파트에서는 '**~에서부터/~쪽으로**'와 같이 동작이 일어나는 **장소**를 나타내는 대신 **거리의 간격** 그리고 **이동하는 방향**을 나타내는 **개사**에 대해 배워 보려고 합니다. 앞에 장소· 시간을 나타내는 개사와 어떠한 차이점이 있는지 자세히 살펴 봅니다.

거리·방향 개사 패턴 미리보기

개사	명사
~에서부터 离	장소·시간
~를 향하여 向	
~쪽으로 往	

Pattern 205

离 A 很远 (lí ... hěn yuǎn)

A에서부터 매우 멀어

离는 장소명사 앞에서 '**~에서부터**'란 뜻으로 두 지점 사이의 거리를 나타내며, 형용사 '먼/가까운'과 함께 자주 사용됩니다. 가깝다고 표현할 땐 很近이라고 말합니다.

패턴 참고사항 부정을 말할 때는 형용사 앞에 不를 붙여 줍니다.

MP3 205

STEP 01 패턴 집중 훈련

회사는 지하철역에서 매우 멀어.
公司离地铁站很远。
Gōngsī lí dìtiězhàn hěn yuǎn.

우리 집은 너희 집에서 매우 가까워.
我家离你家很近。
Wǒjiā lí nǐjiā hěn jìn.

공항은 시내에서 안 가까워.
机场离市中心不近。
Jīchǎng lí shìzhōngxīn bú jìn.

기차역은 학교에서 멀지 않아.
火车站离学校不远。
Huǒchēzhàn lí xuéxiào bù yuǎn.

쏙쏙 어휘

地铁站 [dìtiězhàn] 지하철역
很近 [hěn jìn] 가까운
机场 [jīchǎng] 공항
市中心 [shìzhōngxīn] 시내
火车站 [huǒchēzhàn] 기차역

江南 [Jiāngnán] 강남

停车场 [tíngchēchǎng] 주차장
超市 [chāoshì] 마트
酒店 [jiǔdiàn] 호텔

STEP 02 미니 회화 연습

A 你的公司在哪里呢？ Nǐ de gōngsī zài nǎli ne?
B 我的公司在江南。 Wǒ de gōngsī zài Jiāngnán.
A 너의 회사는 네 집에서 아주 멀구나.

A 네 회사는 어디에 있니?
B 내 회사는 강남에 있어.
A 你的公司离你家很远。 Nǐ de gōngsī lí nǐjiā hěn yuǎn.

STEP up 패턴 응용하기

△△는 ○○에서 가깝지 않아. ➡

停车场 超市 书店	+ 离 +	公园 酒店 学校	+ 不近。

Pattern 206 离 A 还有 (lí háiyǒu) A까지 ~만큼 남아 있어

离+시간+还有는 **'(시간)까지 ~만큼 남아 있다'**란 의미로 시간의 격차를 나타내기도 합니다.

패턴 참고사항 <离+(시간)+只有>의 형태로 '(시간)까지 ~밖에 남지 않았다'라는 뜻도 나타냅니다.
예: **离**吃饭的时间**只有**五分钟。 밥 먹는 시간까지 5분 **밖에 남지 않았어**.

MP3 206

STEP 01 패턴 집중 훈련

춘절까지 아직 일주일 남았어.
离春节还有一个星期。
Lí chūnjié háiyǒu yí ge xīngqī.

밥 먹는 시간까지 아직 오분 남았어.
离吃饭的时间还有五分钟。
Lí chīfàn de shíjiān háiyǒu wǔ fēnzhōng.

출발 시간까지 아직 한 시간 남았어.
离出发的时间还有一个小时。
Lí chūfā de shíjiān háiyǒu yí ge xiǎoshí.

일출 시간까지 아직 30분 남았어.
离日出时间还有三十分钟。
Lí rìchū shíjiān háiyǒu sānshí fēnzhōng.

쏙쏙 어휘

只有 [zhǐyǒu] ~만 있다, ~밖에 없다
春节 [chūnjié] 춘절, 음력 설
日出 [rìchū] 해가 뜨다, 일출

来得及 [lái de jí] 늦지 않다
约定 [yuēdìng] 약속하다

下课 [xiàkè] 수업이 끝나다
期中考试 [qīzhōng kǎoshì] 중간고사

STEP 02 미니 회화 연습

A 我们来得及吗? Wǒmen láidejí ma?
B 약속시간까지 아직 30분 남았어.
A 那我们先休息一下。 Nà wǒmen xiān xiūxi yíxià.

A 우리 늦지 않았니?
B 离约定时间还有半个小时。 Lí yuēdìng shíjiān háiyǒu bàn ge xiǎoshí.
A 그럼 우리 먼저 좀 쉬자.

STEP up 패턴 응용하기

○○까지 아직 ~ 남았어 ➡

离 + 下班 / 下课 / 期中考试 + 还有 + 一个小时。 / 十分钟。 / 一个星期。

Pattern 207

xiàng
向 A A를 향해 ~해

向은 '**~를 향하여**'라는 의미로 사람 명사뿐만 아니라 장소 명사와도 자주 쓰입니다. 이 때 向은 '~를 향해 ~를 하다'란 뜻으로 동작을 하는 방향을 나타냅니다.

패턴 참고사항 <向+방향+동사>의 형태로 사용합니다.

MP3 207

STEP 01 패턴 집중 훈련

새는 북쪽을 향해 날아.
鸟向北边飞。
Niǎo xiàng běibian fēi.

그는 남쪽을 향해 앉아 있어.
他向南边坐着。
Tā xiàng nánbian zuò zhe.

창문은 동쪽을 향해 열려 있어.
窗户向东边开着。
Chuānghu xiàng dōngbian kāi zhe.

여러분 모두 여기를 향해 보세요.
大家都向这儿看。
Dàjiā dōu xiàng zhèr kàn.

쏙쏙 어휘

鸟 [niǎo] 새
飞 [fēi] 날다
窗户 [chuānghu] 창문

流 [liú] 흐르다
刮风 [guāfēng] 바람이 불다

STEP 02 미니 회화 연습

A 你看到我了吗？ Nǐ kàn dào wǒ le ma?
B 看不到。 Kàn bu dào.
A 네 뒤쪽을 봐봐.

A 너 나를 봤니?
B 안 보여.
A 你向后边看看吧。 Nǐ xiàng hòubian kànkan ba.

STEP up 패턴 응용하기

동쪽을 향해 ○○해. ➡ 向东边 + 流。/ 刮风。/ 站着。

Pattern 208 往 A (Wǎng) A쪽으로 ~해

往은 '**~쪽으로**'란 뜻으로 이동하는 동작의 방향을 나타냅니다. 往 뒤에는 방향·장소 명사와 함께 자주 사용합니다.

패턴 참고사항 <往 +방향+동사>의 형태로 말합니다.

MP3 208

STEP 01 패턴 집중 훈련

앞쪽으로 가봐. 往前走。 Wǎng qián zǒu.

뒤쪽으로 가봐. 往后走。 Wǎng hòu zǒu.

동쪽으로 가. 往东边去。 Wǎng dōngbian qù.

공항 쪽으로 차를 몰다. 往机场开车。 Wǎng jīchǎng kāichē.

쏙쏙 어휘

走 [zǒu] 걷다, 가다
机场 [jīchǎng] 비행장
开车 [kāichē] 차를 몰다, 운전하다

就有~ [jiùyǒu] 바로 ~이 있다
洗手间 [xǐshǒujiān] 화장

飞 [fēi] (새나 곤충 등이)날다

STEP 02 미니 회화 연습

A 请问，洗手间在哪里？ Qǐngwèn, xǐshǒujiān zài nǎli?

B 이쪽으로 쭉 걸어 가시면 바로 화장실이 있어요.

A 谢谢。 Xièxie.

A 실례합니다, 화장실이 어디 있나요?
B 一直往这边走就有洗手间。 Yìzhí wǎng zhè bian zǒu jiù yǒu xǐshǒujiān.
A 감사합니다.

STEP up 패턴 응용하기

앞으로 ○○해. ➡ 往前 + 看。/ 跑。/ 飞。

Pattern 209 往 A 拐 (wǎng guǎi) A쪽으로 꺾어

拐은 **'꺾어 돌다/방향을 바꾸다'**란 뜻입니다. '~(장소)쪽으로 꺾다'라고 표현할 때 <往+장소+拐> 형태로 말합니다.

패턴 참고사항 拐와 같은 의미로 转 [zhuǎn]을 사용할 수 있습니다.
예: 往左转。 왼쪽으로 **돌아**.

MP3 209

STEP 01 패턴 집중 훈련

쭉 앞쪽으로 가다가 다시 왼쪽으로 꺾어요.
一直往前走再往左拐。
Yìzhí wǎng qián zǒu zài wǎng zuǒ guǎi.

사거리에서 왼쪽으로 돌아.
在十字路口往左拐。
Zài shízì lùkǒu wǎng zuǒ guǎi.

큰 배가 동쪽으로 꺾는다.
大船往东拐。
Dà chuán wǎng dōng guǎi.

신호등에 도착한 후에, 오른쪽으로 꺾어요.
到了红绿灯以后，往右拐。
Dào le hóngl̀ǜdēng yǐhòu, wǎng yòu guǎi.

쏙쏙 어휘

一直 [yìzhí] 곧장, 줄곧
十字路口 [shízìlùkǒu] 사거리
大船 [dàchuán] 큰 배
红绿灯 [hónglǜdēng] 신호등

里头 [lǐtou] 안, 안쪽

STEP 02 미니 회화 연습

A 你知道怎么走？ Nǐ zhīdao zěnme zǒu?
B 알아, 앞에서 오른쪽으로 돌잖아.
A 好的。 Hǎo de.

A 너 어떻게 가는지 아니?
B 知道，在前面往右转。 Zhīdao, zài qiánmiàn wǎng yòu zhuǎn.
A 알겠어.

STEP up 패턴 응용하기

○○ 쪽으로 꺾어. ➡ 往 + 里头 / 西 / 南 + 拐。

PART 31 2음절 개사 패턴

우리가 총 **세 개의 파트**에 걸쳐 **대상·장소·시간·방향** 등을 나타내는 **개사**에 대해서 배웠다면, 이번 파트에서는 **목적·원인·근거·방식** 등을 나타내는 **개사**에 대해 배워 봅시다. 이번 개사 파트의 특징은 앞 파트와 다르게 2음절 패턴으로만 구성이 되어 있다는 것입니다. 개사의 마지막 파트인 만큼 힘차게 달려 봅시다.

2음절 개사 패턴 미리보기

개사	명사
~를 하기 위하여 为了	목적
~때문에 由于	원인
~에 따르면 根据	근거
~에 관해서 关于	범위·내용
~에 따라서 随着	발전·변화

Pattern 210

wèi le
为了~ ~을 하기 위해

为了는 주로 동사나 명사 앞에서 '**~을 하기 위하여**'라는 뜻으로 쓰입니다. 为了 뒤에는 주로 희망하는 목적이나 달성하고자 하는 목표 등이 오기 때문에 '어떠한 목표·목적을 위하여'라는 의미로 사용됩니다.

패턴 참고사항 为+사람(서비스를 받는 대상)
예: **为**你服务。당신**을 위해** 서비스를 합니다.

MP3 210

STEP 01 패턴 집중 훈련

건강을 위해서 그는 운동해.
为了健康他运动。
Wèile jiànkāng tā yùndòng.

그는 회사를 위해서 매우 노력하지.
他为了公司很努力。
Tā wèile gōngsī hěn nǔlì.

그는 선물을 사기 위해서 돈을 벌어.
他为了买礼物赚钱。
Tā wèile mǎi lǐwù zhuànqián.

나는 대학을 진학하기 위해서 매우 열심히 공부해.
我为了上大学很努力学习。
Wǒ wèile shàng dàxué hěn nǔlì xuéxí.

STEP 02 미니 회화 연습

A 你为什么学习汉语? Nǐ wèishénme xuéxí hànyǔ?

B 나는 직업을 찾기 위해서 중국어를 배워.

A 我为了去中国学习汉语。Wǒ wèile qù Zhōngguó xuéxí hànyǔ.

A 너는 왜 중국어를 배우니?
B 我为了找工作学习汉语。Wǒ wèile zhǎo gōngzuò xuéxí hànyǔ.
A 나는 중국에 가기 위해서 중국어를 배워.

STEP up 패턴 응용하기

○○을(를) 하기 위해서야. ➡ 为了 +

去欧洲。 减肥。 成功。

쏙쏙 어휘

努力 [nǔlì] 노력 하다
赚钱 [zhuànqián] 돈을 벌다

TIP 为 VS 为了
* 为(~을 위하여)
为+사람(수익자)
예: **为**他 그**를 위하여**

* 为了(~를 하기 위하여)
为了+동작
예: **为了**去中国
중국**에** 가기 **위하여**

欧洲 [Ōuzhōu] 유럽
成功 [chénggōng] 성공하다, 이루다

Pattern 211 由于~ (yóu yú) ~ 때문에

由于는 '**~때문에/~로 인하여**'라는 뜻으로 원인을 나타냅니다. 주로 문장 앞에서 사용합니다.

패턴 참고사항 <由于+원인>의 형태로 사용합니다.

MP3 211

STEP 01 패턴 집중 훈련

감기로 인해, 나는 오늘 출근하러 갈 수가 없어.
由于感冒，我今天不能去上班。
Yóuyú gǎnmào, wǒ jīntiān bù néng qù shàngbān.

오늘 차가 막혔기 때문에, 나는 지각을 했어.
由于今天路上堵车，我迟到了。
Yóuyú jīntiān lùshàng dǔchē, wǒ chídào le.

큰비가 내렸기 때문에, 나는 학교에 가지 않았어.
由于下大雨，我没去学校。
Yóuyú xià dàyǔ, wǒ méi qù xuéxiào.

시간 문제로 인하여, 오늘은 딱 여기까지 합시다.
由于时间问题，今天就到这儿。
Yóuyú shíjiān wèntí, jīntiān jiù dào zhèr.

STEP 02 미니 회화 연습

A 他为什么辞职了？ Tā wèishénme cízhí le?

B 건강 문제 때문에 그는 일을 그만뒀어.

A 健康是最重要的。 Jiànkāng shì zuì zhòngyào de.

A 왜 그는 일을 그만뒀지?
B 由于健康问题，他辞职了。 Yóuyú jiànkāng wèntí, tā cízhí le.
A 건강이 가장 중요해.

STEP up 패턴 응용하기

○○의 이유로. ➡ 由于 + 经济不好。 / 不小心。 / 开夜车。

쏙쏙 어휘

感冒 [gǎnmào] 감기에 걸리다
堵车 [dǔchē] 차가 막히다
大雨 [dàyǔ] 큰비, 호우
问题 [wèntí] 문제
就 [jiù] 딱 ~하다

辞职 [cízhí] 사직하다, 일을 그만두다
重要 [zhòngyào] 중요하다

经济 [jīngjì] 경제
小心 [xiǎoxīn] 조심하다
开夜车 [kāiyèchē] 밤을 꼬박 새우다

Pattern 212 根据 A (gēn jù) A에 따르면

根据는 '**~에 따르면/의하여**'라는 뜻으로 사실이나 근거를 나타냅니다. 주로 문장 앞에서 사용합니다.

MP3 212

패턴 참고사항 据만을 사용하여 '~에 따르면'라는 뜻으로 표현합니다.
예: **据**天气预报说 일기예보**에 따르면**

STEP 01 패턴 집중 훈련

네 이상에 따라 직업을 선택해.
根据你的理想，选择工作。
Gēnjù nǐ de lǐxiǎng, xuǎnzé gōngzuò.

내가 아는 바에 따르면, 그는 좋은 사람이야.
根据我的了解，他是好人。
Gēnjù wǒ de liǎojiě, tā shì hǎorén.

모두의 의견에 따르면 그는 좋은 사람이야.
根据大家的意见，他是好人。
Gēnjù dàjiā de yìjiàn, tā shì hǎorén.

일기예보 말에 따르면, 내일 적은 비가 내린다고 해.
根据天气预报说，明天有小雨。
Gēnjù tiānqì yùbào shuō, míngtiān yǒu xiǎoyǔ.

STEP 02 미니 회화 연습

A 조사에 따르면, 올해 또 물가가 올랐대.
B 是这样，我也觉得很贵。 Shì zhèyang, wǒ yě juéde hěn guì.
A 我们都得省钱。 Wǒmen dōu děi shěngqián.

A 根据调查今年又涨价了。 Gēnjù diàochá jīnnián yòu zhǎngjià le.
B 그렇구나, 내가 느끼기에도 아주 비싸.
A 우리 모두 돈을 절약해야 해.

STEP up 패턴 응용하기

○○에 따르면. ➡ 根据 + 报告 / 法律 / 规定

쏙쏙 어휘

理想 [lǐxiǎng] 이상
天气预报 [tiānqìyùbào] 일기예보
了解 [liǎojiě] 자세히 알다, 이해하다
小雨 [xiǎoyǔ] 소우, 적게 내린 비

调查[diàochá] 조사하다

报告 [bàogào] 보고
法律 [fǎlǜ] 법률
规定 [guīdìng] 규정

Pattern 213 关于 A

guān yú

A에 관해서

关于는 '**~에 관해서**'라는 뜻으로 관계 있는 사물이나 관련된 범위를 나타냅니다.

패턴 참고사항 关于은 문장 처음에서도 자주 사용됩니다.
예: **关于**这个问题，我们讨论一下。 이 문제**에 관하여** 우리 토론 한 번 해 봅시다.

MP3 213

STEP 01 패턴 집중 훈련

그에 관해서 많은 보도가 있어.
关于他有很多报道。
Guānyú tā yǒu hěn duō bàodào.

이 책은 경제에 관한 거야.
这本书是关于经济的。
Zhè běn shū shì guānyú jīngjì de.

나는 역사에 관한 영화를 좋아해.
我喜欢关于历史的电影。
Wǒ xǐhuan guānyú lìshǐ de diànyǐng.

이 문제에 관하여, 우리 연구 한번 해 봅시다.
关于这个问题，我们研究一下。
Guānyú zhè ge wèntí, wǒmen yánjiū yíxià.

쏙쏙 어휘

报道 [bàodào] 보도
经济 [jīngjì] 경제
研究 [yánjiū] 연구하다

教育 [jiàoyù] 교육
孩子 [háizi] 아이, 자녀
环境 [huánjìng] 환경

STEP 02 미니 회화 연습

A 这是什么书？ Zhè shì shénme shū?

B 이건 한 여자에 관한 책이야.

A 我也想看。 Wǒ yě xiǎng kàn.

A 이 책은 무슨 책이야?
B 这是关于一个女人的书。 Zhè shì guānyú yí ge nǚrén de shū.
A 나도 보고 싶다.

STEP up 패턴 응용하기

○○에 관하여. ➡ 关于 + 教育。/ 孩子。/ 环境。

Pattern 214

随着 A (suí zhe) A에 따라

随着는 **'~에 따라(서)'**라는 뜻으로 어떠한 상황이 다른 상황으로 발전하거나 변화하는 원인을 나타냅니다.

MP3 214

패턴 참고사항 顺着 [shùnzhe]도 역시 '~을 따라서'란 의미로 사용되지만 뒤에 구체적인 노선이 옵니다.
예: **顺着**那条路 그 길**을 따라서**

STEP 01 패턴 집중 훈련

그는 부모님을 따라 미국으로 이사가.
他随着父母搬到美国。
Tā suízhe fùmǔ bāndào měiguó.

자동차가 증가함에 따라 공기가 안 좋게 변했어.
随着汽车增多，空气变不好了。
Suízhe qìchē zēngduō, kōngqì biàn bù hǎo le.

스마트폰이 나타남에 따라 생활에 변화가 생겼지.
随着智能手机的出现，生活有变化。
Suízhe zhìnéngshǒujī de chūxiàn, shēnghuó yǒu biànhuà.

사회의 발전에 따라, 국가 경제 수준이 점점 좋아져.
随着社会发展，国家经济水平越来越好。
Suízhe shèhuì fāzhǎn, guójiā jīngjì shuǐpíng yuèláiyuè hǎo.

STEP 02 미니 회화 연습

A 你最近身体怎么样？ Nǐ zuìjìn shēntǐ zěnmeyàng?

B 나이가 들수록, 몸도 안 좋네요.

A 你多保重。 Nǐ duō bǎozhòng.

A 당신 요즘 몸이 어떤가요?
B 随着年龄的增长，身体也不好。 Suízhe niánlíng de zēngzhǎng, shēntǐ yě bù hǎo.
A 건강 조심하세요.

STEP up 패턴 응용하기

○○에 따라서. ➡ 随着 + 天气的变化。 / 潮流。 / 经济发展。

쏙쏙 어휘

汽车 [qìchē] 자동차
智能手机 [zhìnéngshǒujī] 스마트폰
越来越 [yuè lái yuè] 점점 ~하다
年龄 [niánlíng] 연령, 나이
增长 [zēngzhǎng] 증가하다, 늘어나다
保重 [bǎozhòng] 건강에 주의 하다

变化 [biànhuà] 변화하다
潮流 [cháoliú] 유행, 추세
经济 [jīngjì] 경제
发展 [fāzhǎn] 발전하다

Pattern 215 趁着 A (chèn zhe) A를 틈타

趁着는 '**~을 틈타(서)**'라는 뜻으로 기회나 조건 등을 이용함을 표현할 때 사용됩니다. 주로 문장 앞에서 사용합니다.

패턴 참고사항 趁만으로도 같은 의미를 표현할 수 있습니다.
예: **趁**寒假去中国。겨울 방학**을 이용해서** 중국에 갈 거야.

MP3 215

STEP 01 패턴 집중 훈련

출장을 틈타 여행을 갈 거야.
趁着出差去旅游。
Chènzhe chūchāi qù lǚyóu.

이번 기회를 틈타 차를 사세요.
趁着这次机会买汽车。
Chènzhe zhè cì jīhuì mǎi qìchē.

나는 쉬는 시간을 틈타 가서 잘 거야.
我趁着休息的时间去睡觉。
Wǒ chènzhe xiūxi de shíjiān shuìjiào.

젊을 때, 많이 나가서 둘러 봐.
趁着年轻，多出去走走看看。
Chènzhe niánqīng, duō chūqu zǒuzou kànkan.

쏙쏙 어휘

寒假 [hánjià] 겨울 방학
旅游 [lǚyóu] 여행하다
出差 [chūchāi] 출장가다
午饭时间 [wǔfàn shíjiān] 점심시간

单身 [dānshēn] 독신
假期 [jiàqī] 휴가 기간
汽车 [qìchē] 자동차

STEP 02 미니 회화 연습

A 你什么时候运动？ Nǐ shénme shíhou yùndòng?
B 나는 점심시간을 틈타서 운동해.
A 我也想和你一起运动。 Wǒ yě xiǎng hé nǐ yìqǐ yùndòng.

A 너 언제 운동하니?
B 我趁着午饭时间运动。 Wǒ chènzhe wǔfàn shíjiān yùndòng.
A 나도 너랑 같이 운동하고 싶어.

STEP up 패턴 응용하기

○○을(를) 틈타서. ➡ 趁着 +

老师不在。
单身。
假期。

PATTERN ⟶

这家比那家好吃。

이 집이 그 집보다 맛있어.

PART

실력을 한 단계 업그레이드 할 때

특수구문 패턴

PART

32 비교문 패턴

이번 파트에서는 '그녀는 나**보다** 예쁘다', '오늘이 어제**보다 훨씬** 춥다'와 같이 사람이나 사물을 비교하는 **비교문**에 대해서 배워보려고 합니다. 중국어에서는 **다양한 비교문 패턴**이 있는데, 이번 파트에서는 정도가 높거나 낮음을 나타내는 **比**자 **비교문**에 대해서 배워 봅시다.

비교문 패턴 미리보기

비교		명사
~보다 ~하다	比	사람·사물
~보다 ~하지 않다	不比	
~보다 ~못하다	不如	

Pattern 216 A 比 B A는 B보다 ~해

bǐ

比는 명사 앞에서 '**~보다 ~하다**'란 뜻으로 양자를 비교할 때 사용됩니다.

패턴 참고사항 比는 很/非常/十分/太와 함께 사용될 수 없습니다.
예: 她**比**我很漂亮。 (x) 그녀는 나**보다** 훨씬 예뻐.

MP3 216

STEP 01 패턴 집중 훈련

그녀는 나보다 예뻐.
她比我漂亮。
Tā bǐ wǒ piàoliang.

수박은 사과보다 크지.
西瓜比苹果大。
Xīguā bǐ píngguǒ dà.

상하이는 서울보다 더워.
上海比首尔热。
Shànghǎi bǐ Shǒu' ěr rè.

이 집이 그 집보다 맛있어.
这家比那家好吃。
Zhè jiā bǐ nà jiā hǎochī.

쏙쏙 어휘

西瓜 [xīguā] 수박
这 [zhè] 이, 이것
那 [nà] 그, 저, 그것, 저것

STEP 02 미니 회화 연습

A 你快还是他快？ Nǐ kuài háishi tā kuài?
B 그가 나보다 빨라.
A 我以为你更快。 Wǒ yǐwéi nǐ gèng kuài.

A 네가 빠르니 아니면 그가 빠르니?
B 他比我快。 Tā bǐ wǒ kuài.
A 나는 네가 더 빠른 줄 알았어.

STEP up 패턴 응용하기

그는 나보다 ○○해. ➡ 他比我 + 高。/ 聪明。/ 大。

STEP UP INFO

주어진 3개의 단어를 하나씩 패턴에 넣고 소리 내어 연습해 보세요.

Pattern 217 A 比 B 更 (bǐ gèng) A는 B보다 훨씬 ~해

'훨씬/더'라는 뜻의 更을 함께 사용해서 **A 比 B 更** 형태로 **'A는 B보다 훨씬 ~하다'**란 뜻을 나타냅니다.

MP3 217

패턴 참고사항 更과 같은 의미로 还 [hái]를 사용해서 A 比 B 还의 형태로도 사용할 수 있습니다.
예: 他比我**还**年轻。 그는 나보다 **훨씬** 젊어.

STEP 01 패턴 집중 훈련

그는 나보다 훨씬 젊어.
他比我更年轻。
Tā bǐ wǒ gèng niánqīng.

오늘은 어제보다 훨씬 춥네.
今天比昨天更冷。
Jīntiān bǐ zuótiān gèng lěng.

버스가 택시보다 훨씬 싸지.
公交车比出租车更便宜。
Gōngjiāochē bǐ chūzūchē gèng piányi.

이 집이 그 집보다 훨씬 맛있어.
这家比那家更好吃。
Zhè jiā bǐ nà jiā gèng hǎochī.

STEP 02 미니 회화 연습

A 你为什么在市场买菜？ Nǐ wèishénme zài shìchǎng mǎi cài?

B 시장의 채소가 마트보다 신선하니까.

A 我也要去市场买菜。 Wǒ yě yào qù shìchǎng mǎicài.

A 너는 왜 시장에서 채소를 사니?
B 市场的菜比超市的更新鲜。 Shìchǎng de cài bǐ chāoshì de gèng xīnxiān.
A 나도 시장에 가서 채소를 살 거야.

STEP up 패턴 응용하기

너는 그녀보다 더욱 ○○해. ➡ 你比她更 + 漂亮。 / 有钱。 / 瘦。

쏙쏙 어휘

冷 [lěng] 춥다
出租车 [chūzūchē] 택시
市场 [shìchǎng] 시장
超市 [chāoshì] 슈퍼 마켓
新鲜 [xīnxiān] 신선하다

有钱 [yǒuqián] 돈이 많다, 부유하다
瘦 [shòu] 마르다, 여위다

Pattern 218 A 比 B 得多 A는 B보다 훨씬 ~해

bǐ de duō

得多는 형용사 뒤에서 更나 还를 대신해서 **A 比 B 得多**의 형태로 '**A는 B보다 훨씬 ~하다**'라는 뜻을 나타냅니다.

패턴 참고사항 比~得多는 서로 다른 대상을 비교할 때 사용됩니다.
예: 你**比**她漂亮**得多**。 너는 그녀**보다 훨씬** 예뻐.

MP3 218

STEP 01 패턴 집중 훈련

중국어는 영어보다 훨씬 쉬워.
汉语比英语容易得多。
Hànyǔ bǐ yīngyǔ róngyì de duō.

네 휴대폰은 내 휴대폰 보다 훨씬 좋아.
你的手机比我的手机好得多。
Nǐ de shǒujī bǐ wǒ de shǒujī hǎo de duō.

한국 물가는 중국 물가보다 훨씬 비싸.
韩国物价比中国物价贵得多。
Hánguó wùjià bǐ zhōngguó wùjià guì de duō.

이 집 요리가 그 집 요리보다 훨씬 비싸.
这家菜比那家菜贵得多。
Zhè jiā cài bǐ nà jiā cài guì de duō.

쏙쏙 어휘

容易 [róngyì] 쉽다
物价 [wùjià] 물가

了解 [liǎojiě] 자세하게 알다
帅 [shuài] 잘생기다, 멋지다

STEP 02 미니 회화 연습

A 新的房间怎么样？ Xīn de fángjiān zěnmeyàng?

B 새 집은 예전 집보다 훨씬 커.

A 什么时候你邀请我呢？ Shénme shíhou nǐ yāoqǐng wǒ ne?

A 새 집은 어때?
B 新的房间比以前的大得多。 Xīn de fángjiān bǐ yǐqián de dà de duō.
A 너 언제 나를 초대할 거야?

STEP up 패턴 응용하기

그는 나보다 훨씬 ○○해. ➡ 他比我 + 年轻 / 了解 / 帅 + 得多。

Pattern 219 A 比 B 多了 A는 B보다 훨씬 ~해졌어

bǐ duō le

多了는 형용사 뒤에서 得多를 대신하여 **A 比 B 多了**의 형태로 '**A는 B보다 훨씬 ~해졌다**'라는 뜻을 나타냅니다.

패턴 참고사항 比~多了은 같은 대상의 과거와 현재를 비교할 때 사용됩니다.

MP3 219

STEP 01 패턴 집중 훈련

아들은 작년보다 훨씬 커졌어.
儿子比去年高多了。
Érzi bǐ qùnián gāo duō le.

그의 몸은 1년 전보다 훨씬 좋아졌어.
他的身体比一年前好多了。
Tā de shēntǐ bǐ yìnián qián hǎo duō le.

너 중국에 오기 전보다 훨씬 날씬해졌구나.
你比来中国之前瘦多了。
Nǐ bǐ lái Zhōngguó zhīqián shòu duō le.

이 집 요리가 이전보다 훨씬 비싸졌어.
这家菜比以前贵多了。
Zhè jiā cài bǐ yǐqián guì duō le.

STEP 02 미니 회화 연습

A 办公室有空调了。Bàngōngshì yǒu kōngtiáo le.

B 사무실이 예전보다 훨씬 쾌적해졌네.

A 对，以前太热了。Duì, yǐqián tài rè le.

A 사무실에 에어컨이 생겼어.
B 办公室比以前舒服多了。Bàngōngshì bǐ yǐqián shūfu duō le.
A 맞아, 예전에는 너무 더웠어.

STEP up 패턴 응용하기

그는 예전보다 훨씬 ○○해졌어. ➡ 他比以前 + 胖 / 健康 / 帅 + 多了。

쏙쏙 어휘

瘦 [shòu] 마르다, 여위다

办公室 [bàngōngshì] 사무실
空调 [kōngtiáo] 에어컨
舒服 [shūfu] 편안하다

胖[pàng] 뚱뚱하다
健康[jiànkāng] 건강하다

Pattern 220 A 比 B 一点儿 (bǐ yìdiǎnr) A는 B보다 좀 ~해

一点儿는 '조금/약간'이란 뜻입니다. **A 比 B 点儿** 형태는 **'A는 B보다 좀 ~하다'**라는 의미를 나타냅니다.

패턴 참고사항 一点儿에서 一는 생략할 수 있습니다.

MP3 220

STEP 01 패턴 집중 훈련

그는 나보다 조금 더 커.
他比我高(一)点儿。
Tā bǐ wǒ gāo (yì) diǎnr.

슈퍼마켓이 시장보다 조금 더 저렴해.
超市比市场便宜(一)点儿。
Chāoshì bǐ shìchǎng piányi (yì) diǎnr.

지하철이 버스보다 조금 더 빠르지.
地铁比公交车快(一)点儿。
Dìtiě bǐ gōngjiāochē kuài (yì) diǎnr.

이 집 요리가 그 집 요리보다 조금 더 맛있어.
这家菜比那家菜好吃(一)点儿。
Zhè jiā cài bǐ nà jiā cài hǎochī (yì) diǎnr.

쏙쏙 어휘

地铁 [dìtiě] 지하철

STEP 02 미니 회화 연습

A 오늘이 어제보다 조금 더 춥네.
B 对，你多穿衣服吧。 Duì, nǐ duō chuān yīfu ba.
A 好的，谢谢你。 Hǎo de, xièxie nǐ.

A 今天比昨天冷一点儿。 Jīntiān bǐ zuótiān lěng yìdiǎnr.
B 맞아, 너 옷을 많이 입으렴.
A 알겠어. 고마워.

STEP up 패턴 응용하기

너는 나보다 조금 더 ○○해. ➡ 你比我 + 快 / 高 / 胖 + 一点儿。

Pattern 221 A 不比 B (bù bǐ) A는 B보다 ~하지 않아

A 不比 B는 '**~보다 ~하지 않다**'란 의미로 比의 부정형입니다.

패턴 참고사항 比의 부정형으로 不를 사용할 수 있으나 没는 사용할 수 없습니다.

MP3 221

STEP 01 패턴 집중 훈련

나는 그보다 돈이 있지 않아.
我不比他有钱。
Wǒ bùbǐ tā yǒu qián.

여동생은 언니보다 예쁘지 않아.
妹妹不比姐姐漂亮。
Mèimei bùbǐ jiějie piàoliang.

아들은 딸보다 똑똑하지 않아.
儿子不比女儿聪明。
Érzi bùbǐ nǚér cōngming.

이 집 요리가 그 집 요리보다 맛있지 않아.
这家菜不比那家菜好吃。
Zhè jiā cài bùbǐ nà jiā cài hǎochī.

쏙쏙 어휘

活泼 [huópo] 활발하다
勇敢 [yǒnggǎn] 용감하다

STEP 02 미니 회화 연습

A 你的新的手机怎么样? Nǐ de xīn de shǒujī zěnmeyàng?

B 새 휴대 전화는 예전 휴대 전화보다 좋지 않아.

A 为什么? 有什么问题吗? Wèishénme? Yǒu shénme wèntí ma?

A 네 새 휴대 전화는 어때?
B 新的手机不比以前的手机好。 Xīn de shǒujī bù bǐ yǐqián de shǒujī hǎo.
A 왜? 무슨 문제라도 있어?

STEP up 패턴 응용하기

남동생은 형보다 ○○하지 않아. ➡ 弟弟不比哥哥 + 帅。/ 活泼。/ 勇敢。

Pattern 222 A 不如 B (bùrú) A는 B보다 못해

不如는 **'~보다 못하다'**로 앞의 대상이 뒤에 비교하는 대상보다 못할 경우에 사용합니다.

패턴 참고사항 与其 A 不如 B 형태는 'A하느니 차라리 B하는 게 낫다'란 뜻입니다.
예: **与其**我去**不如**你去。 내가 가느니 **차라리** 네가 가는 게 **낫지**. 패턴 269 참고

MP3 222

STEP 01 패턴 집중 훈련

백 번 듣는 것은 한 번 보는 것만 못해.
百闻不如一见。
Bǎiwén bùrú yí jiàn.

나의 영어실력은 예전보다 못해.
我的英语水平不如以前好。
Wǒ de yīngyǔ shuǐpíng bùrú yǐqián hǎo.

장미는 백합보다 예쁘지 못해.
玫瑰不如百合花漂亮。
Méigui bùrú bǎihéhuā piàoliang.

이 집 요리가 그 집 요리보다 맛이 못해.
这家菜不如那家菜好吃。
Zhè jiā cài bùrú nà jiā cài hǎochī.

쏙쏙 어휘

百 [bǎi] 백(100)
闻 [wén] 듣다
水平 [shuǐpíng] 수준
玫瑰 [méigui] 장미
百合花 [bǎihéhuā] 백합꽃

猪肉 [zhūròu] 돼지고기
牛肉 [niúròu] 쇠고기

STEP 02 미니 회화 연습

A 我想听你唱的歌。 Wǒ xiǎng tīng nǐ chàng de gē.
B 내가 부른 노래는 네가 부른 노래만 못해.
A 哪里哪里。 Nǎli nǎli.

A 나는 네가 부르는 노래를 듣고 싶어.
B 我唱的歌不如你唱的歌好听。 Wǒ chàng de gē bùrú nǐ chàng de gē hǎotīng.
A 천만의 말씀.

STEP up 패턴 응용하기

○○은 △△만 못하지. ➡ 现在 / 有钱 / 猪肉 + 不如 + 以前。 / 健康。 / 牛肉。

PART

33 비교문·최상급 패턴

지난 파트에서 정도가 높거나 낮음을 나타내는 **比 비교문**에 대해서 배웠다면 이번 파트에서는 '나는 그와 키가 똑같이 크다'와 같이 동등함을 나타내는 **동등 비교문**, '너보다 더 예쁠 수는 없다' **비교문**의 **최상급 패턴**까지 **비교문**을 완벽하게 마스터해 봅시다.

비교문·최상급 패턴 미리보기

비교			
~와 같다	跟	사람·사물	一样
~만큼 ~하다	有		这么/那么
보다 더 ~한 것은 없다	没有比		更(的)了

Pattern 223 A 跟 B 一样 A와 B는 똑같아

gēn yíyàng

'똑같다'란 뜻의 一样은 **跟~一样** 형태로 '**~와 같다**'라고 표현됩니다. 跟 대신에 和를 사용하여 비교문을 만들 수 있습니다.

패턴 참고사항 跟~都一样의 형태로 '~와 모두 같다'란 의미로도 사용할 수 있습니다.
예: 我们**跟**他们**都一样**高。 우리는 그들**과 모두** 키가 **똑같아**.

MP3 223

STEP 01 패턴 집중 훈련

나는 그와 키가 똑같이 커. 我跟他一样高。
Wǒ gēn tā yíyàng gāo.

수박은 농구공과 똑같이 크지. 西瓜跟篮球一样大。
Xīguā gēn lánqiú yíyàng dà.

선생님은 우리 엄마랑 나이가 똑같아. 老师跟我妈妈一样大。
Lǎoshī gēn wǒ māma yíyàng dà.

이 집 요리는 그 집 요리랑 똑같이 맛있어. 这家菜跟那家菜一样好吃。
Zhè jiā cài gēn nà jiā cài yíyàng hǎochī.

쏙쏙 어휘

和 [hé] ~와
西瓜 [xīguā] 수박
篮球 [lánqiú] 농구공
摩托车 [mótuōchē] 오토바이
相信 [xiāngxìn] 믿다

乒乓球 [pīngpāngqiú] 탁구
老 [lǎo] 늙다
黄金 [huángjīn] 황금

STEP 02 미니 회화 연습

A 你的摩托车快吗？ Nǐ de mótuōchē kuài ma?
B 내 오토바이는 자동차 같이 빠르지.
A 我不相信！ Wǒ bù xiāngxìn!

A 네 오토바이는 빠르니?
B 我的摩托车跟汽车一样快。 Wǒ de mótuōchē gēn qìchē yíyàng kuài.
A 나는 못 믿겠어!

STEP up 패턴 응용하기

○○와 똑같이 △△해. ➡ 跟 + 乒乓球 / 爸爸 / 黄金 + 一样 + 小。/ 老。/ 贵。

STEP UP INFO
주어진 3개의 단어를 하나씩 패턴에 넣고 소리 내어 연습해 보세요.

Pattern 224 A 跟 B 不一样 A와 B는 달라

gēn bù yíyàng

'다르다/같지 않다'라는 뜻의 不一样은 **跟~不一样**의 형태로 '**~와 다르다**'란 의미가 됩니다.

패턴 참고사항 '跟~完全不一样의 형태로 '~와 완전히 다르다'라고 표현할 수 있습니다.
예: 我**跟**他**完全不一样**。 나는 그**와 완전히 달라**.

MP3 224

STEP 01 패턴 집중 훈련

너의 답은 나와 다르구나.
你的答案跟我的不一样。
Nǐ de dá'àn gēn wǒ de bùyíyàng.

이 집 요리는 그 집 요리랑 달라.
这家菜跟那家菜不一样。
Zhè jiā cài gēn nà jiā cài bùyíyàng.

그의 생각은 나의 생각과 달라.
他的想法跟我的想法不一样。
Tā de xiǎngfǎ gēn wǒ de xiǎngfǎ bùyíyàng.

지금의 학생은 예전의 학생과 다르지.
现在的学生跟以前的学生不一样。
Xiànzài de xuésheng gēn yǐqián de xuésheng bùyíyàng.

쏙쏙 어휘

完全 [wánquán] 완전히, 전적으로
想法 [xiǎngfǎ] 생각, 의견

繁体字 [fántǐzì] 번체자
简体字 [jiǎntǐzì] 간체자

普通话 [pǔtōnghuà] 표준 중국어
广东话 [guǎngdōnghuà] 광동어

STEP 02 미니 회화 연습

A 你能读这个字吗? Nǐ néng dú zhè ge zì ma?

B 못 읽어, 번체자는 간체자와 달라.

A 这个是繁体字吗? Zhè ge shì fántǐzì ma?

A 너 이 글자를 읽을 수 있어?
B 不能读，繁体字跟简体字不一样。 Bù néng dú, fántǐzì gēn jiǎntǐzì bùyíyàng.
A 이건 번체자야?

STEP up 패턴 응용하기

○○는 △△와 달라. ➡ [普通话 / 我 / 女人] + 跟 + [广东话 / 你 / 男人] + 不一样。

Pattern 225 A 有 B 这么 A는 B만큼 이렇게 ~해

yǒu zhè me

有는 비교문에서 '~만큼 ~하다'라는 뜻입니다. **'有~这么~'** 형태로 **'~만큼 이렇게 ~하다'**라고 표현됩니다. 문장 끝에 吗를 붙여 '~만큼 ~이렇게 ~해?'와 같이 질문의 형태로 자주 사용됩니다.

패턴 참고사항 这么 대신 那么를 사용해서 '有~那么~' 형태로 '~만큼 그렇게 ~하다'란 의미를 나타냅니다.

MP3 225

STEP 01 패턴 집중 훈련

그 집이 이 집만큼 이렇게 맛있어?
那家有这家这么好吃吗?
Nà jiā yǒu zhè jiā zhème hǎochī ma?

딸이 엄마만큼 저렇게 예쁜가요?
女儿有妈妈那么漂亮吗?
Nǚ' ér yǒu māma nàme piàoliang ma?

남동생이 형만큼 저렇게 똑똑한가요?
弟弟有哥哥那么聪明吗?
Dìdi yǒu gēge nàme cōngming ma?

그곳은 이곳만큼 이렇게 싼가요?
那里有这里这么便宜吗?
Nàli yǒu zhèli zhème piányi ma?

STEP 02 미니 회화 연습

A 볶음밥은 덮밥만큼 이렇게 맛있니?

B 当然! Dāngrán!

A 我很想吃炒饭。 Wǒ hěn xiǎng chī chǎofàn.

A 炒饭有盖饭那么好吃吗? Chǎofàn yǒu gàifàn nàme hǎochī ma?
B 당연하지!
A 나는 볶음밥이 아주 먹고 싶어.

STEP up 패턴 응용하기

○○만큼 그렇게 △△해. ➡ 有 + 熊猫 / 汽车 / 她 + 那么 + 重。/ 快。/ 有名。

쏙쏙 어휘

炒饭 [chǎofàn] 볶음밥
盖饭 [gàifàn] 덮밥

熊猫 [xióngmāo] 팬더
重 [zhòng] 무겁다
汽车 [qìchē] 자동차
有名 [yǒumíng] 유명하다

Pattern 226 A 没有 B 这么 A는 B만큼 이렇게 ~하지 않아

méiyǒu zhè me

'没有~这么~'는 **'~만큼 이렇게 ~하지 않다'**란 의미로 有의 부정형입니다.

패턴 참고사항 这么 대신 那么를 사용해서 '没有~那么~'의 형태로 '~만큼 그렇게 ~하지 않다'라고도 표현합니다.

MP3 226

STEP 01 패턴 집중 훈련

나는 그만큼 그렇게 크지 않아.
我没有他那么高。
Wǒ méiyǒu tā nàme gāo.

이 집이 그 집만큼 그렇게 맛있지는 않아.
这家没有那家那么好吃。
Zhè jiā méiyǒu nà jiā nàme hǎochī.

그 집이 이 집만큼 이렇게 맛있지는 않아.
那家没有这家这么好吃。
Nà jiā méiyǒu zhè jiā zhème hǎochī.

그 옷은 이 옷만큼 이렇게 예쁘지 않아.
那件衣服没有这件这么好看。
Nà jiàn yīfu méiyǒu zhè jiàn zhème hǎokàn.

STEP 02 미니 회화 연습

A 听说他很帅。 Tīngshuō tā hěn shuài.

B 그는 너만큼 이렇게 멋지지 않아.

A 你真有眼光。 Nǐ zhēn yǒu yǎnguāng.

A 듣자 하니 그는 매우 잘 생겼대.
B 他没有你这么帅。 Tā méiyǒu nǐ zhème shuài.
A 너 정말 안목이 있구나.

STEP up 패턴 응용하기

○○ 만큼 그렇게 △△하지 않아. ➡ 没有 + 你 / 火车 / 他 + 这么 + 高。/ 快。/ 聪明。

쏙쏙 어휘

件 [jiàn] 벌(옷을 세는 양사)
예: **一件**衣服 한 **벌**의 옷

眼光 [yǎnguāng] 안목
火车 [huǒchē] 기차

Pattern 227 没有比 A 更~的了 A보다 더 ~한 것은 없어

méiyǒubǐ gèng dele

没有比~更~的了는 '**~보다 더 ~한 것은 없다**'란 의미로 비교의 최상급을 나타냅니다.

패턴 참고사항 的를 생략할 수 있습니다.
예: **没有**比你**更**漂亮**了**。너**보다** 더 예쁠 수**는 없어**.

MP3 227

STEP 01 패턴 집중 훈련

너보다 더 예쁠 수는 없어.
没有比你更漂亮的了。
Méiyǒu bǐ nǐ gèng piàoliang de le.

지구보다 더 큰 것은 없어.
没有比地球更大的了。
Méiyǒu bǐ dìqiú gèng dà de le.

사랑보다 더 중요한 것은 없어.
没有比爱更重要的了。
Méiyǒu bǐ ài gèng zhòngyào de le.

여기보다 더 맛있을 수는 없어.
没有比这里更好吃的了。
Méiyǒu bǐ zhèli gèng hǎochī de le.

쏙쏙 어휘

地球 [dìqiú] 지구
西红柿炒鸡蛋 [xīhóngshì chǎo jīdàn] 토마토달걀볶음

舒服 [shūfu] 편안하다
小猫 [xiǎomāo] 새끼 고양이
可爱 [kě'ài] 사랑스럽다

STEP 02 미니 회화 연습

A 西红柿炒鸡蛋容易做吗? Xīhóngshì chǎo jīdàn róngyì zuò ma?

B 이것보다 더 쉽게 만들 수 있는 건 없어.

A 那你教我怎么做。Nà nǐ jiāo wǒ zěnme zuò.

A 토마토달걀볶음 만들기 쉬워?
B 没有比这个更容易做的了。Méiyǒu bǐ zhè ge gēng róngyì zuò de le.
A 그럼 어떻게 만드는지 나에게 가르쳐 줘.

STEP up 패턴 응용하기

○○보다 더 △△한 것은 없어. ➡ 没有比 + [家 / 年轻 / 小猫] + 更 + [舒服 / 好 / 可爱] + 的了。

Pattern 228

Shénmedōu bǐbúshàng

什么都比不上 A 어떤 것도 A와 비교할 수는 없어

什么都比不上 A는 **'어떤 것도 A와 비교할 수는 없다'**란 의미로 역시 비교의 최상급을 나타냅니다.

패턴 참고사항 比不上만을 가지고 '비교할 수 없다'라는 뜻도 나타낼 수 있습니다.
예: 自己**比不上**別人。 자신을 다른 사람과 **비교할 수 없어**.

MP3 228

STEP 01 패턴 집중 훈련

어떤 것도 **건강**과 비교할 수는 없어.
什么都比不上健康。
Shénme dōu bǐ bú shàng jiànkāng.

어떤 것도 **자식**과 비교할 수 없어.
什么都比不上孩子。
Shénme dōu bǐ bú shàng háizi.

어떤 것도 **안전**과 비교할 수 없어.
什么都比不上安全。
Shénme dōu bǐ bú shàng ānquán.

어떤 것도 **가족**과 비교할 수 없어.
什么都比不上家人。
Shénme dōu bǐ bú shàng jiārén.

쏙쏙 어휘

健康 [jiànkāng] 건강하다
安全 [ānquán] 안전하다
家人 [jiārén] 가족

杭州 [Hángzhōu] 항저우
好看 [hǎokàn]
아름답다, 근사하다, 보기 좋다

爱情 [àiqíng]
(남녀 간의) 애정
金钱 [jīnqián] 금전

STEP 02 미니 회화 연습

A 你觉得中国哪里最好? Nǐ jué de Zhōngguó nǎli zuì hǎo?
B 어떤 것도 항저우와 비교할 수는 없지.
A 杭州有什么好看的? Hángzhōu yǒu shénme hǎokàn de?

A 너는 중국 어디가 제일 좋다고 생각해?
B 什么都比不上杭州。 Shénme dōu bǐ bú shàng Hángzhōu.
A 항저우에 어떤 보기 좋은 게 있어?

STEP up 패턴 응용하기

어떤 것도 ◯◯와(과) 비교할 수 없어. ➡ 什么都比不上 + 爱情。 / 我。 / 金钱。

Pattern 229 一天比一天~ 하루가 다르게 ~해

yìtiān bǐ yìtiān

一天比一天는 **'하루가 다르게 ~하다'**란 뜻으로 시간이 지남에 따라 어떤 상황이나 행동이 빠르게 변화하는 것을 의미합니다.

패턴 참고사항 '매년 다르게 ~하다'라고 표현할 때는 **一年比一年**라고 합니다.
예: 我的汉语水平**一年比一年**好。 내 중국어 실력이 **매년** 좋아져.

MP3 229

STEP 01 패턴 집중 훈련

날씨가 하루가 다르게 더워져.
天气一天比一天热。
Tiānqì yìtiān bǐ yìtiān rè.

농구를 하는 것이 하루가 다르게 재미있어.
打篮球一天比一天有意思。
Dǎ lánqiú yìtiān bǐ yìtiān yǒuyìsi.

그의 몸은 하루가 다르게 안 좋아져.
他的身体一天比一天不好。
Tā de shēntǐ yìtiān bǐ yìtiān bù hǎo.

우리의 중국어 실력이 하루가 다르게 좋아져.
我们的汉语水平一天比一天好。
Wǒmen de hànyǔ shuǐpíng yìtiān bǐ yìtiān hǎo.

쏙쏙 어휘

篮球 [lánqiú] 농구
水平 [shuǐpíng] 수준

开心 [kāixīn] 기쁘다
羡慕 [xiànmù] 부러워하다

幸福 [xìngfú] 행복하다
成长 [chéngzhǎng] 성장하다

STEP 02 미니 회화 연습

A 你在中国开心吗? Nǐ zài Zhōngguó kāixīn ma?
B 나는 하루가 다르게 즐거워.
A 真羡慕你! Zhēn xiànmù nǐ!

A 너는 중국에 있는 게 즐겁니?
B 我一天比一天开心。 Wǒ yìtiān bǐ yìtiān kāixīn.
A 네가 정말 부럽다!

STEP up 패턴 응용하기

하루가 다르게 ○○해. ➡ 一天比一天 + 幸福。/ 爱你。/ 成长。

Pattern 230 越～越… (yuè yuè) ~하면 할수록 …해

越～越… 는 '**~하면 할수록 …하다**'라는 뜻으로 앞에 동작이나 상황에 따라 뒤에 변화되는 정도를 나타냅니다.

패턴 참고사항 越는 형용사 용법도 가지고 있어 '우월하다'란 뜻으로 优越 [yōuyuè]를 사용합니다.

MP3 230

STEP 01 패턴 집중 훈련

수박은 크면 클수록 맛있어.
西瓜越大越好吃。
Xīguā yuè dà yuè hǎochī.

이 음식은 먹으면 먹을수록 매워.
这个菜越吃越辣。
Zhè ge cài yuè chī yuè là.

과연 물건은 비싸면 비쌀수록 좋아.
果然东西越贵越好。
Guǒrán dōngxi yuè guì yuè hǎo.

중국어는 배우면 배울수록 재미있어.
汉语越学越有意思。
Hànyǔ yuè xué yuè yǒuyìsi.

쏙쏙 어휘

西瓜 [xīguā] 수박
辣 [là] 맵다
果然 [guǒrán] 과연, 아니나 다를까
辣 [là] 맵다
厉害 [lìhai] 대단하다

累 [lèi] 피곤하다
想 [xiǎng] 생각하다

STEP 02 미니 회화 연습

A 你喜欢吃辣的吗？ Nǐ xǐhuan chī là de ma?
B 나는 매우면 매울수록 좋아.
A 你真厉害！ Nǐ zhēn lìhai!

A 너는 매운 음식 먹는 걸 좋아하니?
B 我越辣越喜欢吃。 Wǒ yuè là yuè xǐhuan chī.
A 너 정말 대단하다!

STEP up 패턴 응용하기

○○하면 할수록 △△해. ➡ 越 + [大 / 说 / 想] + 越 + [贵。/ 累。/ 生气。]

Pattern 231 越来越~ 점점 ~해

yuèláiyuè

越来越는 '**점점 ~하다**'란 뜻으로 시간이 지남에 따라 정도가 점점 심해짐을 나타냅니다.

패턴 참고사항 越来越 뒤에는 주로 형용사가 옵니다.

MP3 231

STEP 01 패턴 집중 훈련

날씨가 점점 추워지네.
天气越来越冷。
Tiānqì yuèláiyuè lěng.

물가가 점점 비싸져.
物价越来越贵。
Wùjià yuèláiyuè guì.

학생이 점점 많아져.
学生越来越多。
Xuésheng yuèláiyuè duō.

우리의 중국어 실력이 점점 좋아지네요.
我们的汉语水平越来越好。
Wǒmen de hànyǔ shuǐpíng yuèláiyuè hǎo.

쏙쏙 어휘

天气 [tiānqì] 날씨
物价 [wùjià] 물가
水平 [shuǐpíng] 수준

女儿 [nǚ'ér] 딸

熟悉 [shúxī] 익숙하다
近 [jìn]
(공간적·시간적 거리나 관계가) 가깝다

STEP 02 미니 회화 연습

A 这是我的女儿。 Zhè shì wǒ de nǚ' ér.

B 네 딸은 점점 예뻐지는구나.

A 谢谢你。 Xièxie nǐ.

A 얘가 내 딸이야.
B 你的女儿越来越漂亮。 Nǐ de nǚ' ér yuèláiyuè piàoliang.
A 고마워.

STEP up 패턴 응용하기

점점 ○○해. ➡ 越来越 + 大。 / 熟悉。 / 近。

PART

34 연동문 및 겸어문 패턴

이번 파트에서는 **연동문**과 **겸어문** 패턴에 대해 다뤄보려고 합니다. **연동문**은 '나는 비행기를 타고 대련에 간다'와 같이 '**나**'라는 **하나의 주어**가 '**타다**'와 '**가다**' **두 개 이상의 동사**를 **동반하는 문장**을 가리키며, 동작이 발생되는 순서대로 동사를 배열하는 특징을 가지고 있습니다. **겸어문**은 **한 문장 속에 동사가 두 개 이상**이며, 첫 번째 동사의 목적어가 두 번째 동사의 주어를 겸하는 문장을 말합니다. **겸어문**에서 대표적으로 사용되는 동사가 바로 **사역동사**이며, 사역동사는 '~한테 ~하게 시키다(하게 하다)'의 의미로 **시키는 동사**라고 기억해도 좋습니다. 그럼 중국어의 연동문과 겸어문에 대해 자세히 살펴 봅시다.

연동문 및 겸어문 패턴 미리보기

	동사1	명사	동사2
연동문	~을 타고 坐，骑	교통수단	~에 가다
	~에 가서 去	장소	~을 하다

	동사1	동사 1 [목적어 / 주어] + 동사2	동사2
겸어문	~한테 ~하게 시키다 让	사람	동작

Pattern 232 坐 A　A를 타고 ~해

zuò

坐 A의 형태로 '**A를 타고 ~을 하다**'라는 뜻입니다. 첫 번째 동사인 '타다'의 坐는 두 번째 동사 去의 수단을 나타냅니다.

패턴 참고사항 연동문은 동작이 발생되는 순서대로 동사를 배열합니다.

MP3 232

STEP 01 패턴 집중 훈련

나는 비행기를 타고 대련에 가.
我坐飞机去大连。
Wǒ zuò fēijī qù Dàlián.

나는 택시를 타고 집에 가.
我坐出租车回家。
Wǒ zuò chūzūchē huíjiā.

그는 버스를 타고 출근해.
他坐公交车上班。
Tā zuò gōngjiāochē shàngbān.

엄마는 구급차를 타고 병원에 도착했어.
妈妈坐救护车到医院。
Māma zuò jiùhùchē dào yīyuàn.

쏙쏙 어휘

出租车 [chūzūchē] 택시
救护车 [jiùhùchē] 구급차
医院 [yīyuàn] 병원

大巴 [dàbā] 대형 버스

STEP 02 미니 회화 연습

A 我们怎么去学校？ Wǒmen zěnme qù xuéxiào?
B 우리 택시를 타고 학교에 가자.
A 出租车太贵了。 Chūzūchē tài guì le.

A 우리 학교에 어떻게 가지?
B 我们坐出租车去学校吧。 Wǒmen zuò chūzūchē qù xuéxiào ba.
A 택시는 너무 비싸.

STEP up 패턴 응용하기

○○을 타고 부산에 가. ➡ 坐 + 火车 / 大巴 / 汽车 + 去釜山。

STEP UP INFO
주어진 3개의 단어를 하나씩 패턴에 넣고 소리 내어 연습해 보세요.

Pattern 233 骑 A (qí) A를 타고 ~해

骑 A는 **'A를 타고 ~을 하다'**란 뜻으로 骑도 역시 '타다'란 뜻이지만 坐와 달리 두 다리를 이용해서 자전거나 오토바이 등을 탈 때 사용합니다.

패턴 참고사항 '타다'의 坐와 혼동하지 않도록 주의하세요.

MP3 233

STEP 01 패턴 집중 훈련

나는 말을 타고 산에 올라. 我骑马登山。 Wǒ qí mǎ dēngshān.

그는 자전거를 타고 회사에 가. 他骑自行车去公司。 Tā qí zìxíngchē qù gōngsī.

그녀는 오토바이를 타고 해변에 도착했어. 她骑摩托车到海边了。 Tā qí mótuōchē dào hǎibian le.

누가 자전거를 타고 학교에 오니? 谁骑自行车来学校? Sheí qí zìxíngchē lái xuéxiào?

쏙쏙 어휘

登山 [dēngshān] 등산하다, 산을 오르다
摩托车 [mótuōchē] 오토바이
海边 [hǎibian] 해변, 바닷가

旅游 [lǚyóu] 여행하다, 관광하다

STEP 02 미니 회화 연습

A 看起来你很累。 Kànqǐlai nǐ hěn lèi.
B 나 오늘 자전거 타고 출근했어.
A 你休息一下。 Nǐ xiūxi yíxià.

A 너 많이 힘들어 보여.
B 今天我骑自行车上班。 Jīntiān wǒ qí zìxíngchē shàngbān.
A 너 좀 쉬어.

STEP up 패턴 응용하기

자전거를 타고 ○○해. ➡ 骑自行车 + 回家。 / 旅游。 / 去公园。

Pattern 234 去 A (qù) A에 가서 ~ 해

去는 **'가다'**라는 뜻으로 특정 장소에 가서 어떠한 동작을 할 때 사용되며, 문장 속에서 주로 첫 번째 동사로 사용됩니다.

패턴 참고사항 去를 来로 바꾸면 'A에 와서 B를 하다'란 의미가 됩니다.
예: 他**来**图书馆借书。 그는 도서관**에 와서** 책을 빌려.

MP3 234

STEP 01 패턴 집중 훈련

그는 도서관에 가서 책을 빌려.
他去图书馆借书。
Tā qù túshūguǎn jièshū.

너는 은행에 가서 환전을 해라.
你去银行换钱吧。
Nǐ qù yínháng huànqián ba.

엄마는 슈퍼마켓에 가서 채소를 사.
妈妈去超市买菜。
Māma qù chāoshì mǎicài.

나는 중국에 가서 중국어를 배워.
我去中国学习汉语。
Wǒ qù Zhōngguó xuéxí hànyǔ.

쏙쏙 어휘

图书馆 [túshūguǎn] 도서관
银行 [yínháng] 은행
换钱 [huànqián] 환전하다

生病 [shēngbìng] 병이 나다
看医生 [kànyīshēng] 진료를 받다

留学 [liúxué] 유학하다
做生意 [zuò shēngyi] 장사를 하다, 사업을 하다
旅游 [lǚyóu] 여행하다

STEP 02 미니 회화 연습

A 你为什么请假? Nǐ wèishénme qǐngjià?

B 저 병원에 가서 진찰을 받아야 해요.

A 你生病了吗? Nǐ shēngbìng le ma?

A 너 왜 휴가를 신청했어?
B 我要去医院看医生。 Wǒ yào qù yīyuàn kàn yīshēng.
A 너 아프니?

STEP up 패턴 응용하기

중국에 가서 ○○해. ➡ 去中国 + 留学。 / 做生意。 / 旅游。

Pattern 235

用 A (yòng)

A를 사용해서 ~해

用은 **'사용하다'**란 뜻으로 연동문에서 두 번째 동작의 수단 또는 도구를 나타냅니다.

패턴 참고사항 회화에서 不用了 [búyòngle]는 '됐어요/괜찮아요' 란 표현으로 자주 사용됩니다.

MP3 235

STEP 01 패턴 집중 훈련

나는 오른손을 사용해서 글자를 써.
我用右手写字。
Wǒ yòng yòushǒu xiězì.

나는 신용카드를 사용해서 돈을 지불하지.
我用信用卡付钱。
Wǒ yòng xìnyòngkǎ fùqián.

나는 스마트폰으로 영화를 봐.
我用智能手机看电影。
Wǒ yòng zhìnéng shǒujī kàn diànyǐng.

엄마는 전기밥솥으로 밥을 해.
妈妈用电饭煲做饭。
Māma yòng diànfànbāo zuòfàn.

쏙쏙 어휘

信用卡 [xìnyòngkǎ] 신용카드
付钱 [fùqián] 돈을 지불하다
智能手机 [zhìnéngshǒujī] 스마트폰
电饭煲 [diànfànbāo] 전기 밥솥

玩游戏 [wán yóuxì] 게임을 하다
新闻 [xīnwén] 뉴스

STEP 02 미니 회화 연습

A 在地铁上你做什么？ Zài dìtiě shang nǐ zuò shénme?
B 나는 휴대폰으로 뉴스를 봐.
A 我用手机玩游戏。 Wǒ yòng shǒujī wán yóuxì.

A 지하철에서 너는 뭘 하니?
B 我用手机看新闻。 Wǒ yòng shǒujī kàn xīnwén.
A 나는 휴대폰으로 게임을 해.

STEP up 패턴 응용하기

나는 컴퓨터를 사용해서 ◯◯해. ➡ 我用电脑 +
做作业。
玩游戏。
买东西。

Pattern 236 有 A (yǒu) ~할 A가 있어

有는 '**있다**'란 뜻으로 두 번째 동작을 하기 위한 사람이나 사물이 있음을 나타냅니다.

패턴 참고사항 有를 没有로 바꾸면 'B를 할 A가 없다'란 의미가 됩니다.
예: **他没有**钱买车。 그는 차를 살 돈**이 없어**.

MP3 236

STEP 01 패턴 집중 훈련

그는 차를 살 돈이 있어.
他有钱买车。
Tā yǒuqián mǎichē.

너 숙제 할 시간이 있니?
你有时间做作业吗?
Nǐ yǒu shíjiān zuò zuòyè ma?

너 같이 영화 볼 사람이 있니?
你有朋友一起看电影吗?
Nǐ yǒu péngyou yìqǐ kàn diànyǐng ma?

우리 반에는 스피치 대회에 참가할 학생이 있어요.
我们班有学生参加演讲比赛。
Wǒmen bān yǒu xuésheng cānjiā yǎnjiǎng bǐsài.

쏙쏙 어휘

演讲 [yǎnjiǎng] 강연, 연설, 스피치
力气 [lìqi] 힘, 기운
打扰 [dǎrǎo] 방해하다

谈恋爱 [tánliàn'ài] 연애하다

STEP 02 미니 회화 연습

A 지금 나는 말할 기운도 없어.
B 好的，我不打扰你了。 Hǎo de, wǒ bù dǎrǎo nǐ le.
A 谢谢。 Xièxie.

A 现在我没有力气说话。 Xiànzài wǒ méiyǒu lìqi shuōhuà.
B 알겠어, 나 너를 더 이상 귀찮게 하지 않을게.
A 고마워.

STEP up 패턴 응용하기

○○할 시간이 있어. ➡ 没有时间 + 谈恋爱。 / 看电影。 / 去超市。

Pattern 237 让 A (ràng) A한테 ~하게 시켜

让는 **'~한테 ~하게 시키다'**란 뜻의 사역동사입니다. 让 뒤에는 주로 동작의 시킴을 받는 사람이 옵니다.

패턴 참고사항 不를 让앞에 붙여 不让이라고 하면 '~한테 ~하지 않게 하다'라는 부정 표현이 됩니다.
예: 我**不让**他写作业。 나는 그**한테** 숙제를 **하지 않게 해**.

MP3 237

STEP 01 패턴 집중 훈련

나는 그한테 숙제를 하라고 했어.
我让他写作业。
Wǒ ràng tā xiě zuòyè.

너는 그가 잠들게 하지 마.
你不让他睡觉。
Nǐ búràng tā shuìjiào.

그는 사람을 안심하지 못하게 해.
他让人不放心。
Tā ràng rén bú fàngxīn.

선생님은 학생들에게 교실을 청소하라고 했어.
老师让学生打扫教室。
Lǎoshī ràng xuésheng dǎsǎo jiàoshì.

쏙쏙 어휘

打扫 [dǎsǎo] 청소하다
教室 [jiàoshì] 교실
放心 [fàngxīn] 안심하다, 마음을 놓다

洗衣服 [xǐyīfu] 옷을 빨다
银行 [yínháng] 은행

STEP 02 미니 회화 연습

A 你去哪里? Nǐ qù nǎli?
B 엄마가 나보고 시장에 가라고 했어.
A 我们一起去吧。 Wǒmen yìqǐ qù ba.

A 너 어디 가니?
B 妈妈让我去市场。 Māma ràng wǒ qù shìchǎng.
A 우리 같이 가자.

STEP up 패턴 응용하기

나는 그에게 ○○하게 시켰어. ➡ 我让他 + 洗衣服。/ 去银行。/ 学习汉语。

Pattern 238 叫 A (jiào) A한테 ~하도록 시켜

叫는 让보다 명령의 느낌이 강해 '**~한테(불러서) ~하도록 시키다**'라는 뜻을 나타냅니다. 叫 뒤에도 주로 동작의 시킴을 받는 사람이 옵니다.

패턴 참고사항 不를 叫 앞에 붙여 不叫 라고 하면 '~ A한테 ~(불러서) 안 하도록 시키다'라는 부정표현이 됩니다.
예: 我**不叫**他写作业。 나는 그**한테** 숙제를 **하지 않게 했어**.

MP3 238

STEP 01 패턴 집중 훈련

너 그에게 좀 기다리라고 해.
你叫他等一下。
Nǐ jiào tā děng yíxià.

네가 그를 좀 불러서 오라고 해.
你叫他过来一下。
Nǐ jiào tā guòlai yíxià.

그가 나한테 가서 선생님을 만나라고 했어.
他叫我去见老师。
Tā jiào wǒ qù jiàn lǎoshī.

아버지는 나에게 매일 운동하라고 해.
爸爸叫我每天运动。
Bàba jiào wǒ měitiān yùndòng.

쏙쏙 어휘

동사+一下 [yíxià]
한번 ~해 보다, 좀 ~해 보다
예: 吃**一下**。**좀** 먹어**봐**.
喝**一下**。**한 번** 마셔**봐**.

接 [jiē] 맞이하다, 마중하다

STEP 02 미니 회화 연습

A 我明天到北京。 Wǒ míngtiān dào Běijīng.
B 내가 친구한테 너 마중 나가라고 했어.
A 谢谢。 Xièxie.

A 나는 내일 베이징에 도착해.
B 我叫朋友接你。 Wǒ jiào péngyou jiē nǐ.
A 고마워.

STEP up 패턴 응용하기

그는 나를 불러서 ○○하게 시켜. ➡ 他叫我 + 快来。/ 拿东西。/ 出去。

Pattern 239 使 A (shǐ) A한테 ~하게 시켜

使는 '**A한테 ~하게 시키다**'라는 뜻으로 让나 叫와 달리 감정의 변화를 나타낼 때 사용합니다. 使 뒤에는 주로 감정의 변화를 느끼는 사람이 옵니다.

패턴 참고사항 让과 같이 사람에게 직접적으로 어떠한 동작을 시킬 때는 使를 사용할 수 없습니다.
예: 我**使**他写作业。 (X) 나는 그한테 숙제를 **하게 시켰어**.

MP3 239

STEP 01 패턴 집중 훈련

그는 나를 걱정시켜.
他使我担心。
Tā shǐ wǒ dānxīn.

부모는 자식이 건강하게 자라도록 한다.
父母使孩子健康成长。
Fùmǔ shǐ háizi jiànkāng chéngzhǎng.

그의 작품은 모두를 감탄하게 해.
他的作品使大家佩服。
Tā de zuòpǐn shǐ dàjiā pèifú.

이 영화는 나를 아주 감동시켰어.
这部电影使我十分感动。
Zhè bù diànyǐng shǐ wǒ shífēn gǎndòng.

STEP 02 미니 회화 연습

A 你昨天为什么没来？ Nǐ zuótiān wèishénme méi lái?

B 不好意思。 Bùhǎoyìsi.

A 너 나를 정말 실망시키는구나.

A 너 어제 왜 안 왔어?
B 미안해.
A 你使我很失望。 Nǐ shǐ wǒ hěn shīwàng.

STEP up 패턴 응용하기

그는 나를 ○○하게 해. ➡ 他使我 + 伤心。/ 生气。/ 高兴。

쏙쏙 어휘

担心 [dānxīn] 걱정하다
健康 [jiànkāng] 건강하다
成长 [chéngzhǎng] 성장하다, 자라다
作品 [zuòpǐn] 작품
佩服 [pèifú] 감탄하다
感动 [gǎndòng] 감동하다

失望 [shīwàng] 낙담하다, 실망하다

伤心 [shāngxīn] 상심하다

PART

35 동사+人 패턴

이번 파트에서는 겸어문에서 사용된 사역동사와 비슷한 형식으로 **사람 명사만을 동반하는 동사+人 패턴**에 대해 배워보려고 합니다. **<동사+사람 >**의 형태로 개사와 같이 '~에게 ~을 하다'로 해석되는 특징을 가지고 있습니다. 그럼 **동사 + 人 패턴**에는 어떠한 동사들이 있는지 자세히 살펴 봅시다.

동사 + 人 패턴 미리보기

동사	명사
~에게 ~을 주다 给	사람
~에게 ~을 빌리다 借	
~에게 ~을 가르치다 教	
~에게 ~을 알려 주다 告诉	

Pattern 240 A 帮 B

bāng

A가 B를 도와서 ~해

帮는 '**돕다**'라는 뜻의 동사입니다. <帮+사람+동사>의 형태로 '**~를 도와서~하다**'라는 표현이 됩니다.

패턴 참고사항 '돕다'란 의미로 帮助도 있으며 <帮助+목적어>의 형태로 사용됩니다.
예: 我**帮助**别人。 나는 다른 사람을 **도와**.

MP3 240

STEP 01 패턴 집중 훈련

나는 엄마를 도와서 요리를 해.
我帮妈妈做菜。
Wǒ bāng māma zuòcài.

너 나를 도와줄 수 있니?
你可以帮我吗？
Nǐ kěyǐ bāng wǒ ma?

나를 도와서 좀 들어 주세요.
请你帮我拿一下。
Qǐng nǐ bāng wǒ ná yíxià.

나는 너를 도와서 좋은 방법을 하나 생각할게.
我帮你想一个办法。
Wǒ bāng nǐ xiǎng yí ge bànfǎ.

쏙쏙 어휘

请 [qǐng] ~해주세요, ~하세요 (문장 맨 앞에서 영어의 'please'에 해당합니다.)
办法 [bànfǎ] 방법
做菜 [zuòcài] 요리를 하다
眼镜 [yǎnjìng] 안경
读 [dú] (글을 소리 내어) 읽다, 낭독하다

STEP 02 미니 회화 연습

A 我的眼镜在哪里？ Wǒ de yǎnjìng zài nǎli?
B 내가 널 도와서 찾아볼게.
A 谢谢你。 Xièxie nǐ.

A 내 안경이 어디 있지?
B 我帮你找一下。 Wǒ bāng nǐ zhǎo yíxià.
A 고마워.

STEP up 패턴 응용하기

너 나를 도와서 ○○해줘. ➡ 你帮我 + 读 / 说 / 买 + 一下。

Pattern 241 A 给(gěi) B　A가 B에게 ~을 줘

给는 '주다'라는 뜻입니다. <给+사람+명사/동사구>의 형태로 '**~에게 ~을 주다**'라는 의미를 나타냅니다.

MP3 241

패턴 참고사항 개사의 용법으로도 사용되며 이때는 <给+사람+동사>의 형태로 말합니다.
예: 我**给**你联系。 내가 너**한테** 전화할게.

STEP 01 패턴 집중 훈련

내가 너에게 옷을 줄게.
我给你衣服。
Wǒ gěi nǐ yīfu.

그는 나에게 선물을 줘.
他给我礼物。
Tā gěi wǒ lǐwù.

내가 너에게 축하사탕을 줄게.
我给你喜糖。
Wǒ gěi nǐ xǐtáng.

너 그녀에게 무엇을 주었니?
你给她什么了?
Nǐ gěi tā shénme le?

쏙쏙 어휘

礼物 [lǐwù] 선물
喜糖 [xǐtáng] 결혼 축하 사탕
电话号码 [diànhuà hàomǎ] 전화번호

名片 [míngpiàn] 명함
帽子 [màozi] 모자

STEP 02 미니 회화 연습

A 他在哪里? Tā zài nǎli?

B 몰라, 내가 너에게 그의 전화번호를 줄게.

A 好的。 Hǎo de.

A 그는 어디에 있니?
B 不知道，我给你他的电话号码。 Bùzhīdao, wǒ gěi nǐ tā de diànhuà hàomǎ.
A 알겠어.

STEP up 패턴 응용하기

친구에게 ○○을(를) 줄 거야. ➡ 给朋友 + 名片。/ 钱。/ 帽子。

Pattern 242 A 不给 B (bùgěi) A가 B에게 ~을 주지 않아

不给는 '**~에게 ~을 주지 않아**'라는 뜻으로 给의 부정형입니다.

패턴 참고사항 'A에게 ~을 주지 않았어'라고 말할 땐 不 대신에 没를 사용하면 됩니다.
예: 妈妈**没**给我钱。 엄마는 나에게 돈을 주지 **않았어**.

MP3 242

STEP 01 패턴 집중 훈련

엄마는 나에게 돈을 주지 않아.
妈妈不给我钱。
Māma bù gěi wǒ qián.

회사는 나에게 휴가를 주지 않아.
公司不给我放假。
Gōngsī bù gěi wǒ fàngjià.

그녀는 나에게 답장을 주지 않네.
她不给我回信。
Tā bù gěi wǒ huíxìn.

종업원이 나에게 영수증을 주지 않아.
服务员不给我发票。
Fúwùyuán bù gěi wǒ fāpiào.

STEP 02 미니 회화 연습

A 你的工作累吗？ Nǐ de gōngzuò lèi ma?

B 사장님이 나에게 휴식시간을 주지 않아.

A 你太辛苦了。 Nǐ tài xīnkǔ le.

A 너 힘들어?
B 老板不给我休息时间。 Lǎobǎn bù gěi wǒ xiūxi shíjiān.
A 너 정말 고생이 많구나.

STEP up 패턴 응용하기

그는 나에게 ○○을(를) 주지 않아. ➡ 他不给我 + 早饭。 / 水。 / 工资。

쏙쏙 어휘

放假 [fàngjià] (학교나 직장 등이) 쉬다
回信 [huíxìn] 답장
服务员 [fúwùyuán] 종업원
发票 [fāpiào] 영수증

辛苦 [xīnkǔ] 고생스럽다

水 [shuǐ] 물
工资 [gōngzī] 월급

Pattern 243 A 送(sòng) B

A가 B에게 ~을 선물해

送는 '**선물하다**'란 뜻으로 <送+사람+명사>의 형태로 '**~에게 ~을 선물하다**'라고 표현합니다.

패턴 참고사항 선물이 아닌 사은품·증정품 등을 증정할 때는 赠送 [zèngsòng]라고 합니다.

MP3 243

STEP 01 패턴 집중 훈련

내가 너에게 장미 한 송이를 선물할게.
我送你一朵玫瑰。
Wǒ sòng nǐ yìduǒ méigui.

남자친구가 나에게 핸드백을 선물했어.
男朋友送我一个手提包。
Nánpéngyou sòng wǒ yí ge shǒutíbāo.

아이가 부모님에게 축하카드를 선물했어.
孩子送父母一张贺卡。
Háizi sòng fùmǔ yìzhāng hèkǎ.

아빠가 너에게 무슨 선물을 했니?
爸爸送你什么礼物?
Bàba sòng nǐ shénme lǐwù?

쏙쏙 어휘

朵 [duǒ]송이
玫瑰 [méigui] 장미
手提包 [shǒutíbāo] 핸드백
贺卡 [hèkǎ] 축하 카드
爱情小说 [àiqíngxiǎoshuō] 연애 소설
茶具 [chájù] 다기, 다구
化妆品 [huàzhuāngpǐn] 화장품

STEP 02 미니 회화 연습

A 나는 여자친구에게 책 한 권을 선물하려고.
B 什么样的书? Shénmeyàng de shū?
A 是一本爱情小说。 Shì yì běn àiqíng xiǎoshuō.

A 我送女朋友一本书。 Wǒ sòng nǚpéngyou yì běn shū.
B 어떤 책인데?
A 연애 소설이야.

STEP up 패턴 응용하기

나는 그녀에게 ○○을(를) 선물할 거야. ➡ 我送她 + 钱包。/ 茶具。/ 化妆品。

Pattern 244 A 借 B

jiè

A가 B에게 ~을 빌려

借는 '빌리다'라는 뜻입니다. <借+사람+명사>의 형태로 '**~에게 ~을 빌리다/빌려주다**'라고 표현합니다.

패턴 참고사항 반대 어휘끼리 묶어서 암기하면 보다 효과적입니다. 빌리다 借 ↔ 돌려주다 还

MP3 244

STEP 01 패턴 집중 훈련

나에게 전화기를 빌려줘.
请你借我电话。
Qǐng nǐ jiè wǒ diànhuà.

나는 그에게 책 한 권을 빌려주었다.
我借给他一本书。
Wǒ jiè gěi tā yì běn shū.

너 나에게 돈을 빌려줄 수 있어?
你能借我钱吗？
Nǐ néng jiè wǒ qián ma?

나에게 연필을 빌려줄 수 있니?
可不可以借我铅笔？
Kě bu kěyǐ jiè wǒ qiānbǐ?

쏙쏙 어휘

还 [huán] 돌려주다
铅笔 [qiānbǐ] 연필
剪刀 [jiǎndāo] 가위

耳机 [ěrjī] 이어폰
外衣 [wàiyī] 겉옷
照相机 [zhàoxiàngjī] 사진기, 카메라

STEP 02 미니 회화 연습

A 你有什么事吗？ Nǐ yǒu shénme shì ma?

B 저에게 가위를 빌려줄 수 있나요?

A 没问题。 Méi wèntí.

A 무슨 일이시죠?
B 你可以借我剪刀吗？ Nǐ kěyǐ jiè wǒ jiǎndāo ma?
A 물론이죠.

STEP up 패턴 응용하기

나는 그에게 ○○을(를) 빌려 줄게. ➡ 我借给他 + 耳机。/ 外衣。/ 照相机。

Pattern 245 A 还 B

huán

A가 B에게 ~을 돌려줘

还는 '돌려주다/갚다'라는 뜻으로 <还+사람+명사>는 '**~에게 ~을 돌려주다**'란 의미를 나타냅니다.

패턴 참고사항 还가 의문문에서 '더/또'의 의미로 부사의 용법으로 사용될 때는 [hái]로 발음합니다.
예: 你**还**吃吗? 너 **더** 먹을래?

MP3 245

STEP 01 패턴 집중 훈련

나는 다음 달에 너에게 돈을 돌려줄게.
我下个月还你钱。
Wǒ xià ge yuè huán nǐ qián.

그는 나에게 휴대 전화를 돌려줬어.
他还我手机。
Tā huán wǒ shǒujī.

나는 은행에 대출금을 갚았어.
我还银行贷款。
Wǒ huán yínháng dàikuǎn.

도둑은 주인에게 훔쳐간 물건을 돌려줬어.
小偷还主人偷走的东西。
Xiǎotōu huán zhǔrén tōu zǒu de dōngxi.

쏙쏙 어휘

贷款 [dàikuǎn] 대출하다, 대출금
小偷 [xiǎotōu] 도둑
偷走 [tōuzǒu] 훔쳐가다

笔记本 [bǐjìběn] 노트
剪刀 [jiǎndāo] 가위
词典 [cídiǎn] 사전

STEP 02 미니 회화 연습

A 너 언제 내 책을 돌려줄 거야?
B 我还没读完。 Wǒ hái méi dú wán.
A 你快读吧。 Nǐ kuài dú ba.

A 你什么时候还我的书？ Nǐ shénme shíhou huán wǒ de shū?
B 나 아직 다 안 읽었어.
A 너 빨리 읽어.

STEP up 패턴 응용하기

내가 너에게 ○○을(를) 돌려줄게. ➡ 我还你 + 笔记本。 / 剪刀。 / 词典。

Pattern 246 A 教 B
jiāo

A가 B에게 ~을 가르쳐

教는 '가르치다'라는 뜻입니다. <教+사람+명사>의 형태로 '**~를 가르치다**'를 표현하죠. 教 뒤에는 가르침을 받는 대상이 옵니다.

패턴 참고사항 教가 명사로 사용될 경우에는 4성으로 발음합니다.
예: **教室** [jiàoshì] **교실**

MP3 246

STEP 01 패턴 집중 훈련

네가 나에게 중국어를 가르쳐 줘.
请你教我汉语。
Qǐng nǐ jiāo wǒ hànyǔ.

그는 아이들에게 수학을 가르쳐.
他教孩子数学。
Tā jiāo háizi shùxué.

내가 너에게 한가지 좋은 방법을 가르쳐 줄게.
我教你一个好方法。
Wǒ jiāo nǐ yí ge hǎo fāngfǎ.

아빠는 아들에게 기술을 가르친다.
爸爸教儿子技术。
Bàba jiāo érzi jìshù.

쏙쏙 어휘

数学 [shùxué] 수학
好方法 [hǎo fāngfǎ] 좋은 방법
技术 [jìshù] 기술

高中生 [gāozhōngshēng] 고등학생

滑雪 [huáxuě] 스키를 타다
电脑 [diànnǎo] 컴퓨터

STEP 02 미니 회화 연습

A 你做什么工作？ Nǐ zuò shénme gōngzuò?
B 나는 고등학생에게 과학을 가르쳐요.
A 那你是老师。 Nà nǐ shì lǎoshī.

A 당신은 어떤 일을 하나요?
B 我教高中生科学。 Wǒ jiāo gāozhōngshēng kēxué.
A 그럼 당신은 선생님이군요.

STEP up 패턴 응용하기

나는 그에게 ○○을(를) 가르치지. ➡ 我教他 +
滑雪。
骑自行车。
电脑。

Pattern 247 A 问 B

wèn

A가 B에게 ~을 물어봐

问는 '묻다/질문하다'로 <问+사람+명사> 형태로 '**~에게 물어보다**'라는 의미를 나타냅니다. 问 뒤에는 질문을 받는 대상이 옵니다.

패턴 참고사항 问을 4성으로 발음하면 '뽀뽀하다'란 의미의 吻 [wěn]이 되니 주의하세요.

MP3 247

STEP 01 패턴 집중 훈련

내가 너에게 한가지 질문을 물어볼게.
我问你一个问题。
Wǒ wèn nǐ yíge wèntí.

나는 그에게 언제 돌아오냐고 물어볼게.
我问他什么时候回来。
Wǒ wèn tā shénme shíhou huílái.

그녀는 나에게 무엇을 먹을 것인지 물어봐.
她问我要吃什么。
Tā wèn wǒ yào chī shénme.

많은 사람들이 나에게 중국인이 아니냐고 물어.
很多人问我是不是中国人。
Hěn duō rén wèn wǒ shì bu shì zhōngguórén.

쏙쏙 TIP

什么는 평서문에서도 사용할 수 있습니다.

예: 我问他要买**什么**。
내가 그에게 **뭘** 사려고 하는지 물어볼게.

STEP 02 미니 회화 연습

A 明天我们去什么地方? Míngtiān wǒmen qù shénme dìfang?

B 어머니께 어딜 가고 싶으시냐고 여쭤봐.

A 好的。 Hǎo de.

A 내일 우리 어디 갈까?
B 你问妈妈想去什么地方。 Nǐ wèn māma xiǎng qù shénme dìfang.
A 알겠어.

쏙쏙 어휘

时间 [shíjiān] 시간
答案 [dá'àn] 답안

STEP up 패턴 응용하기

네가 그에게 ○○을(를) 물어봐. ➡ 你问他 + 时间。 / 去不去。 / 答案。

Pattern 248 A 告诉 B A가 B에게 ~을 알려줘

gàosu

告诉는 '알려 주다'라는 뜻으로 <**告诉**+사람+명사>는 '**~에게 ~을 알려주다**'라는 의미를 나타냅니다.

패턴 참고사항 告诉는 '가르치다'란 뜻으로도 사용됩니다.
예: 我**告诉**你。 내가 너에게 **가르쳐 줄게**.

MP3 248

STEP 01 패턴 집중 훈련

내가 너에게 이 일에 대해 알려줄게.
我告诉你这件事。
Wǒ gàosu nǐ zhè jiàn shì.

내가 너에게 그의 이름을 알려줄게.
我告诉你他的名字。
Wǒ gàosu nǐ tā de míngzi.

그가 나에게 한 가지 비밀을 알려준대.
他告诉我一个秘密。
Tā gàosu wǒ yí ge mìmì.

선생님께서는 나에게 이 문제의 답을 알려 주셨어.
老师告诉我这个问题的答案。
Lǎoshī gàosu wǒ zhè ge wèntí de dá' àn.

쏙쏙 어휘

秘密 [mìmì] 비밀
答案 [dá'àn] 답안, 답
晚会 [wǎnhuì] 이브닝 파티
地址 [dìzhǐ] 소재지, 주소

电话号码 [diànhuàhàomǎ] 전화번호
方法 [fāngfǎ] 방법
理由 [lǐyóu] 이유

STEP 02 미니 회화 연습

A 你的家在哪里? Nǐ de jiā zài nǎli?

B 내가 너에게 주소를 알려줄게.

A 还告诉我你的电话号码。 Hái gàosu wǒ nǐ de diànhuà hàomǎ.

A 너 집이 어디야?
B 我告诉你地址。 Wǒ gàosu nǐ dìzhǐ.
A 네 전화번호도 알려줘.

STEP up 패턴 응용하기

그는 나에게 ○○을(를) 알려줘. ➡ 他告诉我 + 电话号码。 / 方法。 / 理由。

Pattern 249 A 陪(péi) B A가 B를 모시고 ~해

陪는 '모시다/동반하다'라는 뜻입니다. <사람+명사>의 형태로 '**~를 모시고 ~하다**'라는 의미를 나타냅니다.

패턴 참고사항 陪와 같은 발음으로 '배상하다'란 뜻의 赔가 있으니 한자를 사용할 때 주의하세요.
예: **赔**钱。 돈을 **배상하다**.

MP3 249

STEP 01 패턴 집중 훈련

누가 당신을 데리고 파티에 가나요?
谁陪你去晚会？
Shéi péi nǐ qù wǎnhuì?

그는 할머니를 모시고 저녁을 먹어.
他陪奶奶吃晚饭。
Tā péi nǎinai chī wǎnfàn.

나는 엄마를 모시고 백화점에 갈 거야.
我陪妈妈去百货商店。
Wǒ péi māma qù bǎihuò shāngdiàn.

그녀는 사장님을 모시고 회의에 참석해.
她陪经理参加会议。
Tā péi jīnglǐ cānjiā huìyì.

쏙쏙 어휘

晚会 [wǎnhuì] (이브닝) 파티
会议 [huìyì] 회의

周末 [zhōumò] 주말
不舒服 [bùshūfu]
(몸이) 아프다, 불편하다

STEP 02 미니 회화 연습

A 周末你做什么？ Zhōumò nǐ zuò shénme?
B 나는 할아버지를 모시고 병원에 가.
A 爷爷哪里不舒服？ Yéye nǎli bù shūfu?

A 넌 주말에 뭐해?
B 我陪爷爷去医院。 Wǒ péi yéye qù yīyuàn.
A 할아버지 어디가 편찮으셔?

STEP up 패턴 응용하기

내가 너를 데리고 ○○할게. ➡ 我陪你 + 看电影。/ 玩儿。/ 回家。

PART

36 특수구문 패턴

특수구문 파트에서는 능동태 · 수동태 표현에 대해 배워 봅시다. 중국어는 '**나는 때렸다 그를**'과 같이 기본적으로 **<주어+술어+목적어>**의 형태이지만, 우리말처럼 '**나는 그를 때렸다**'처럼 **목적어**를 **술어 앞**에 둘 수 있는데, 이 때 **把**가 필요합니다. **把**는 '**~을(를)**'이란 뜻으로 **목적어 앞**에 위치하며, **<주어+把+목적어+술어>**의 형태로 **목적어**를 **어떻게 처리했는지 결과**를 나타내는 **능동태 표현**입니다. 중국어에서는 이를 처지구문 혹은 把자문이라고 하며 특수구문에 해당됩니다. 把자문과 비슷한 형태로 '~에 의해 당하다'라는 의미의 수동태 被자문이 있는데 패턴 미리보기에서 자세히 살펴 봅시다.

특수구문 패턴(把자문과 被자문) 미리보기

주어	把목적어	술어
나는 我	그를 把他	때렸다 打了

주어	被목적어	술어
그는 他	나에 의하여 被我	맞았다 打了

* 중국어에서는 '때리다'와 '맞다'의 동사를 따로 구분하지 않기 때문에 把와 被를 사용해서 그 의미를 나타냅니다.

Pattern 250 把 A (bǎ) A를 ~해

把는 '~을(를)'이란 뜻으로, 목적어를 어떻게 처리했는지 그 결과까지 자세히 나타내기 때문에 술어 뒤에 항상 기타성분을 갖게 됩니다. 能과 같은 조동사는 把 앞에 위치합니다.

패턴 참고사항 把자문에서 사용되는 목적어는 반드시 특정한 것이어야 합니다.

MP3 250

STEP 01 패턴 집중 훈련

너 핸드폰을 나에게 좀 보여줘.
你把手机给我看一下。
Nǐ bǎ shǒujī gěi wǒ kàn yíxià.

네가 이 가방을 들고 있어.
你把这个包拿着。
Nǐ bǎ zhè ge bāo ná zhe.

얘들아 창문을 좀 열어 봐.
孩子们把窗户打开一下。
Háizimen bǎ chuānghu dǎkāi yíxià.

나는 이 요리를 다 먹을 수 있어.
我能把这些菜吃完。
Wǒ néng bǎ zhè xiē cài chī wán.

STEP 02 미니 회화 연습

A 你怎么了？身体不舒服吗？ Nǐ zěnme le? Shēntǐ bù shūfu ma?

B 나 감기에 걸렸어. 네가 창문 좀 닫아.

A 好的！你好好儿休息。 Hǎo de! Nǐ hǎohāor xiūxi.

A 너 왜 그래? 몸이 안 좋아?
B 我感冒了。你把窗户关上吧。 Wǒ gǎnmào le, nǐ bǎ chuānghù guān shang ba.
A 알았어. 넌 푹 쉬어.

STEP up 패턴 응용하기

너 ○○을(를) 가지고 와. ➡ 你把 + 雨伞 / 手机 / 钱包 + 带来吧。

쏙쏙 어휘

一下 [yíxià] 좀/한 번 ~하다 (주로 동사 뒤에서 쓰입니다.)

拿 [ná] (손으로) 쥐다, 잡다, 가지다
开 [kāi] 열다, 켜다
关 [guān] 닫다, 끄다

舒服 [shūfu] (몸이나 마음이) 편안하다, 쾌적하다
好好儿 [hǎohāor] 푹, 마음껏, 잘

带来 [dàilái] 가져오다, 가져다 주다
雨伞 [yǔsǎn] 우산

STEP UP INFO
주어진 3개의 단어를 하나씩 패턴에 넣고 소리 내어 연습해 보세요.

Pattern **251** 把 A 了 (bǎ … le) A를 ~했어

把 A ~了는 '**A를 ~했다**'란 의미로 술어 뒤에 了를 사용하여 목적어의 처리 결과까지 나타냅니다.
부정할 때 不/没/别/不要 등은 把 앞에 위치합니다.

패턴 참고사항 把자문에서 사용되는 목적어는 반드시 특정한 것이어야 합니다.

MP3 251

STEP 01 패턴 집중 훈련

나는 이 빵을 먹었어.
我把这个面包吃了。
Wǒ bǎ zhè ge miànbāo chī le.

나는 열쇠를 잃어버렸어.
我把钥匙丢了。
Wǒ bǎ yàoshi diū le.

소매치기가 내 지갑을 훔쳐갔어.
小偷把我的钱包偷走了。
Xiǎotōu bǎ wǒ de qiánbāo tōuzǒu le.

나는 이 소식을 그에게 알렸어.
我把这个消息告诉他了。
Wǒ bǎ zhè ge xiāoxi gàosu tā le.

STEP 02 미니 회화 연습

A 你把雨伞带来了吗? Nǐ bǎ yǔsǎn dàilái le ma?

B 나 우산을 안 가져왔어.

A 怎么办，快要下雨了。 Zěnmebàn, kuàiyào xiàyǔ le.

A 너는 우산을 가지고 왔니?
B 我没把雨伞带来。 Wǒ méi bǎ yǔsǎn dàilái.
A 어떡하지, 곧 비가 내릴 것 같아.

STEP up 패턴 응용하기

넌 ○○을(를) 먹어 버렸어. ➡ 你把 + [冰淇淋 / 汉堡 / 馒头] + 吃了。

쏙쏙 어휘

面包 [miànbāo] 빵
钥匙 [yàoshi] 열쇠
告诉 [gàosu] 말하다, 알리다

冰淇淋 [bīngqílín] 아이스크림
汉堡 [hànbǎo] 햄버거
馒头 [mántou] 만두, 찐빵 (소를 넣지 않고 밀가루만을 발효시켜 만든 것.)

Pattern 252 把 A~完了 (bǎ wán le) A를 다 ~했어

把 A ~完了는 **'A를 다 ~했다'**란 뜻으로 동작을 다 완료했을 때 사용합니다. 부정의 의미를 만들 때 不/没/别/不要 등은 把 앞에 위치합니다.

패턴 참고사항 把자문을 사용할 때는 술어 뒤에 반드시 기타성분이 필요합니다.

MP3 252

STEP 01 패턴 집중 훈련

나는 밥을 다 먹었어.
我把饭吃完了。
Wǒ bǎ fàn chī wán le.

그는 숙제를 다 했어.
他把作业写完了。
Tā bǎ zuòyè xiěwán le.

그녀는 그 소설을 다 읽었어.
她把那本小说读完了。
Tā bǎ nà běn xiǎoshuō dú wán le.

너 이 음식들을 다 먹지 마.
你不要把这些菜吃完。
Nǐ bú yào bǎ zhè xiē cài chī wán.

STEP 02 미니 회화 연습

A 你把房间收拾完了吗? Nǐ bǎ fángjiān shōushi wán le ma?

B 나는 방을 아직 다 청소하지 않았어.

A 快点儿，我们快要迟到了。 Kuài diǎnr, wǒmen kuàiyào chídào le.

A 너 방 청소를 다 했니?
B 我还没把房间收拾完(呢)。 Wǒ háiméi bǎ fángjiān shōushi wán (ne).
A 빨리, 우리 곧 지각할 것 같아.

STEP up 패턴 응용하기

그는 ○○을(를) 다 했어. ➡ 他把 + 作业 / 工作 / 任务 + 做完了。

쏙쏙 어휘

写 [xiě] 쓰다
这些 [zhèxiē] 이런 것들, 이러한
读 [dú] (글을 소리내어) 읽다, 낭독하다

房间 [fángjiān] 방
收拾 [shōushi] 정리하다, 치우다
迟到 [chídào] 지각하다

任务 [rènwu] 임무

Pattern 253 把 A~ 在 B (bǎ zài) A를 B에다가 ~해

把 A ~在 B는 **'A를 B에다가 ~하다'**라는 의미로 목적어가 어떤 동작에 의해 특정 장소에 놓이는 것을 나타냅니다. 부정의 의미를 만들 때 不/没/别/不要 등은 把 앞에 위치합니다.

패턴 참고사항 在 뒤에는 장소 혹은 위치를 나타내는 명사가 옵니다.

MP3 253

STEP 01 패턴 집중 훈련

내 지갑을 어디에 두었지?
把我的钱包放在哪儿了？
Bǎ wǒ de qiánbāo fàngzài nǎr le?

그 컵은 테이블 위에 놓았어.
把那个杯子放在桌子上。
Bǎ nà ge bēizi fàngzài zhuōzi shang.

당신 차는 여기에 세워 두세요.
你把车停在这儿。
Nǐ bǎ chē tíng zài zhèr.

그는 옷을 그곳에 걸어 두었어.
他把衣服挂在那儿了。
Tā bǎ yīfu guà zài nàr le.

STEP 02 미니 회화 연습

A 请问，我的车停在哪儿？ Qǐngwèn, wǒ de chē tíng zài nǎr?
B 당신의 차를 문 앞에다 세우세요.
A 谢谢！ Xièxie!

A 말씀 좀 여쭤 볼게요. 제 차를 어디에 세울까요?
B 把你的车停在门前。 Bǎ nǐ de chē tíng zài ménqián.
A 감사합니다!

STEP up 패턴 응용하기

○○을(를) 여기에 두세요. ➡ 把 + [书 / 笔记本 / 外套] + 放在这儿。

쏙쏙 어휘

放 [fàng] 놓아두다, 맡겨두다
桌子 [zhuōzi] 탁자, 테이블
停 [tíng] 세우다
挂 [guà] (고리·못 따위에) 걸다, 걸리다
门前 [ménqián] 문 앞(쪽)

笔记本 [bǐjìběn] 노트북
外套 [wàitào] 겉옷, 외투

Pattern 254 把 A 到 B (bǎ dào) A를 B로 ~해

把 A 到 B는 **'A를 B로 ~하다'**란 뜻으로 목적어가 어떤 동작에 의해 특정한 장소로 이동하는 것을 뜻합니다. 부정의 의미를 만들 때 不/没/别/不要 등은 把 앞에 위치합니다.

패턴 참고사항 到 뒤에는 장소 혹은 위치를 나타내는 명사가 옵니다.

MP3 254

STEP 01 패턴 집중 훈련

그는 컵을 네 쪽으로 가져갔어.
他把杯子带到你那儿。
Tā bǎ bēizi dài dào nǐ nàr.

그녀는 짐을 우리 집으로 옮겼어.
她把行李搬到我家了。
Tā bǎ xíngli bān dào wǒjiā le.

나는 친구를 공항까지 데려다 줬어.
我把朋友送到机场了。
Wǒ bǎ péngyou sòng dào jīchǎng le.

그는 나를 병원으로 데려 가지 않았어.
他没把我送到医院。
Tā méi bǎ wǒ sòng dào yīyuàn.

STEP 02 미니 회화 연습

A 你今天下午有时间吗？ Nǐ jīntiān xiàwǔ yǒu shíjiān ma?

B 我有时间，你说吧！ Wǒ yǒu shíjiān, nǐ shuō ba!

A 내 친구를 이곳으로 데려다 줘.

A 너 오늘 오후에 시간 있어?
B 나 시간 있지, 말해 봐.
A 把我朋友送到这儿(吧)。 Bǎ wǒ péngyou sòng dào zhèr (ba).

STEP up 패턴 응용하기

○○을(를) 그곳으로 가져가 줘. ➡ 把 + 蛋糕 / 书包 / 椅子 + 带到那儿。

쏙쏙 어휘

带 [dài] (몸에) 지니다, 휴대하다, 가지다
搬 [bān] (비교적 크거나 무거운 것을) 옮기다, 운반하다

送 [sòng] 배웅하다, 데려다 주다, 보내다
时间 [shíjiān] 시간
说 [shuō] 말하다

蛋糕 [dàngāo] 케이크
书包 [shūbāo] 책가방
椅子 [yǐzi] 의자

Pattern 255

把 A 成 B A를 B로 ~해

(bǎ ... chéng)

把 A 成 B는 **'A를 B로 ~하다/되다'**라는 의미로 成 뒤에는 주로 결과가 옵니다. 要나 能과 같은 조동사도 부정부사와 마찬가지로 把 앞에 위치합니다.

패턴 참고사항 把는 개사로 항상 명사와 함께 사용됩니다.

MP3 255

STEP 01 패턴 집중 훈련

나는 그녀를 친구로 여겨.
我把她看成朋友。
Wǒ bǎ tā kàn chéng péngyou.

그녀는 아들을 딸로 삼았어.
她把儿子当成女儿。
Tā bǎ érzi dāng chéng nǚ' ér.

나는 한국 돈을 인민폐로 환전할거야.
我要把韩币换成人民币。
Wǒ yào bǎ hánbì huàn chéng rénmínbì.

너는 이 문장을 영어로 번역할 수 있어?
你能把这句话翻译成英文吗?
Nǐ néng bǎ zhè jù huà fānyì chéng yīngwén ma?

쏙쏙 어휘

看 [kàn] ~라고 보다(판단하다), ~라고 생각하다(여기다·인정하다)
人民币 [rénmínbì] 인민폐(중국의 화폐)
美元 [měiyuán] 달러

爸爸 [bàba] 아빠, 아버지

STEP 02 미니 회화 연습

A 你要换钱吗? Nǐ yào huànqián ma?
B 나는 달러를 인민폐로 환전하려고 해요.
A 要多少? Yào duōshao?

A 환전할 건가요?
B 我要把美元换成人民币。 Wǒ yào bǎ měiyuán huàn chéng rénmínbì.
A 얼마나요?

STEP up 패턴 응용하기

나는 그를 ◯◯으로 여겨. ➡ 我把他当成 + 老师。/ 爸爸。/ 哥哥。

Pattern 256 把 A ~ 给 B(사람) A를 B에게 ~을 줘

bǎ gěi

把 A 동사 给 B는 **'A를 B에게 ~을 주다'**의 의미로 给 뒤에는 사람(대상)이 옵니다. 得나 能과 같은 조동사도 부정부사와 마찬가지로 把 앞에 위치합니다.

패턴 참고사항 给 뒤에는 사물이 올 수 없습니다.

MP3 256

STEP 01 패턴 집중 훈련

나는 숙제를 선생님께 제출했어.
我把作业交给老师了。
Wǒ bǎ zuòyè jiāo gěi lǎoshī le.

나는 돈을 그녀에게 돌려줘야 해.
我得把钱还给他。
Wǒ děi bǎ qián huán gěi tā.

그는 이 책을 나에게 빌려줬어.
他把这本书借给我了。
Tā bǎ zhè běn shū jiè gěi wǒ le.

너 이 가방을 나에게 팔 수 있어?
你能把这个包卖给我吗?
Nǐ néng bǎ zhè ge bāo mài gěi wǒ ma?

쏙쏙 어휘

封 [fēng] 봉투 (편지를 세는 양사)
信 [xìn] 편지

笔记本 [bǐjìběn] 노트북
衣服 [yīfu] 옷
铅笔 [qiānbǐ] 연필

STEP 02 미니 회화 연습

A 这封信交给谁? Zhè fēng xìn jiāo gěi shéi?

B 그 편지를 그녀에게 전해줘.

真谢谢你。 Zhēn xièxie nǐ.

A 이 편지를 누구에게 전해 줘야 해?
B 把那封信交给她。 Bǎ nà fēng xìn jiāo gěi tā.
정말 고마워.

STEP up 패턴 응용하기

○○을(를) 그에게 돌려줘. ➡ 把 + 笔记本 / 衣服 / 铅笔 + 还给他。

Pattern 257

被 A 偷走了 (bèi tōuzǒu le) A에게 도둑맞았어

被 A 偷走了는 **'A에게 도둑맞았다'**라는 뜻으로 被 뒤에는 동작을 가하는 사람(가해자)이 옵니다.

패턴 참고사항 被는 개사의 용법으로 항상 명사와 함께 사용합니다.

MP3 257

STEP 01 패턴 집중 훈련

지갑을 도둑맞았어.
钱包被偷走了。
Qiánbāo bèi tōuzǒu le.

목걸이를 그에게 도둑맞았어.
项链被他偷走了。
Xiàngliàn bèi tā tōu zǒu le.

신분증을 그녀에게 도둑맞았어.
身份证被她偷走了。
Shēnfènzhèng bèi tā tōuzǒu le.

내 핸드폰을 소매치기에게 도둑맞았어.
我的手机被小偷偷走了。
Wǒ de shǒujī bèi xiǎotōu tōuzǒu le.

쏙쏙 어휘

小偷 [xiǎotōu] 도둑, 좀도둑
身份证 [shēnfènzhèng] 신분증
车钥匙 [chēyàoshi] 자동차 키(열쇠)
行李 [xíngli] 짐
文件 [wénjiàn] 서류
词典 [cídiǎn] 사전

STEP 02 미니 회화 연습

A 你怎么了? Nǐ zěnmele?

B 자동차 키를 도둑맞았어.

A 那怎么办，不能找吗? Nà zěnmebàn, bù néng zhǎo ma?

A 너 왜 그래?
B 车钥匙被偷走了。Chē yàoshi bèi tōuzǒu le.
A 그럼 어떡해, 찾을 수는 없는 거야?

STEP up 패턴 응용하기

○○을(를) 소매치기한테 도둑맞았어. ➡ 行李 / 文件 / 词典 + 被小偷偷走了。

Pattern 258 被 A 批评了 A한테 혼났어

bèi pīpíngle

被 A 批评는 **'A한테(에게) 혼나다/지적 받다'**라는 의미로 被 뒤에는 동작을 가하는 사람이 옵니다.

패턴 참고사항 被는 개사의 용법으로 항상 명사와 함께 사용합니다.

MP3 258

STEP 01 패턴 집중 훈련

나 엄마한테 혼났어.
我被妈妈批评了。
Wǒ bèi māma pīpíng le.

그 가수는 대중에게 비평을 받았어.
那个歌手被大众批评了。
Nà ge gēshǒu bèi dàzhòng pīpíng le.

내 동생은 선생님께 꾸지람을 들었어.
我弟弟被老师批评了。
Wǒ dìdi bèi lǎoshī pīpíng le.

그는 사장님께 한 바탕 지적을 받았어.
他被老板批评了一顿。
Tā bèi lǎobǎn pīpíng le yídùn.

쏙쏙 어휘

歌手 [gēshǒu] 가수
弟弟 [dìdi] 남동생
一顿 [yídùn] 한 끼, 한 바탕

上司 [shàngsī] 상사

大哥 [dàgē] 큰 형
奶奶 [nǎinai] 할머니

STEP 02 미니 회화 연습

A 你今天为什么不高兴？ Nǐ jīntiān wèishénme bù gāoxìng?

B 나 상사한테 한 바탕 지적을 받았어.

A 别灰心，你能做好！ Bié huīxīn, nǐ néng zuò hǎo!

A 너 오늘 왜 기분이 안 좋아?
B 我被上司批评了一顿。 Wǒ bèi shàngsī pīpíng le yí dùn.
A 낙담하지마, 넌 잘 할 수 있어!

STEP up 패턴 응용하기

나는 ○○한테 한바탕 혼났어. ➡ 我被 + 大哥 / 奶奶 / 妈妈 + 批评了一顿。

Pattern 259

被 A 吸引住了 A에게 사로잡혔어

bèi xī yǐn zhù le

被 A 引住了는 **'A에게 사로잡혔다/매료되었다'**라는 뜻으로 어떠한 대상에게 마음이 끌렸음을 표현할 때 사용할 수 있습니다.

패턴 참고사항 被 뒤에 오는 대상은 반드시 화자와 청자가 인지하는 대상이어야 합니다.

MP3 259

STEP 01 패턴 집중 훈련

나는 그녀에게 사로잡혔어.
我被她吸引住了。
Wǒ bèi tā xīyǐnzhù le.

그는 그 영화에 사로잡혔어.
他被那部电影吸引住了。
Tā bèi nà bù diànyǐng xīyǐnzhù le.

나는 그의 목소리에 마음이 끌렸어.
我被他的声音吸引住了。
Wǒ bèi tā de shēngyīn xīyǐnzhù le.

나는 한국 드라마에 빠졌어.
我被韩剧吸引住了。
Wǒ bèi hánjù xīyǐnzhù le.

쏙쏙 어휘

声音 [shēngyīn] 소리, 목소리
韩剧 [hánjù] 한국 드라마

音乐 [yīnyuè] 음악
图片 [túpiàn] 사진

STEP 02 미니 회화 연습

A 你看过这部电影吗? Nǐ kàn guo zhè bù diànyǐng ma?

B 没有，有意思吗? Méiyǒu, yǒuyìsi ma?

A 나는 그 영화에 완전 빠졌어.

A 너 이 영화 본 적 있어?
B 아니, 재미있어?
A 我被那部电影吸引住了。 Wǒ bèi nà bù diànyǐng xīyǐn zhù le.

STEP up 패턴 응용하기

나는 ○○에 사로잡혔어. ➡ 我被 + 音乐 / 图片 / 他 + 吸引住了。

Pattern 260 被 A 称为 B A가 B라고 불려

bèi chēng wéi

被 A 称为 B는 '**A가 B라고 불리다**'라는 뜻으로 어떠한 상황에서는 被称为라고도 사용됩니다. 함께 기억해 주세요.

패턴 참고사항 被 뒤에 오는 대상은 반드시 화자와 청자가 인지하는 대상이어야 합니다.

MP3 260

STEP 01 패턴 집중 훈련

그는 우리에게 모범생이라고 불려.	他被我们称为模范学生。 Tā bèi wǒmen chēngwéi mófàn xuésheng.
이소룡은 중국인들에게 영웅으로 불리지.	李小龙被中国人称为英雄。 Lǐxiǎolóng bèi zhōngguórén chēngwéi yīngxióng.
햄버거는 사람들에게 정크푸드라고 불려.	汉堡被人们称为垃圾食品。 Hànbǎo bèi rénmen chēngwéi lājīshípǐn.
전지현은 여신으로 불리지.	全智贤被称为女神。 Quánzhìxián bèi chēngwéi nǚshén.

쏙쏙 어휘

模范 [mófàn] 모범
英雄 [yīngxióng] 영웅
垃圾食品 [lājīshípǐn] 정크푸드
女神 [nǚshén] 여신

完全食品 [wánquánshípǐn] 완전식품
绿色食品 [lǜsèshípǐn] 녹색 식품

STEP 02 미니 회화 연습

A 他是谁？ Tā shì shéi?

B 他是我们的老板。 Tā shì wǒmen de lǎobǎn.

그는 우리한테 큰형님이라고 불려.

A 그는 누구야?
B 그는 우리 사장님이야.
他被我们称为大哥。 Tā bèi wǒmen chēngwéi dàgē.

STEP up 패턴 응용하기

우유는 ○○이라고 불린다. ➡ 牛奶被称为 + 完全食品。/ 绿色食品。

PATTERN →

宁可早点儿出发，也不想迟到。

(차라리) 일찍 출발할지언정 지각하고 싶지 않아.

PART

마지막은 원어민처럼 유창하게

회화 패턴

7

P A R T **37**

접속사 패턴

MP3 261 - MP3 287

중국어 회화의 꽃! 접속사 패턴에 대해서 배우려고 합니다. **접속사**는 말 그대로 **앞 뒤 문장을 연결**시켜주며, 중국어 회화실력을 향상 시키는 데 아주 큰 역할을 합니다.

접속사 패턴 미리보기

병렬관계(동등한 연결)
~하면서 …하다 一边 ~ 一边 …

인과관계(원인과 결과)
~하기 때문에 …하다 因为 ~ 所以 …

선택관계(선택과 집중)
A가 아니면 B이다 不是 A 就是 B

전환관계(의미의 전환)
~할 뿐만 아니라 게다가 …하다 虽然 ~ 但是(可是) …

점층관계(앞보다 뒤가 더 강하다)
~할 뿐만 아니라 게다가 …하다 不但 ~ 而且 …

가설관계(가정과 가설)
만약 ~한다면 바로 …하다 如果 ~ 就 …

조건관계(조건의 제시)
~하기만 하면 바로 …할 수 있다 只要 ~ 就 …

선후관계(순서대로)
먼저 ~한 다음에 다시 …하다 先 ~ 再 …

Patten 261 一边~一边… (yìbiān yìbiān)

~하면서 …해

我们一边喝酒一边聊天。
Wǒmen yìbiān hējiǔ yìbiān liáotiān.
우리는 술을 마시면서 이야기를 해.

我们一边吃零食一边看书。
Wǒmen yìbiān chī língshí yìbiān kànshū.
우리는 간식을 먹으면서 책을 봐.

쏙쏙 어휘
零食 [língshí] 간식, 군것질

Patten 262 又~又… (yòu yòu)

~하기도 하고 …하기도 해

她又善良又漂亮。
Tā yòu shànliáng yòu piàoliang.
그녀는 착하기도 하고 예쁘기도 해.

这个苹果又大又红。
Zhè ge píngguǒ yòu dà yòu hóng.
이 사과는 크기도 하고 빨갛기도 하네.

Patten 263 因为~所以… (yīnwèi suǒyǐ)

~하기 때문에 …해

我因为空气不好，所以嗓子疼。
Wǒ yīnwèi kōngqì bù hǎo, suǒyǐ sǎngzi téng.
나는 공기가 안 좋기 때문에, 목이 아파.

因为他嗓子不好，所以不能说话。
Yīnwèi tā sǎngzi bù hǎo, suǒyǐ bùnéng shuōhuà.
그는 목이 안 좋기 때문에, 말을 할 수가 없어.

쏙쏙 어휘
空气 [kōngqì] 공기
嗓子 [sǎngzi] 목구멍

Patten 264 由于~因此… (yóuyú yīncǐ)

~하기 때문에 …해

由于今天路上堵车因此我迟到了。
Yóuyú jīntiān lùshàng dǔchē yīncǐ wǒ chídào le.
아침에 길이 막혔기 때문에 나는 지각을 했어.

由于感冒因此他提前下班了。
Yóuyú gǎnmào yīncǐ tā tíqián xiàbān le.
감기 때문에 그는 앞당겨 퇴근했어.

쏙쏙 어휘
堵车 [dǔchē] 교통이 꽉 막히다
提前 [tíqián] (예정된 시간이나 위치를) 앞당기다

Patten 265 yīnwèi de guānxi 因为~(的)关系

~하는 관계로

因为时间的关系我们说到这儿吧。
Yīnwèi shíjiān de guānxi wǒmen shuōdào zhèr ba.

시간 관계로 우리 여기까지 얘기하자.

因为天气的关系今天不能比赛。
Yīnwèi tiānqì de guānxi jīntiān bù néng bǐsài.

날씨 관계로 오늘 시합을 할 수가 없어.

쏙쏙 어휘

동+到 [dào] ~까지 ~하다
比赛 [bǐsài] 시합하다, 경기하다

Patten 266 jìrán jiù 既然~就…

이왕 ~하게 되었으니 …하자

既然我们见面就喝点儿酒吧。
Jìrán wǒmen jiànmiàn jiù hē diǎnr jiǔ ba.

이왕 우리 만나게 되었으니 술이나 마시자.

既然你不想去就别去了。
Jìrán nǐ bù xiǎng qù jiù bié qù le.

이왕 네가 가고 싶지 않은 거라면 가지 마라.

쏙쏙 어휘

동+点儿 [diǎnr] 좀 ~해라
别~了 [bié~le] ~하지 마라

Patten 267 búshì jiùshì 不是 A 就是 B

A가 아니면 B야

她不是韩国人，就是日本人。
Tā búshì Hánguórén, jiùshì Rìběnrén.

그녀는 한국인 아니면 일본인이야.

他不是肚子饿，就是馋嘴。
Tā búshì dùzi è, jiùshì chánzuǐ.

그는 배가 고픈 게 아니면 식충이야.

쏙쏙 어휘

肚子 [dùzi] 배, 복부
馋嘴 [chánzuǐ] 먹보, 식충이

Patten 268 búshì érshì 不是 A 而是 B

A가 아니라 B야

这不是雾而是雾霾。
Zhè búshì wù érshì wùmái.

이건 안개가 아니라 스모그야.

他不是北京人而是上海人。
Tā búshì běijīngrén érshì shànghǎirén.

그는 베이징 사람이 아니라 상하이 사람이야.

Patten 269 与其~不如… (yǔqí bùrú)

~하느니 차라리 …하는 게 나아

与其找酒吧，不如去我家喝。
Yǔqí zhǎo jiǔbā, bùrú qù wǒ jiā hē.

술집을 찾느니, 차라리 우리 집 가서 마시는 게 나아.

与其和你结婚，不如不结婚。
Yǔqí hé nǐ jiéhūn, bùrú bù jiéhūn.

너랑 결혼하느니, 차라리 안 하는 게 낫지.

쏙쏙 어휘

酒吧 [jiǔbā] 술집
和 [hé] ~와(과)

Patten 270 宁可~也不… (nìngkě yěbù)

차라리 ~할지언정 …않겠어

宁可早点儿出发，也不想迟到。
Nìngkě zǎodiǎnr chūfā, yěbù xiǎng chídào.

(차라리) 일찍 출발할지 언정 지각하고 싶지 않아.

我宁可出去打工，也不想整天游手好闲。
Wǒ nìngkě chūqu dǎgōng, yěbù xiǎng zhěngtiān yóushǒu hàoxián

나는 나가서 아르바이트를 할지언정 하루 종일 빈둥거리지 않을 거야.

쏙쏙 어휘

早点儿 [zǎo diǎnr] 좀 일찍
打工 [dǎgōng] 아르바이트하다, 일하다
游手好闲 [yóushǒu hàoxián] 하는 일 없이 빈둥거리다

Patten 271 虽然~但是… (suīrán dànshì)

비록 ~일 지라도, …해

虽然你爱我，但是我不爱你。
Suīrán nǐ ài wǒ, dànshì wǒ bú ài nǐ.

비록 넌 나를 사랑하지만, 나는 너를 사랑하지 않아.

虽然北京很发达，可是我不想去。
Suīrán Běijīng hěn fādá, kěshì wǒ bù xiǎng qù.

비록 베이징이 매우 발달했지만, 나는 가고 싶지 않아.

쏙쏙 어휘

可是 [kěshì] 그러나
发达 [fādá] (사물이나 사업이) 발달하다, 번성하다

Patten 272 不管~都… (bùguǎn dōu)

~에 상관없이 …해

不管下不下雨我都出去玩儿。
Bùguǎn xià bu xià yǔ wǒ dōu chū qu wánr.

비가 오는 것과 상관없이 나는 나가서 놀 거야.

他不管身体如何都要参加晚会。
Tā bùguǎn shēntǐ rúhé dōu yào cānjiā wǎnhuì.

그는 몸이 어떤지에 관계없이 저녁 파티에 참석하려고 해.

Patten 273 不但~而且… (búdàn érqiě)

~할 뿐만 아니라 게다가 …해

这个餐厅不但好吃，而且很有名。
Zhè ge cāntīng búdàn hǎochī, érqiě hěn yǒumíng.

이 식당은 맛있을 뿐만 아니라 게다가 아주 유명해.

他不但会说汉语，而且会说英语。
Tā búdàn huì shuō hànyǔ, érqiě huì shuō yīngyǔ.

그는 중국어를 말할 수 있을 뿐만 아니라 게다가 영어도 말할 수 있어.

쏙쏙 어휘

餐厅 [cāntīng] 식당
有名 [yǒumíng] 유명하다

Patten 274 不仅~也… (bùjǐn yě)

~ 할뿐만 아니라 …해

他不仅工作能力强，性格也很好。
Tā bùjǐn gōngzuò nénglì qiáng, xìnggé yě hěn hǎo.

그는 업무 능력이 뛰어날 뿐만 아니라, 성격도 매우 좋아.

我不仅喜欢跳舞，还喜欢唱歌。
Wǒ bùjǐn xǐhuan tiàowǔ, hái xǐhuan chànggē.

나는 춤추는 것을 좋아할뿐만 아니라, 노래 부르는 것도 좋아해.

쏙쏙 어휘

强 [qiáng] 우월하다, 좋다
性格 [xìnggé] 성격

Patten 275 连 A 都，何况 B 呢！ (lián dōu hékuàng ne)

A조차도 ~하는데, 하물며 B는!

连孩子都懂事，这么大的人还不懂事。
Lián háizi dōu dǒngshì, zhème dà de rén hái bù dǒngshì.

아이조차도 다 철이 들었는데, 하물며 이렇게 큰 사람이 아직 철이 안 들었니.

连我都会说汉语，何况他呢？
Lián wǒ dōu huìshuō hànyǔ, hékuàng tā ne?

나조차도 중국어를 말할 줄 아는데, 하물며 걔는?

쏙쏙 어휘

大人 [dàrén] 어른

Patten 276 即使~也… (jíshǐ yě)

설령 ~할지라도 …해

即使下雨我也要去。
Jíshǐ xiàyǔ wǒ yě yào qù.

설령 비가 오더라도 나는 가야 해.

即使不吃晚饭，我也要写完作业。
Jíshǐ bù chī wǎnfàn, wǒ yě yào xiě wán zuòyè.

설령 저녁을 먹지 않더라도 나는 숙제를 다 해야 해.

쏙쏙 어휘

下雨 [xiàyǔ] 비가 내리다
作业 [zuòyè] 숙제

Patten 277 除了 A 以外~ (chúle yǐwài)

A를 제외하고 모두 ~해

除了你以外都要参加这次晚会。
Chú le nǐ yǐwài dōu yào cānjiā zhè cì wǎnhuì.

너를 제외하고 모두 이번 파티에 참석하려고 하네.

除了香蕉以外，其他水果我都爱吃。
Chú le xiāngjiāo yǐwài, qítā shuǐguǒ wǒ dōu ài chī.

나는 바나나를 제외하고 다른 과일들은 모두 즐겨 먹어.

쏙쏙 어휘

其他 [qítā] 기타
水果 [shuǐguǒ] 과일

Patten 278 甚至~ (shènzhì)

심지어 ~해

妈妈生病了，甚至不能说话。
Māma shēngbìng le, shènzhì bù néng shuōhuà.

어머니께서는 병환이 나셨고, 심지어 말씀도 하실 수 없어.

他迟到了，甚至发脾气。
Tā chídào le, shènzhì fā píqi.

그는 늦게 도착했는데, 심지어 화를 내네.

쏙쏙 어휘

说话 [shuōhuà] 말하다, 이야기하다
发脾气 [fā píqi] 성질부리다, 화내다

Patten 279 如果~就… (rúguǒ jiù)

만약 ~한다면 (바로) …해

如果明天不下雨，我们就出去玩儿。
Rúguǒ míngtiān bú xiàyǔ, wǒmen jiù chūqu wánr.

만약 내일 비가 안 오면, 우리 나가서 놀자.

如果你爱我，我就爱你。
Rúguǒ nǐ ài wǒ, wǒ jiù ài nǐ.

만약 네가 나를 사랑한다면, 나는 너를 사랑할 거야.

쏙쏙 어휘

玩儿 [wánr] 놀다

Patten 280 要是~就好了 (yàoshi jiù hǎo le)

만약 ~하면 딱 좋겠어

要是明天不下雨就好了。
Yàoshi míngtiān bú xiàyǔ jiù hǎo le.

만약 내일 비가 안 오면 딱 좋겠어.

要是你来我家就好了。
Yàoshi nǐ lái wǒjiā jiù hǎo le.

만약 네가 우리 집에 오면 딱 좋겠어.

Patten 281 只要~就…

zhǐyào jiù

~하기만 하면 (바로) …해

你只要努力，就能成功。
Nǐ zhǐyào nǔlì, jiù néng chénggōng.

너는 열심히만 하면, 성공할 수 있어.

我只要有对象，就能结婚。
Wǒ zhǐyào yǒu duìxiàng, jiù néng jiéhūn.

나는 상대만 있으면, 바로 결혼할 수 있어.

쏙쏙 어휘

努力 [nǔlì] 노력하다, 열심히 하다
成功 [chénggōng] 성공하다
对象 [duìxiàng] (연애나 결혼 등의) 상대

Patten 282 只有~才…

zhǐyǒu cái

~ 해야만 비로소 …할 수 있어

你们只有付钱才能进去。
Nǐmen zhǐyǒu fùqián cái néng jìnqu.

여러분은 돈을 내야만 비로소 들어갈 수 있어요.

你只有运动才能减肥。
Nǐ zhǐyǒu yùndòng cái néng jiǎnféi.

너는 운동을 해야 비로소 살을 뺄 수 있어.

쏙쏙 어휘

进去 [jìnqù] 들어가다
减肥 [jiǎnféi] 다이어트를 하다

Patten 283 除非~才…

chúfēi cái

오직 ~ 해야만 겨우 …해

除非到春天，鸟才会来。
Chúfēi dào chūntiān, niǎo cái huì lái.

오직 봄이 돼야만 새가 비로소 올 수 있어.

除非我找工作，妈妈才能放心。
Chúfēi wǒ zhǎo gōngzuò, māma cái néng fàngxīn.

오직 내가 일을 찾아야만 엄마는 겨우 안심할 수 있어.

쏙쏙 어휘

鸟 [niǎo] 새
放心 [fàngxīn] 마음을 놓다

Patten 284 除非~否则…

chúfēi fǒuzé

오직 ~ 해야지 그렇지 않으면 …해

除非听老师的话，否则你会后悔的。
Chúfēi tīng lǎoshī de huà, fǒuzé nǐ huì hòuhuǐ de.

오직 선생님의 말씀을 잘 들어야지 그렇지 않으면 후회할 거야.

除非系好安全带，否则很危险。
Chúfēi jì hǎo ānquándài, fǒuzé hěn wēixiǎn.

안전벨트를 잘 매야지, 그렇지 않으면 매우 위험해.

쏙쏙 어휘

后悔 [hòuhuǐ] 후회하다
系 [jì] 매다, 묶다
安全带 [ānquándài] 안전벨트
危险 [wēixiǎn] 위험하다

Patten 285 先~再… (xiān zài)

먼저 ~ 한 다음에 다시 …해

先吃东西再工作吧。
Xiān chī dōngxi zài gōngzuò ba.
먼저 음식을 먹은 다음에 다시 일하자.

先问妈妈再说吧。
Xiān wèn māma zài shuō ba.
먼저 엄마한테 물어본 다음에 다시 이야기하자.

Patten 286 先~接着… (xiān jiēzhe)

먼저 ~ 한 다음에 이어서 …해

我先去北京，接着去上海。
Wǒ xiān qù Běijīng, jiēzhe qù Shànghǎi.
나는 먼저 베이징에 간 다음 이어서 상하이로 가.

先你说，接着他说。
Xiān nǐ shuō, jiēzhe tā shuō.
먼저 네가 말하고 이어서 그 아이가 말해라.

Patten 287 一~就… (yí jiù)

~하자 마자 바로 …해

我一看问题就知道答案。
Wǒ yí kàn wèntí jiù zhīdao dá'àn.
나는 문제를 보자마자 바로 답을 알았어.

他一到家就睡觉了。
Tā yí dào jiā jiù shuìjiào le.
그는 집에 도착하자마자 바로 잤어.

쏙쏙 어휘

知道 [zhīdao] 알다, 이해하다
答案 [dá'àn] 답, 해답

PART **38** 습관용어 패턴

MP3 288 - MP3 301

어휘를 많이 알고 정확한 문법으로 중국어를 말하는 것도 물론 중요하지만 중국인이 실생활에서 자주 쓰는 표현들을 사용할 수 있다면 어떨까요? 훨씬 더 원어민처럼 중국어를 구사할 수 있겠죠? **원어민이 습관적으로 가장 많이 사용하는 패턴**으로 **14개**만을 엄선하여 정리하였습니다. 습관용어 패턴으로 중국어 회화 실력을 한 층 더 업그레이드해 봅시다.

습관용어 패턴 미리보기

습관용어 I
왔다 갔다 하다 / 이리저리 뒤척이다 A 来 B 去
가까스로 / 겨우 / 간신히 ~하다 好不容易 ~
어쩔 수 없이 / 반드시 ~하다 不得不 ~
~하지 않을 수 없다(=해야 한다) 不能不 ~
개의치 않다 不在乎
말이 안 돼, 이치에 맞지 않다 不像话
알아서 (처리)하다 看着办

습관용어 II
생각지도 못했다 / 뜻밖에도 没想到
어쩐지 / 그러기에 / 과연 怪不得
(시간·정도·거리 등이) 비슷하다 差不多
하마터면 / 자칫하면 差一点儿
A에게 있어서는 对 A 来说
말할 것도 없지! 그렇고 말고! 那还用说
얼마나 ~한지 말도 마! 别提多~了

Patten 288 A 来(lái) A/B 去(qù) 왔다갔다 / 이리저리

你走来走去，让我头疼。
Nǐ zǒu lái zǒu qù, ràng wǒ tóuténg.
네가 왔다 갔다 하니까, 내가 머리가 아프구나.

晚上翻来覆去睡不着怎么办！
Wǎnshang fān lái fù qù shuì bu zháo zěnmebàn!
저녁에 이리저리 뒤척여서 잠을 잘 수가 없어!

쏙쏙 어휘

TIP 来와 去 앞에 어떠한 동사가 오느냐에 따라서 해석이 달라집니다.

翻来覆去 [fānlái fùqù] 엎치락뒤치락하다, 이리저리 뒤척이다

睡不着 [shuì bu zháo] 잠들지 못하다, 잠을 잘 수 없다

Patten 289 好不容易~ (hǎoburóngyì) 간신히 ~해

我好不容易在中国找到工作。
Wǒ hǎoburóngyì zài Zhōngguó zhǎodào gōngzuò.
나는 간신히 중국에서 일을 찾아냈어.

我好不容易来到这里，可是你不在！
Wǒ hǎoburóngyì láidào zhè li, kěshì nǐ bú zài!
나는 가까스로 여기에 도착했는데, 네가 없네!

쏙쏙 어휘

找到 [zhǎodào] 찾아내다

这里 [zhè li] 여기

可是 [kěshì] 그러나

Patten 290 不得不~ (bùdébù) 어쩔 수 없이 ~해

我不得不回韩国。
Wǒ bù dé bù huí Hánguó.
나는 어쩔 수 없이 한국에 돌아가야 해.

我为了看电视，不得不做完作业。
Wǒ wèile kàn diànshì, bù dé bú zuòwán zuòyè.
나는 텔레비전을 보기 위하여, 어쩔 수 없이 숙제를 다 해야 해.

쏙쏙 어휘

作业 [zuòyè] 숙제, 과제

Patten 291 不能不~ (bùnéngbù) ~하지 않을 수 없어

我不能不去。
Wǒ bù néng bú qù.
나는 안 갈 수가 없어.

你减肥的时候不能不吃饭。
Nǐ jiǎnféi de shíhou bù néng bù chīfàn.
너 다이어트를 할 때 밥을 안 먹을 수는 없어.

쏙쏙 어휘

的时候 [deshíhou] ~일 때, ~할 때

Patten 292 不在乎~ (búzàihū)

~를 신경 쓰지 않아

我现在什么都不在乎。
Wǒ xiànzài shénme dōu búzàihū.
나는 지금 아무 것도 신경 쓰지 않아.

我不在乎你喜不喜欢我。
Wǒ búzàihū nǐ xǐ bu xǐhuan wǒ.
나는 네가 나를 좋아하든 안 좋아하든 상관없어.

쏙쏙 어휘

都 [dōu] 모두, 전부, 다
喜欢 [xǐhuan] 좋아하다, 호감을 가지다

Patten 293 不像话~ (búxiànghuà)

(언행이) 말이 안 돼

简直不像话。
Jiǎnzhí búxiànghuà.
정말이지 말도 안 된다고.

你的想法太不像话了。
Nǐ de xiǎngfǎ tài búxiànghuà le.
너의 생각은 너무 말도 안 돼.

쏙쏙 어휘

想法 [xiǎngfǎ] 생각, 의견, 견해

Patten 294 看着办~ (kànzhebàn)

~를 알아서 (처리)해

我自己看着办吧。
Wǒ zìjǐ kànzhebàn ba.
내가 알아서 처리할게.

这件事你自己看着办吧。
Zhè jiàn shì nǐ zìjǐ kànzhebàn ba.
이 일은 너 혼자 알아서 처리해라.

쏙쏙 어휘

自己 [zìjǐ] 자기, 자신, 스스로
件 [jiàn] 벌, 건, 개 (옷이나 일·사건 등을 세는 양사)
事 [shì] 일
吧 [ba] 문장 끝에 쓰여, 제안/청유/기대/명령 등의 어기를 나타냅니다.

Patten 295 没想到~ (méixiǎngdào)

~인지 생각지도 못했어

没想到今天是星期一。
Méixiǎngdào jīntiān shì xīngqīyī.
오늘이 월요일인지 생각지도 못했어.

没想到他是韩国人。
Méixiǎngdào tā shì hánguórén.
그가 한국인인지 생각지도 못했어.

쏙쏙 어휘

星期一 [xīngqīyī] 월요일

Patten 296 guàibude 怪不得 ~ 어쩐지 ~해

怪不得你今天起得晚。
Guàibude nǐ jīntiān qǐ de wǎn.
어쩐지 너 오늘 늦게 일어났더라.

怪不得她身材好看，原来是经常运动。
Guàibude tā shēncái hǎokàn, yuánlái shì jīngcháng yùndòng.
어쩐지 그녀 몸매가 예쁘다고 했더니, 알고 보니 자주 운동을 하더라고.

쏙쏙 어휘

起 [qǐ] 일어나다
晚 [wǎn] 늦다
身材 [shēncái] 몸매, 체격, 몸집
运动 [yùndòng] 운동

Patten 297 chàbuduō 差不多~ (시간·정도·거리 등이) 비슷해

差不多就行了。
Chàbuduō jiù xíng le.
비슷하면 됐어.

这西瓜差不多跟篮球一样大。
Zhè xīguā chàbuduō gēn lánqiú yíyàng dà.
이 수박은 거의 농구공과 비슷하게 크네.

쏙쏙 어휘

行 [xíng] 좋다, ~해도 좋다
篮球 [lánqiú] 농구
差不多 [chàbuduō] 거의, 대체로, 보통

Patten 298 chàyì diǎnr 差一点儿 ~ 하마터면 ~할 뻔했어

我差一点儿迟到。
Wǒ chà yì diǎnr chídào.
나는 하마터면 지각할 뻔했어.

我差一点儿打他。
Wǒ chà yì diǎnr dǎ tā.
나는 하마터면 그를 때릴 뻔했어.

쏙쏙 어휘

迟到 [chídào] 지각하다

Patten 299 duì lái shuō 对 A 来说 A에게 있어서는

对我来说这是很重要的事情。
Duì wǒ láishuō zhè shì hěn zhòngyào de shìqíng.
나에게 있어서 이것은 매우 중요한 일이야.

对我来说时间是宝贵的。
Duì wǒ láishuō shíjiān shì bǎoguì de.
나에게 있어서 시간은 귀중한 거야.

쏙쏙 어휘

重要 [zhòngyào] 중요하다
宝贵 [bǎoguì] 진귀한, 귀중한, 소중한

Patten 300

nàháiyòngshuō

那还用说

말할 것도 없지

她真漂亮！那还用说。
Tā zhēn piàoliang! Nàháiyòngshuō.

그녀는 진짜 예뻐! 말할 것도 없지.

当然！那还用说吗？
Dāngrán! Nàháiyòngshuō ma?

당연하지! 말할 필요가 있니?

쏙쏙 어휘

当然 [dāngrán]
당연하다, 물론이다

Patten 301

biétíduō le

别提多~了

얼마나 ~한지 말도 마

别提多高兴了。
Bié tí duō gāoxìng le.

얼마나 기쁜지 말도 마세요.

别提多尴尬了。
Bié tí duō gāngà le.

얼마나 곤란한지 말도 마세요.

쏙쏙 어휘

尴尬 [gāngà]
입장이 곤란하다 (난처하다)

TIP

别提多~了에서
多와 了 사이에는 주로 형용사나 감정을 나타내는 심리동사가 자주 쓰입니다.

A: 你跟我一起学习汉语吧。
B: 好！我对汉语有兴趣。

A: 너 나랑 같이 중국어 공부하자!
B: 좋아! 나도 중국어에 대해 흥미가 있어.

PART

핵심패턴 301 실전 상황 훈련/ 정답

이젠 실전이다

상황 훈련

핵심패턴 301 실전 상황 훈련 42

🔊 MP3 001- MP3 042

지금까지 301개의 패턴이 제대로 학습되었는지 여러분의 말하기와 듣기 실력을 함께 점검하겠습니다. **42개**의 각각 **다른 상황**에서 밑줄에 해당되는 알맞은 단어를 써보고 MP3로 들어 보세요. **MP3 파일을 듣고 난 후 상황극의 화자가 되어 원어민처럼 중국어를 말해 봅시다.**

好久不见!
你漂亮 ______。

오랜만이야! 너 예뻐졌다.

最近中国的物价
______ 高。

요즘 중국 물가가 꽤 높아.

1 우리 친구할까?

A 你好！你 ________ 韩国人吗？

B 我是韩国人，你也 ________ 吧？

A 不是，我是中国人。你 ________ 中国朋友吗？

B 我 ________ 中国朋友，怎么办？

A 不用担心！我 ________ 这儿。

A 안녕, 너는 한국 사람이야?
B 나는 한국 사람이야. 너도 한국 사람이지?
A 아니, 나는 중국 사람이야. 너 중국 친구 있어?
B 나는 중국 친구가 없어, 어떡하지.
A 걱정 마! 내가 여기에 있잖아.

쏙쏙 어휘

不用担心 [búyòng dānxīn] 걱정할 필요 없다

2 북방 여자들은 매우 예뻐.

A 北方女人很 ________ 。

B 个子 ________，身材也 ________ 。

A 对啊！性格很好，胆子也 ________ 。

B 那么完美吗？

A 북방 여자들은 매우 예뻐.
B 키가 매우 크고, 몸매도 정말 좋아.
A 맞아! 성격이 매우 좋고, 배짱도 매우 크지.
B 그렇게 완벽하다고?

쏙쏙 어휘

也 [yě] ~도
完美 [wánměi] 완벽하다

3 여자친구가 성격이 너무 드세.

A 怎么了，你有事吗？

B 哎呀，我的女朋友脾气 ______，性格真 ______。

A 性格没有好坏，你的眼光太 ______ 了。

B 我的眼光 ______ 高，我女朋友很难相处。

A 왜 그래, 너 무슨 일 있어?

B 휴, 내 여자친구 성격이 너무 드세. 성격이 정말 안 좋아.

A 성격이 좋고 나쁜 게 어디 있어, 네 눈이 너무 높은 거 아냐?

B 나 눈 별로 안 높아, 내 여자친구와 지내기 매우 어려워.

쏙쏙 어휘

哎呀 [āiyā] (유감을 나타내어) 휴!, 저런!, 와!

相处 [xiāngchǔ] 함께 살다, 지내다

4 요즘 물가가 상당히 높아.

A 最近中国的物价 ______ 高。

B 对啊！以前香蕉 ______ 便宜现在 ______ 贵。

A 天气这么冷水果当然挺贵的。

B 现在东西涨价速度 ______ 快，真讨厌。

A 요즘에 중국의 물가가 상당히 높아.

B 맞아! 예전에는 바나나가 매우 저렴했는데, 지금은 조금 비싸.

A 날씨가 이렇게 추운데 당연히 과일이 꽤 비싸지.

B 물가 오르는 속도가 특히 빨라, 정말 짜증나.

쏙쏙 어휘

涨价 [zhǎngjià] 물가가 오르다, 가격을 인상하다

讨厌 [tǎoyàn] 싫어하다

5 토마토계란볶음 만들기

A 你爱 ________ 红柿炒鸡蛋吗？

B 当然啦，我很 ________ 。

A 太好了，等一会儿我们一起吃吧。

B 你会 ________ 吗？

A 我会做，________ 这个不太难。

A 너 토마토계란볶음을 즐겨 먹니?

B 당연하지! 나는 매우 즐겨 먹어.

A 너무 잘 됐네, 조금 기다렸다가 우리 같이 먹자.

B 너 만들 줄 아니?

A 나 만들 줄 알지, 이거 만들기 그다지 어렵지 않아.

쏙쏙 어휘

当然 [dāngrán] 당연하다
一会儿 [yíhuìr] 곧, 잠시

6 너 지금 뭘 보는 거야?

A 你现在 ________ 什么？

B 哎呀！对面的女孩儿太漂亮了。

A 漂亮什么？她长得像蛤蟆似的。

B 哈哈，知道了。我 ________ 她。

A 无所谓，我 ________ 别的男的。

A 너 지금 뭐 보는 거야?

B 와! 건너편에 있는 여자 너무 예쁘다.

A 예쁘긴 뭐가 예쁘니? 생긴 게 개구리 같은데.

B 하하, 알겠어, 나 그녀를 안 볼게.

A 상관없어, 난 가서 다른 남자 찾을 거야.

쏙쏙 어휘

长 [zhǎng] 자라다, 생기다
无所谓 [wúsuǒwèi] 상관없다

7 듣자 하니, 민국이 결혼한다며?

A ______ 民国要 ______ ，我 ______ 他没有对象。

B 对啊，他 ______ 下周结婚。你要参加他的婚礼吗？

A 我 ______ 参加他的婚礼，我们一起参加 ______ 他们吧。

B 好，我们下周见！

A 듣자 하니, 민국이 결혼한다며, 나는 걔 여자친구 없는 줄 알았어.
B 맞아, 걔 다음 주에 결혼할 예정이래. 너 걔 결혼식에 참석 할 거니?
A 나는 그의 결혼식에 참석하고 싶어, 우리 가서 축하해 주자.
B 좋아, 다음 주에 만나!

쏙쏙 어휘

对象 [duìxiàng] (연애·결혼의) 상대
婚礼 [hūnlǐ] 결혼식

8 너 쌀밥 먹을래 아니면 면 먹을래?

A 你吃米饭 ______ 吃面条？

B 我吃米饭。

A 南方人 ______ 喜欢吃面条？

B 是，南方人比较爱吃面条。

A 那么你也喜欢吃面条。

B 谁说我是南方人呢？我是北方人。

A 너 쌀밥 먹을래 아니면 면 먹을래?
B 나는 쌀밥 먹을래.
A 남방 사람들은 면을 좋아하지 않아?
B 응. 남방 사람들은 비교적 면을 즐겨 먹지.
A 그럼 너도 면을 먹는 것을 좋아하겠네.
B 누가 내가 남방 사람이래? 나는 북방 사람이야.

쏙쏙 어휘

比较 [bǐjiào] 비교적
爱 [ài] (어떤 일을) 좋아하다

9 얼마를 환전해야 하지?

A ________ 去中国？

B 我去，________ 可以换钱？

A 你要换 ________ ？

B 我要换一千五 ________ ？

A 正好，你 ________ 去？

B 四月一号去。

A 누가 중국에 가지?
B 내가 가. 어디에서 환전할 수 있을까?
A 너 얼마를 환전하려고 하는데?
B 나는 1,500위안 환전하려고 하는데 어때?
A 딱 좋네, 너 언제 가니?
B 나 4월 1일에 가.

쏙쏙 어휘

换钱 [huànqián] 환전하다
正好 [zhènghǎo] 딱 맞다, 꼭 맞다

10 나는 중국어 수업에 등록하고 싶어.

A 我 ________ 报名汉语课。

B 你 ________ 听汉语课吗？

A 恩，我下个学期 ________ 考HSK。你 ________ 考吗？

B 我不用考，但是 ________ 考托福。

A 真讨厌。

A 나 중국어 수업에 등록하고 싶어.
B 너 중국어 수업 들으려고?
A 응, 나 다음 학기에 HSK 시험을 봐야 해. 너는 시험 볼 필요 없어?
B 난 HSK 시험 볼 필요는 없는데 토플 시험을 봐야 해.
A 진짜 싫다.

쏙쏙 어휘

报名 [bàomíng] 신청하다, 등록하다
托福 [tuōfú] 토플(TOEFL)

11 나는 겁이 많아서 감히 운전을 할 수가 없어.

A 你 ________ 开车 ________ ?

B 我 ________ 开车，我胆子很小，________ 开车。

A 怕什么？你 ________ 做。

B 不可能，我不敢。

在北京堵车太厉害，还是坐公交车吧。

A 너는 운전할 줄 알아?

B 나는 운전을 할 줄 몰라.

난 겁이 많아서, 감히 운전을 할 수가 없어.

A 뭐가 무섭니? 넌 할 수 있어.

B 불가능해. 난 감히 할 수 없어. 북경은 교통체증이 너무 심해, 그냥 버스 타자.

쏙쏙 어휘

胆子 [dǎnzi] 담력, 용기

堵车 [dǔchē] 교통이 꽉 막히다

12 나는 인터넷을 하는 중이야.

A 你 ________ 做什么呢？

B 我 ________ 上网呢。你也要用吗？

A 不用，我晚上可能用。

B 你上网 ________ ，我 ________ 睡觉呢！

你早点儿睡觉不行吗？

A 너 뭐 하고 있어?

B 나는 인터넷을 하고 있어, 너도 사용할 거야?

A 됐어, 나는 저녁에 (아마) 쓸 것 같아.

B 너 인터넷 할 때, 나는 잠을 자는 중이거든!

너 일찍 좀 자면 안 되겠니?

쏙쏙 어휘

上网 [shàngwǎng] 인터넷을 하다

早点儿 [zǎo diǎnr] 좀 일찍

13 이미 서른이 넘었잖아, 몸이 예전 같지 않아.

A 房间里怎么这么冷啊。

B 窗户没关 ________ ，开着呢。

A 窗户关一下，我们都会感冒的。

B 没事，我 ________ 没得 ________ 感冒。

A 你 ________ 三十多岁 ________ 。身体不如以前了。要注意。

A 방 안이 어쩜 이렇게 추워.
B 창문이 안 닫혀 있고, 열려 있어.
A 문을 좀 닫아 줘, 우리 다 감기 걸릴 수 있어.
B 괜찮아. 나는 지금까지 감기 걸려본 적이 없어.
A 너 이미 서른이 넘었잖아. 몸이 예전 같지 않아. 주의해야 해.

쏙쏙 어휘

感冒 [gǎnmào] 감기
不如 [bùrú] ~만 못하다

14 나는 밥 먹고 바로 뛰러 갈 거야.

A 你怎么 ________ 吃饭呢？

B 我在减肥呢，昨晚也 ________ 吃饭。

A 你不吃饭，能减肥吗？你得去运动。

说实话，________ 你瘦的时候很 ________ 。现在呢？

B 你想死吗？我吃 ________ 饭 ________ 去跑步，等着瞧。

A 너 어째서 아직 밥을 안 먹었니?
B 나 지금 다이어트 중이야, 어제 저녁에도 밥 안 먹었어.
A 너 밥 안 먹는다고, 살이 빠져? 너 가서 운동해야 해.
하긴. 예전에 너 날씬했을 때는 매우 예뻤는데. 지금은?
B 너 죽고 싶어? 나 밥 먹고 바로 뛰러 갈 거야, 두고 보자.

쏙쏙 어휘

减肥 [jiǎnféi] 살을 빼다
等着瞧 [děngzheqiáo] 두고 보자

15 너 예뻐졌다.

A 好久不见！你漂亮 ______ 。

B 哪里哪里，你过奖了。

A 你是不是大学生______？

B 哈哈，对啊！ 而且我 ______ 男朋友了。

A 真的假的？ 你______ 男朋友 ______ ？那我怎么办….

A 오랜만이야, 너 예뻐졌다.

B 어디가, 과찬이야.

A 너 대학생이 됐지?

B 하하, 맞아! 게다가 나 남자친구 생겼어.

A 진짜야 가짜야? 너 남자친구가 생겼다고? 그럼 나는 어떡하라고….

쏙쏙 어휘

过奖 [guòjiǎng] 과찬이야

怎么办 [zěnmebàn] 어쩌지? 어떡해?

16 난 화가 나서 죽을 것 같아. 나는 인터넷을 하는 중이야.

A 喂？你怎么这么不接电话呢？

B 对不起，对不起。我在酒吧喝点儿酒，没听见。

A 你总不接电话，我 ______ 气死 ______ 。

B 别生气。喝酒的时候，接电话不方便。

A 算了算了，我六点 ______ 下班 ______ ，你快来接我。

A 여보세요? 너 왜 이렇게 전화를 안 받아?

B 미안해, 미안해. 나 술집에서 술 마시느라 못 들었어.

A 네가 항상 전화를 안 받으니까, 난 화가 나 곧 죽을 것 같아.

B 화 내지마. 술 마실 때, 전화 받기가 불편해.

A 됐어, 나 여섯 시에 곧 퇴근하려고 해, 너 빨리 나를 데리러 와.

쏙쏙 어휘

接 [jiē] 받다, 마중하다

算了 [suànle] 됐어, 필요 없어(구어체)

17 너무 맛있어서, 나는 싹 다 먹었어.

A 你多吃一点儿。
B 谢谢，我已经吃 ______ 了。
A 你吃 ______ 了吗？好不好吃？
B 好吃，我都吃 ______ 了。
A 那今天我算成功了。

A 너 많이 먹어.
B 고마워, 나 이미 배불리 먹었어.
A 너 충분히 먹었니? 맛있어 맛없어?
B 맛있어, 나 싹 다 먹었어.
A 그럼 오늘 나 성공한 거다!

쏙쏙 어휘

算 [suàn] ~인 셈이다
成功 [chénggōng] 성공하다, 이루다

18 나는 영어를 10년 동안 배웠어.

A 你学了 ______ 英语？
B 我学了 ______ 。
A 你学了十年，还不会说吗？
B 那你会说吗？
A 当然，我学了 ______ ，就会说了！

A 너 영어를 얼마나 공부했어?
B 나는 10년 동안 배웠어.
A 너 10년 동안 배웠는데, 아직도 말할 줄 모르니?
B 그럼 너는 말할 줄 알아?
A 당연하지, 나는 8개월 동안 배웠는데, 말할 줄 알아!

쏙쏙 어휘

英语 [yīngyǔ] 영어
就 [jiù] 즉시, 바로

19 너는 몇 번을 말해야 알아 듣니?

A 你听懂了我的话吗？

B 我还没听懂，再说 ________ 遍好吗？

A 我说了 ________ ？你没认真听！

B 你说那么快我怎么能听懂呢？你说慢一点儿，好吗？

A 我说最后 ________，你一定要听清楚啊！

A 너 내 말을 이해했어?

B 나 아직 이해 못했어, 다시 한 번 말해줄래?

A 내가 몇 번을 말했니? 네가 열심히 안 들었잖아!

B 너 그렇게 빨리 말하는데 내가 어떻게 알아 들을 수 있겠어? 너 좀 천천히 말해 줄래?

A 나 마지막으로 한 번 말할 테니까, 너 꼭 똑바로 알아들어야 해.

쏙쏙 어휘

听懂 [tīngdǒng] 알아듣다

清楚 [qīngchu] 분명하다, 명백하다, 이해하다

20 주걸륜이 노래하는 게 매우 듣기 좋아.

A 你听过周杰伦的歌吗？

B 当然听过，他唱歌唱 ____ 很好听啊！

A 是吗？我觉得他唱得很一般。

B 你说 ________ 对，你别乱说。

A 好了好了，他的歌好听 ________ 。

A 너 주걸륜의 노래 들어 본 적 있어?

B 당연히 들어본 적이 있지, 그가 노래를 하는 게 매우 듣기 좋아.

A 그래? 내가 생각하기에 그는 노래하는 게 그냥 그렇던데.

B 너 말하는 게 맞지 않아, 너 함부로 말하지 마.

A 알겠어 알겠어, 그의 노래는 아주 듣기 좋아.

쏙쏙 어휘

一般 [yìbān] 보통이다, 일반적이다

乱 [luàn] 함부로, 제멋대로

21 채연은 한국으로 돌아갔어.

A 最近蔡妍过得怎么样？

B 你不知道吗？她 ______ 韩国 ______ 了。

A 那么我们没法听《两个人》了。

B 你看 ______ 很伤心！

A 她不在中国，我怎么活下去呢？

A 최근에 채연은 어떻게 지내?
B 너 몰랐어? 그녀는 한국으로 돌아갔어.
A 그럼 우리 <둘이서> 를 들을 방법이 없는 건가.
B 너 보아하니 매우 상심하는데!
A 그녀가 중국에 없는데, 내가 어떻게 살아?

쏙쏙 어휘

蔡妍 [Cài Yán] 채연(한국의 가수)
没法 [méifǎ] 방법이 없다
伤心 [shāngxīn] 상심하다, 슬퍼하다

22 상해 소남국은 너무 비싸서 먹을 수가 없어.

A 听说上海小南国挺好吃的。

B 那家饭馆非常有名，可是价格太高了。

A 我们挣这么少钱，______。

B 你别 ______ 我，我们去吃吧！今天我请客。

A 你说话要算数！

A 들은 건데, 상하이 소남국이 무척 맛있대.
B 그 집 대단히 유명해, 그런데 가격이 너무 비싸.
A 우리 이렇게 돈을 조금 버는데, 먹을 수 없지.
B 너 나 우습게 보지마, 우리 가서 먹자! 내가 오늘 쏠게.
A 너 말한 거 지켜!

쏙쏙 어휘

挣钱 [zhèngqián] 돈을 벌다
算数 [suànshù] 말한 대로 하다

23 꼭 비싼 곳이 맛있는 건 아니야.

A 这家餐厅今天关门了。 我们 ______ 来了。

B 没关系, 我们再找别的家吧。

A 这家菜挺贵的, ______ 好吃啊!

B 贵菜 ______ 好吃, 你 ______ 这么想。

A 이 식당 오늘 문 닫았어. 우리 괜히 왔다.
B 괜찮아, 우리 다른 집을 찾아보자.
A 이 집 진짜 비싼데, 틀림없이 맛있을 거야.
B 비싼 음식이 꼭 맛있는 건 아니야. 너 그렇게 생각하지마.

쏙쏙 어휘

餐厅 [cāntīng] 식당
关门 [guānmén] 문을 닫다, 영업을 마치다

24 너 또 혼자 먹었니?

A 我 ______ 要吃晚饭, 饿死我了。

B 我 ______ 吃完了, 你想吃什么?

A 你 ______ 自己一个人吃了吗? 真讨厌你。

B 对不起, 我 ______ 吃一点儿不就行了吗?

A 你 ______ 能吃吗?

B 当然! 我们一起吃饭吧!

A 나는 이제야 저녁을 먹어, 배고파 죽겠어.
B 나는 일찌감치 다 먹었는데, 너 뭐 먹고 싶어?
A 너 또 혼자 먹었니? 진짜 싫다 너.
B 미안해, 내가 또 먹으면 되잖아.
A 너 더 먹을 수 있어?
B 당연하지! 우리 같이 밥 먹자!

쏙쏙 어휘

饿死 [èsǐ] 굶어 죽다
自己 [zìjǐ] 나 한 사람

25 중국인들은 공원에서 자주 춤을 춰.

A 平时你 ________ 做什么？

B 我刚来中国的时候，真无聊 ______ 在公园跳舞。

A 以前我也常常去，现在 ________ 去。

B 你还想去吗？那我们一起去跳舞吧！

A 평소에 넌 무엇을 자주 하니?
B 나 중국에 막 왔을 때, 정말 심심해서 자주 공원에서 춤을 췄어.
A 이전에 나도 자주 갔었는데, 지금은 가끔 가.
B 너 다시 가고 싶니? 그럼 우리 같이 가서 춤추자!

쏙쏙 어휘

无聊 [wúliáo] 무료하다, 따분하다
跳舞 [tiàowǔ] 춤을 추다

26 제발 고수를 넣지 마세요.

A 我要点菜。要锅包肉，黄瓜金针菇。
还有 ______ 不要放香菜。

B 你 ____ 吃别的吧。____ 什么时候能吃香菜呢？

A ______ 吃香菜呀？

B 我不放香菜，不好吃。

A 저 주문하려고요. 탕수육이랑 오이팽이버섯무침이요.
그리고 제발 고수는 넣지 말아 주세요.
B 너 차라리 다른 걸 먹어. 도대체 언제 고수를 먹을 수 있는 거니?
A 굳이 고수를 먹어야 해?
B 나는 고수 안 넣으면 맛이 없다고.

쏙쏙 어휘

点菜 [diǎncài] 요리를 주문하다
香菜 [xiāngcài] 고수, 향채

27 어차피 지금 볼만한 게 없네.

A 你想看什么？尽管说。

B 我看什么都行，你有没有想看的？

A ____ 现在没什么好看的，____ 看《不能说的秘密》吧。

B 你刚才说的电影题目叫什么来着？

A 넌 어떤 영화를 보고 싶어? 편하게 얘기해.

B 나는 어떤 영화를 봐도 다 괜찮아, 넌 보고 싶은 게 있어?

A 어차피 지금 볼 만한 게 없으니깐, <말할 수 없는 비밀>을 비밀을 보는 게 낫겠어.

B 네가 방금 말한 영화 제목이 뭐라고 했었지?

쏙쏙 어휘

尽管 [jǐnguǎn] 얼마든지, 마음대로, 주저하지 않고

来着 [láizhe] ~이었다

28 설마 너 나를 사랑하지 않았던 거야?

A 你 ____ 说什么？

B 我不是说完了吗？不想再说。

A ____ 你不爱我了吗？

B 我 ____ 不爱你啊？

只不过现在有点儿累，想休息。

A 너 방금 뭐라고 했어?

B 내가 말 다 하지 않았어? 다시 얘기하고 싶지 않아.

A 설마 너 나를 사랑하지 않는 거야?

B 내가 어딜 너를 사랑하지 않아?

단지 지금 조금 피곤해서 쉬고 싶을 뿐이야.

쏙쏙 어휘

累 [lèi] 지치다, 피곤하다

休息 [xiūxi] 휴식을 취하다, 쉬다

29 우리 윤 선생님한테 중국어를 배울까?

A 你 ________ 我 ________ 学习汉语吧。

B 好！我 ________ 汉语 ________ 兴趣。

A 那么我们 ________ 谁学习汉语？

B 我朋友 ________ 尹老师学习汉语。

A 我们也跟她学习汉语吧！

A 너 나랑 같이 중국어 공부하자!
B 좋아! 나도 중국어에 대해 흥미가 있어.
A 그럼 우리 누구한테 중국어를 배우지?
B 내 친구는 윤 선생님으로부터 중국어를 배워.
A 우리도 그 선생님한테 중국어를 배우자!

쏙쏙 어휘

兴趣 [xìngqù] 흥미
汉语 [hànyǔ] 중국어

30 내가 계약서 상에 날짜를 틀리게 썼어.

A 我 ______ 合同 ________ 写错日期了，怎么办！

B 那怎么办，能不能再写？

______ 这样的情况 ________，你先向中介说一下。

A 好，我 ______ 下班 ______，跟他联系。

B 你 ______ 今天 ______ 别这样做，要不然交罚款。

A 나 계약서 상에 날짜를 잘못 썼어.
B 그럼 어떡해, 다시 쓸 수는 없는 거야?
이런 상황에서는 네가 먼저 중개인한테 말해봐.
A 응, 내가 퇴근 전에 그 사람한테 연락할게.
B 너 오늘 이후로는 이렇게 하지마. 그렇지 않으면 벌금 내야 해.

쏙쏙 어휘

合同 [hétong] 계약서
罚款 [fákuǎn] 벌금

31 상해 소남국은 어떻게 가?

A 上海小南国怎么走?

B 一直 ________ 前走再 ________ 右拐。

A ________ 这儿 ________ 那儿需要多长时间?

B ________ 这儿不太远, ________ 这儿 ________ 十分钟就到了。

A 谢谢!

B 不客气。

A 상해 소남국은 어떻게 가요?
B 쭉 앞쪽으로 가다가 다시 오른쪽으로 꺾으세요.
A 여기서부터 거기까지는 얼마나 걸려요?
B 여기서 그다지 멀지 않아요. 여기서 출발해서 10분이면 바로 도착해요.
A 감사합니다!
B 천만에요.

쏙쏙 어휘

拐 [guǎi] 방향을 바꾸다, 꺾어 돌다
分钟 [fēnzhōng] 분

32 내가 너를 위해서 옷을 샀어.

A 我 ________ 你买了这件衣服。

B 这是我喜欢的款式, 你怎么知道呢?

A ________ 我的了解, 一般女人比较喜欢优雅风。

B 哎呀真是的! 你那么忙哪儿有时间去买的?

A 没事, 我 ________ 休息时间去的。

A 내가 널 위해 이 옷을 샀어.
B 이거 내가 좋아하는 스타일이야. 너 어떻게 알았어?
A 내가 알고 있는 바로는, 일반적으로 여자들이 우아한 스타일을 좋아하더라.
B 아이고 진짜! 너 그렇게 바쁜데 어디 시간이 있어서 가서 샀니?
A 괜찮아. 나 쉬는 시간을 틈타서 갔었어.

쏙쏙 어휘

款式 [kuǎnshì] 스타일
优雅 [yōuyǎ] 우아하다

33 이 집이 그 집보다 훨씬 맛있어.

A 我们在哪儿吃饭？

B 这家 ________ 那家 ________ 好吃。

A 是吗？这家 ________ 那家好吃。

B 没有！这家比那家好吃 ________ 。

A 行啊！我觉得这家 ______ 那家都 ______ ，随你的便吧！

A 우리는 어디에서 밥 먹지?

B 이 집이 그 집보다 훨씬 맛있더라.

A 그래? 이 집이 그 집보다 맛이 못하던데.

B 아니야! 이 집이 그 집보다 좀 더 맛있어.

A 알았어! 내가 봤을 땐 이 집이나 그 집이랑 다 똑같아. 너 맘대로 해!

쏙쏙 어휘

好吃 [hǎochī] 맛있다, 맛나다

随便 [suíbiàn] 마음대로, 좋을 대로

34 여기보다 더 맛있는 곳은 없을 거야.

A 味道怎么样？那家 ________ 这家好吃吧！

B 真的真的香，________ 这里 ________ 好吃的了。

A 这家的主厨做菜技术 ________ 好。

B 哎呀，我 ________ 吃 ________ 幸福啊。

A 我也和你交往 ________ 幸福。

A 맛이 어때? 그 집이 이 집만큼 맛있지 않지!

B 진짜 진짜 맛있어, 여기보다 더 맛있을 수는 없을 거야.

A 이 집 주방장 요리 기술이 나날이 좋아져.

B 와, 나는 먹으면 먹을수록 행복해.

A 나도 너랑 사귀는 게 갈수록 행복해.

쏙쏙 어휘

香 [xiāng] (음식이) 맛있다, 맛이 좋다

技术 [jìshù] 기술

35 비행기를 타고 다롄에 가려고.

A 我明天打算去大连。

我没有很多时间，所以 ______ 飞机 ______ 大连。

B 太浪费钱，从北京到大连多近啊？你 ___ 火车 ___ 吧！

A 现在就这样做吧！别 ___ 我承受压力了，我忙得要命。

쏙쏙 어휘

浪费 [làngfèi] 낭비하다, 허비하다

承受 [chéngshòu] 받아들이다, 감당하다

A 나 내일 다롄에 갈 예정이야.

나는 시간이 많이 없어서, 비행기를 타고 다롄에 가려고.

B 너무 돈 낭비야, 베이징에서 다롄까지 얼마나 가깝니? 너 기차 타고 가!

A 지금은 이렇게 해! 나한테 스트레스 받게 하지 마, 바빠 죽을 것 같아.

36 내가 너에게 비밀 한 가지를 알려 줄게.

A 我 ______ 你一个秘密。

B 有什么秘密？______ 我说一下。

A 他 ______ 了我一朵玫瑰。

B 真的？他给你留下了深刻的印象啊。

A 而且，今晚他 ______ 我去看电影。

쏙쏙 어휘

留下 [liúxià] 남기다, 남겨두다

印象 [yìnxiàng] 인상

A 내가 너에게 비밀 한 가지 알려 줄게.

B 무슨 비밀이 있어? 나에게 말해봐.

A 그가 나에게 장미 한 송이를 선물했어.

B 진짜? 그가 너한테 깊은 인상을 남겼구나.

A 게다가, 오늘 저녁에 그가 나를 데리고 영화 보러 간대.

37 내 휴대전화를 소매치기한테 도둑맞았어.

A 娜娜，你 ______ 手机给我看一下。

B 等一会儿，我的手机不见了。

怎么办！我的手机 ______ 小偷偷走了。

A 你再找找。

B 没有，真倒霉。

A 你上次也 ______ 手机弄丢了，千万要小心。

A 나나, 네 휴대전화를 좀 보여줘.
B 잠깐만 기다려봐, 내 휴대폰이 안 보여. 어떡해! 내 휴대전화를 소매치기한테 도둑맞았어.
A 너 다시 찾아봐.
B 없어. 진짜 재수 없다.
A 너 저번에도 휴대전화를 잃어버렸잖아. 제발 좀 조심해.

쏙쏙 어휘

小偷 [xiǎotōu] 도둑, 좀도둑
倒霉 [dǎoméi] 재수 없다, 운이 없다

38 우리 술 마시면서 이야기하는 게 어때?

A 我们 ______ 喝酒 ______ 聊天儿怎么样？

C ______ 我们见面 ______ 喝点儿酒吧。在哪儿喝？

B ______ 找酒吧 ______ 去我家喝，在家喝不是更舒服吗？

A 你 ______ 善良 ______ 漂亮，真是好女孩儿。

B 那我先去我家准备一下。

A 우리 술 마시면서 이야기 하는 거 어때?
C 이왕 우리 만나게 되었으니 술이나 마시자. 어디에서 마시지?
B 술집을 찾느니, 우리 집 가서 마시는 게 낫지. 집에서 마시는 게 더 편하지 않아?
A 너는 착하기도 하고 예쁘기도 하고, 진짜 좋은 여자야.
B 그럼 내가 먼저 우리 집에 가서 준비 좀 할게.

쏙쏙 어휘

聊天儿 [liáotiānr] 한담하다, 잡담하다
舒服 [shūfu] 편안하다, 쾌적하다

39 이건 안개가 아니라 스모그야.

A 我 ______ 空气不好 ______ 嗓子疼。

B 最近空气不好，真受不了。

A 这是不是雾？

B 这 ______ 雾 ______ 雾霾。

A ______ 在北京生活很方便 ______ 雾霾太严重了。

쏙쏙 어휘

雾霾 [wùmái] 스모그
严重 [yánzhòng] 위급하다, 심각하다

A 공기가 너무 안 좋기 때문에, 나 목이 아파.
B 최근에 공기가 안 좋아서, 정말 못 참겠어.
A 이거 안개인가 아닌가?
B 이건 안개가 아니라 스모그야.
A 비록 베이징에서의 생활은 매우 편리하지만 스모그가 너무 심각해.

40 내일 비가 오든 안 오든, 나는 나가서 놀 거야.

A ______ 明天不下雨我们 ______ 出去玩儿吧。

B ______ 明天下不下雨我 ______ 出去玩儿。

A ______ 看天气预报 ______ 再说吧。

______ 孩子 ______ 懂事，这么大的人还不懂事啊！

B 你替我想想我每天在家里呆着，多么郁闷！

______ 明天不下雨 ______ 。

쏙쏙 어휘

懂事 [dǒngshì] 철이 들다
郁闷 [yùmèn] 답답하다, 우울하다

A 만약 내일 비가 안 오면 우리 나가서 놀자.
B 내일 비가 오든 안 오든, 나는 나가서 놀 거야.
A 먼저 일기예보를 보고 난 후에 다시 얘기하자.
아이조차도 다 철이 들었는데, 이렇게 큰 애가 아직도 철이 없니!
B 네가 나를 대신해서 생각해봐 나는 매일 집에 있고, 얼마나 답답해.
만약 내일 비가 안 오면 딱 좋겠어.

41 말도 안 돼! 너 안 갈 수는 없니?

A 你坐一下不行吗？你走 ______ 走 ______，让我头疼。

B 我 ______ 在中国找到工作，可是 ______ 回韩国。

A ______！你 ______ 去吗？

B 你一点儿也不理解我，我自己 ______ 吧。

쏙쏙 어휘

头疼 [tóuténg] 머리가 아프다
理解 [lǐjiě] 알다, 이해하다

A 너 좀 앉으면 안 되겠니? 네가 왔다 갔다 하니깐 내가 머리 아프잖아.
B 나 간신히 중국에서 일을 찾았는데, 어쩔 수 없이 한국으로 돌아가야 해.
A 말도 안 돼! 너 안 갈 수는 없어?
B 너는 조금도 날 이해하지 못해, 나 혼자 알아서 처리할게.

42 나에게 있어서 이건 매우 중요한 일이야.

A 今早 ______ 是星期一，我 ______ 迟到。

B ______ 今天起得晚，别担心 ______ 就行了。

A ______ 我 ______ 这是很重要事情。

B ______？对我来说，迟到就是不能发生的事。

쏙쏙 어휘

迟到 [chídào] 지각하다
担心 [dānxīn] 염려하다, 걱정하다

A 오늘이 월요일이라고 생각도 못해서, 나는 하마터면 지각할 뻔했어.
B 어쩐지 너 오늘 늦게 일어났더라. 걱정하지마. (시간이) 비슷하면 됐지.
A 나에게 있어서 이건 매우 중요한 일이야.
B 말할 필요가 있니? 나에게 있어서 지각은 일어나선 안 되는 일이야.

핵심패턴 301
실전 상황 훈련 정답

1강
是/是/有/没有/在

2 강
漂亮/很高/很好/很大

3강
太大了/不好/高/不太

4강
相当/很/有点儿/特别

5강
吃/爱吃/做/做

6강
看/不看/去找

7강
听说/结婚/以为/打算/希望/祝贺

8강
还是/是不是

9강
谁/在哪儿/多少/怎么样
什么时候

10강
想/要/得/不用/得

11강
会/吗/不会/不敢/能

12강
在/在/的时候/在

13강
着/从来/过/已经/了

14강
还没/没/以前/漂亮/了/就

15강
了/了/有/有/了

16강
快要/了/就要/了

17강
饱/够/光

18강
多长时间/十年/八个月

19강
一/几遍/一遍

20강
得/得不/极了

21강
回/去/起来

22강
吃不起/看不起

23강
白/肯定/不一定/别

24강
才/早就/又/再/还

25강
常常(经常)/
常常(经常)/偶尔

26강
千万/干脆/到底/何必

27강
反正/还是

28강
刚才/难道/哪儿

29강
跟/一起/对/有/向/跟

30강
在/上/在/下/在/之前/从/以后

31강
往/往/从/到/离/从/出发

32강
为(了)/根据/趁着

33강
比/更/不如/点儿/跟/一样

34강
没有/没有比/更/
一天比一天/越/越/越来越

35강
坐/去/坐/去/让

36강
告诉/给/送/陪

37강
把/被/把

38강
一边/一边/既然/就/
与其/不如/又/又

39강
因为/所以/不是/而是
虽然/可是(但是)

40강
如果/就/不管/都(也)
先/然后/连/都/要是/就好了

41강
来/去/好不容易/不得不
不像话/不能不/看着办

42강
没想到/差点儿/怪不得/差不多
对/来说/那还用说

辛苦了。
수고하셨습니다.